D1929355

Gary W. Kuhne

# Evangelisation – und was dann?

## Die Dynamik der persönlichen Nacharbeit

VLM
Verlag der
Liebenzeller Mission
Bad Liebenzell

Die amerikanische Originalausgabe erschien unter dem Titel „The Dynamics of Personal Follow-up“
© Copyright 1976 by The Zondervan Corporation, Grand Rapids/USA
Aus dem Amerikanischen durch Litera

ISBN 3 88002 094 9

Alle Rechte vorbehalten, auch der auszugsweisen Wiedergabe und Fotokopie
© Copyright 1979 der deutschen Ausgabe by Verlag der Liebenzeller Mission, Bad Liebenzell
Umschlaggestaltung: Litera
Satz: Satzdienst Walter Schraft, Stuttgart
Herstellung: Schönbach-Druck, Erzhausen
Printed in Germany

# Inhalt

# Einleitung

*Ich habe keine größere Freude als die, daß ich höre, wie meine Kinder in der Wahrheit wandeln.* *(3. Joh. 4)*

Mit diesen Worten beschreibt Johannes das, was er empfand, als er das geistliche Wachstum der Menschen sah, die er persönlich im Glauben unterwiesen und weitergeführt hatte. Er sagt in diesem Zusammenhang, daß er in der persönlichen Nacharbeit an jungbekehrten Christen mehr Freude gefunden habe als in irgendeinem anderen Bereich seines Dienstes.

Die Freude, die er dabei erlebte, übertraf selbst die Freude, die man erfährt, wenn man Augenzeuge der Errettung eines Menschen wird.

Da ich aufgrund eigener Erfahrungen der vergangenen Jahre von der Wahrheit dieser Aussage überzeugt bin, fühlte ich mich gedrungen, dieses Buch zu schreiben. Ich habe herausgefunden, daß die Erfahrung des Johannes bei der Nacharbeit an Jungbekehrten auch die meine ist.

Hierbei handelt es sich jedoch um eine Freude, die wenige Christen heute erfahren. Studien, Umfragen und Untersuchungen haben ergeben, daß weniger als ein Prozent der bekennenden Christen von heute überhaupt jemals an persönlicher Nacharbeit beteiligt waren. Eine persönliche Bewertung meinerseits, zu der mich mein Dienst über eine Reihe von Jahren geführt hat, läßt diese Zahl noch niedriger ansetzen.

Im Alter von achtzehn Jahren entschied ich mich für Christus. Während der Jahre, die dieser Entscheidung folgten, wurde ich als Student der „Pennsylvania State University" in die Arbeit von „Campus für Christus" einbezogen.

Die Zurüstung, die mir dort zuteil wurde, ließ mich beginnen, meinen Glauben anderen mitzuteilen. Nicht lange, und ich konnte eine erste Frucht dieser Bemühungen sehen, als Menschen auf mein Zeugnis hin beteten, um Christus als ihren Erlöser anzunehmen.

Genau an diesem Punkt in meinem Leben entdeckte ich, wie wichtig und wie bedeutungsvoll die seelsorgerliche Nacharbeit an Jungbekehrten tatsächlich ist. Es wurde mir zu einer inneren Last, als ich sah, wie so viele, von denen doch anzunehmen war, daß sie ihr Leben Christus ausgeliefert hatten, von ihrer anfänglichen Hingabe zurückzufallen schienen.

All diese Personen konnten nicht – gemäß dem Gleichnis vom Sämann aus Matthäus 13 – als „steiniger Acker" identifiziert werden. War ich es doch, der zu wenig Anleitung erhalten hatte, wie man einem Neubekehrten beim geistlichen Wachstum hilft. So fühlte ich mich auch für einen Teil des Schadens verantwortlich, der im Leben derer entstanden war, die zurückgefallen waren.

Mit dem Zunehmen dieser inneren Bürde begann eine tiefgreifende und eingehende Suche nach der Ausbildung, die ich benötigte. Wenige Hinweise waren zu finden. Ungefähr alles, was ich entdecken konnte, waren einige wenige Gedanken dazu, wie man einem Jungbekehrten Heilsgewißheit vermitteln und ihn zu einem Bibelstudium bewegen kann. Dieser Tatbestand zwang mich dazu, unabhängig von irgendwelchen Vorgaben, mittels der Trial-and-Error-Methode (verschiedene Versuche anstellen, mit dem Risiko, auch Fehler zu machen) neue Wege der evangelistischen Nacharbeit zu entwickeln. Diese sollten mich in die Lage versetzen, durchschlagender auf diesem Gebiet wirken zu können.

Auch nach meiner Studienzeit, als ich hauptamtlicher Mitarbeiter von „Campus für Christus" und vollzeitig im evangelistischen Dienst tätig wurde, fuhr ich fort, Methoden der Nacharbeit zu entwerfen. Der Herr segnete meine Bemühungen, und ich konnte in meiner eigenen Nacharbeit eine Anzahl junger Christen im Glauben wachsen sehen.

Kurze Zeit später begann der Herr mir klar zu machen, daß es viele Christen gibt, die ähnlichen Enttäuschungen und Schwierigkeiten auf dem Gebiet der Nacharbeit ausgesetzt sind, wie ich es war. Das veranlaßte mich, einmal den Versuch zu unternehmen, das mitzuteilen, was ich selbst gelernt hatte.

Bestrebt, meinen Methoden eine leicht lehr- und lernbare Form zu geben, wurde die gewünschte Übertragbarkeit schließlich während meiner Tätigkeit als Direktor der „Campus- und Laien-Mobilisierung" (Campus and Lay Mobilization) erreicht. CLM ist ein interkonfessioneller Ausbildungsdienst, der im Sommer 1971 mit dem Ziel gegründet wurde, ein Übungsprogramm für Christen zu entwickeln, das die Bereiche von Evangelisation, persönlicher Nacharbeit, Jüngerschaft und Seelsorge umfaßt.

Das vorliegende Buch ist aus den Bemühungen von CLM erwachsen, sein Inhalt besteht somit nicht aus bloßer Theorie, sondern vor allem aus praktischer Einsicht in die persönliche

Nacharbeit. Mein Gebet ist, daß dieses Buch dazu beiträgt, wirkungskräftige persönliche Nacharbeit an Neubekehrten überall im Lande zu fördern.

*Kapitel 1*

# Nacharbeit – ein Überblick

Für viele Leser mag „persönliche Nacharbeit" ein völlig neuer Begriff sein. Vielleicht hat der eine oder andere schon einmal davon gehört, ohne jedoch irgendwann einmal aktiv in einem so gearteten Dienst gewesen zu sein. Persönliche Nacharbeit ist eben ein Bereich, der von vielen geistlichen Führerpersönlichkeiten des heutigen Christentums vernachlässigt worden ist. Ich selbst habe die Erfahrung gemacht, daß von den Gläubigen, die ich seelsorgerlich betreut habe, ein großer Teil nicht an der Nacharbeit an Jungbekehrten beteiligt war.

Wie in der Einleitung erwähnt, gilt es als nachgewiesen, daß weniger als ein Prozent der Mitglieder evangelikaler Kreise an persönlicher Nacharbeit beteiligt sind.[1] Jahrelang glaubte ich, daß der Mangel an persönlicher Evangelisation das größte Problem sei, dem die Kirche begegnen müsse. Nun, meine Meinung über den Ernst und die Tragweite dieser Situation hat sich nicht geändert, nur glaube ich, daß die Vernachlässigung der persönlichen Nacharbeit in der Lokalgemeinde heute eine weitaus gefährlichere Schwierigkeit für die Gemeinde Jesu insgesamt darstellt. Vielleicht können einige wenige Beispiele aus meiner persönlichen Erfahrung verdeutlichen, aus welchem Grund ich eine innere Last für diese Arbeit verspüre.

Eine meiner ersten evangelistischen Aktivitäten begann überaus optimistisch. Als Universitätsstudent war ich nun fast zwei Jahre ein entschiedener Christ. Vor meiner Bekehrung, noch während meiner Schulzeit, hatte ich die Jugendgruppe meiner Heimatgemeinde geleitet. Jetzt verspürte ich eine starke innere Last gerade für die Jugendlichen dieser Gruppe. So suchte ich nach einem Weg, ihnen das Evangelium nahezubringen. Die Gelegenheit dazu ergab sich bald, als mich der verantwortliche Gruppenleiter in einem Schreiben bat, eine Wochenendfreizeit durchzuführen. Das war eine eindeutige

Gebetserhörung, und mit der Hilfe einiger Freunde begab ich mich an die Planung der Tage.

Schließlich wurde die Freizeit abgehalten und Gottes Geist wirkte auf wunderbare Weise: nur einer aus der gesamten Jugendgruppe lehnte die Einladung des Evangeliums ab. Voller Freude ans College zurückgekehrt, sollte es allerdings nicht allzu lange währen, bis mir ernstlich Zweifel über den Erfolg jener Freizeit kamen.

Der Jugendleiter hatte mir noch einmal geschrieben und von Schwierigkeiten berichtet, die in der Gruppe aufgetreten waren. Einige von denen, die eine Übergabe an Jesus Christus vollzogen hatten, kamen nicht länger zu den regelmäßig angesetzten Treffen. Im Lauf der Zeit hatten alle bis auf einige wenige ihre Entscheidung für Christus und für die Nachfolge vergessen.

Ich fühlte mich hilflos diesem Problem gegenüber. Zu jenem Zeitpunkt hatte ich die tragende Rolle noch nicht erkannt, die die persönliche Nacharbeit beim Bewahren der aus der Freizeit hervorgegangenen Frucht hätte spielen können. Die damalige Erfahrung spornte mich an, nachzuforschen, wie die Frucht evangelistischer Arbeit bewahrt werden kann.

Noch eine andere Begebenheit machte mir die Notwendigkeit der persönlichen Nacharbeit deutlich. An einer evangelistischen Filmaktion mitbeteiligt, war es meine Aufgabe, als Hauptberater der Seelsorgehelfer zu fungieren und ihre Arbeit zu koordinieren.

Diese bestand vor allem darin, nach der Filmvorstellung mit all denen Gespräche zu führen, die der im Anschluß an den Film gegebenen Aufforderung zur Bekehrung gefolgt waren. Die vorausgegangene Zurüstung der Seelsorgehelfer war, wie ich zu meiner eigenen Schande gestehen muß, rein evangelistischer Natur, die zum neuen geistlichen Leben des Jungbekehrten notwendige Wachstumshilfe wurde nicht berücksichtigt.

Die Filmveranstaltungen fanden ein gutes Echo. Annähernd eintausend Personen folgten dem Ruf nach vorn, um Antwort auf Nöte und Probleme zu finden.

Nach etwa sechs Monaten drängte es mich, herauszufinden, welch bleibendes Resultat aus unserem Einsatz erwachsen war. Trotz begrenzter Kommunikationsmöglichkeiten war doch deutlich, daß wenig bleibende Frucht bewirkt worden war. Von den fast tausend fragend gewordenen Personen, die dem Aufruf zur Bekehrung Folge geleistet hatten, konnte ich etwa zwei Dutzend ausmachen, die sich noch immer zu ihrer Entscheidung bekannten.

Indem ich dies mitteile, versuche ich nicht, an Filmevangelisationen überhaupt Kritik zu üben. Zweifelsohne handelt es sich dabei um einen äußerst gangbaren Weg, das Evangelium unter der Generation von heute zu verbreiten. Ich versuche an dieser Stelle lediglich zu betonen, daß all unsere evangelistischen Bemühungen auf lange Sicht wenig Frucht tragen werden, wenn wir nicht stärkeren Nachdruck auf die persönliche Nacharbeit an denen legen, die eine Entscheidung getroffen haben.

Welchen Unterschied bei dem Versuch, die aus einem missionarischen Einsatz entstandene Frucht zu bewahren, macht nun aber ein effektives Programm der Nacharbeit aus?

Als Antwort möchte ich ein weiteres Beispiel anführen. Eine missionarisch ausgerichtete Gemeinde, mit deren Arbeit ich eng verbunden bin, gewährt einen interessanten Einblick in die Rolle der Nacharbeit bei dem Bewahren von „Frucht". Untersucht man die Gemeindeberichte der vergangenen zehn Jahre, so erfährt man, daß während jener Zeitspanne im Rahmen der verschiedenen Gemeindeveranstaltungen (Jugendfreizeit, Evangelisationswoche, persönliches Zeugnisgeben) etwa sechshundert Personen eine Entscheidung zur Christusnachfolge trafen.

Eine Statistik über den Zuwachs an neuen Mitgliedern, der während derselben Zeitperiode erfolgte, weist weniger als hundert Neuzugänge auf. Obwohl in dieser Aufstellung jene nicht berücksichtigt werden, die schon Gemeindemitglieder waren, als sie Jesus als ihren Erretter annahmen, oder die sich eventuell einer anderen Gemeinschaft anschlossen, kann doch mit großer Sicherheit gesagt werden, daß auch genauere Informationen über jene Personengruppe die Bewahrungsrate von eins aus sechs nicht signifikant verändern würde.

Warum ich diese Gemeinde als Beispiel anführe, ist, daß sich ihre Leitung entschloß, nicht länger mit einer solch geringen Bewahrungsrate zufrieden sein zu können. Eine Reihe der Mitarbeiter erhielt Belehrung über persönliche Nacharbeit und entschloß sich, das Gelernte in der Zukunft bei all denen anzuwenden, die einem Ruf nach vorne folgen würden.

Kurz darauf fand eine evangelistische Woche statt, und zum ersten Mal versuchten sie, allen nachzugehen, die die

Botschaft von Jesus Christus für sich persönlich angenommen hatten. Nach sechs Monaten betrug die Bewahrungsquote fünf von sechs.

Persönliche Nacharbeit bewirkt in der Tat einen entscheidenden Unterschied.

Aufgrund meiner Erfahrungen der vergangenen Jahre könnte ich die Zahl von Beispielen, die die Begrenztheit evangelistischer Einsätze ohne ein sich anschließendes Programm der persönlichen Nacharbeit verdeutlichen, beliebig vermehren. Ein gut ausgearbeitetes und geplantes Programm der persönlichen Nacharbeit an Neubekehrten kann – und davon bin ich überzeugt – die übliche Wachstumsrate der Lokalgemeinde auf revolutionäre Weise verändern.

Ich glaube, wir dürfen nicht länger all diejenigen, die in ihrem geistlichen Wachstum steckenbleiben, als „Same auf schlechtem Ackerland" hinwegerklären (vgl. das Gleichnis vom Sämann aus Matthäus 13, das schon erwähnt wurde). Ohne Zweifel ist ein Teil derer, die nicht im Glauben gegründet werden, das Ergebnis „unbrauchbaren Landes". Allerdings finde ich andrerseits in Matthäus 13 keinerlei Hinweis, der eine Bewahrungsrate von eins aus sechs legitimieren würde.

Die Erfahrung hat vielmehr klar und deutlich gezeigt, daß durch ein effektives Programm der Nacharbeit eine weitaus höherliegende Quote erreicht werden kann. Ich denke, wir haben es hier mit einer dringenden Notwendigkeit zu tun. Darum können und dürfen wir nicht länger mit so wenig bleibenden Resultaten in unseren evangelistischen Bemühungen zufrieden sein.

## Die Definition von Nacharbeit

Da dies ein Buch über persönliche Nacharbeit ist, scheint es ratsam, diesen Begriff zu definieren. Insofern ich mit dem Hintergrund des jeweiligen Lesers nicht vertraut bin und das, was er mit bestimmten Begriffen verbindet, nicht kenne, ist es notwendig, einen gemeinsamen Ausgangspunkt im Bereich der Definition zu finden. In Hinblick auf den Zweck des vorliegenden Buches definieren wir Nacharbeit so:

> *Nacharbeit* ist das geistliche Bemühen um das im Glauben Festgegründetsein eines Neubekehrten.

Das ist eine Begriffsbestimmung, die im allgemeinen von den meisten Christen, die ich befragte, anerkannt wird. Folgende

Schriftverse sind exemplarisch für die Betonung, die die Bibel auf solches „geistliches Bemühen“ legt, auf die Erbauung des Jungbekehrten im Glauben:

> Ihn verkündigen wir, indem wir jeden Menschen ermahnen und jeden Menschen in aller Weisheit lehren, um jeden Menschen vollkommen in Christus darzustellen; wozu ich mich auch bemühe und kämpfend ringe gemäß seiner Wirksamkeit, die in mir wirkt in Kraft (Kol. 1, 28.29).
>
> Und als sie jener Stadt das Evangelium verkündigt hatten, kehrten sie nach Lystra und Ikonium und Antiochien zurück. Sie befestigten die Seelen der Jünger und ermahnten sie, im Glauben zu verharren, . . . (Apg. 14, 21.22).

Angesichts dieser biblischen Betonung der Nacharbeit hat ein ernsthafter und konsequenter Christ keine andere Wahl, als in derselben aktiv zu werden. Die einzige Frage, die zu erörtern bleibt, betrifft die Art und Weise, wie wir Nacharbeit am effektivsten ausführen können. Genau diese Frage möchte das vorliegende Buch beantworten.

Eine Auswertung der oben gegebenen Ausgangsdefinition ist zu einer angemessenen inhaltlichen Begriffsbestimmung notwendig. Das „geistliche Bemühen um das Gegründetsein des Neubekehrten im Glauben“ wird das Ergebnis von Ausbildung und Übung sein. So gibt es gewisse geistliche Grundwahrheiten, die ein Neubekehrter kennen und in seinem Leben praktizieren muß. Dann wird er in Christus verwurzelt sein und im Glauben heranreifen. Kapitel 4 behandelt diesen Gesichtspunkt detaillierter, so daß es an dieser Stelle ausreicht, eine knappe Zusammenfassung dieser speziellen Wahrheiten zu geben.

Die persönliche Nacharbeit soll dem Neubekehrten helfen,

1. Heilsgewißheit zu finden und sich als von Gott angenommen zu erfahren;
2. beständig in der persönlichen Andacht zu werden;
3. die Grundlagen überfließenden christlichen Lebens zu verstehen;
4. in eine Lokalgemeinde integriert zu werden;
5. zu lernen, seinen Glauben anderen mitzuteilen.

Eine hilfreiche Erklärung der Nacharbeit bietet ein Vergleich mit der Eltern-Kind-Beziehung, denn etwas Ähnliches besteht in geistlicher Hinsicht zwischen dem Neubekehrten und dem, der nacharbeitet. Die Bibel beschreibt den jungbekehrten Gläubigen als geistlichen Säugling[2], eine Beschreibung, die äußerst zutreffend ist, sind doch Belehrung, Liebe, Schutz und Versorgung mit Nahrung geistliche Lebensnotwendigkeiten, denen auf der anderen Seite die physischen Bedürfnisse eines Neugeborenen entsprechen. So benötigt ein Neubekehrter parallel zum physischen Bereich einen geistlichen Elternteil, der über ihn wacht und ihn während der frühen Stadien in seiner Entwicklung als Christ mit den genannten Lebensnotwendigkeiten versorgt.

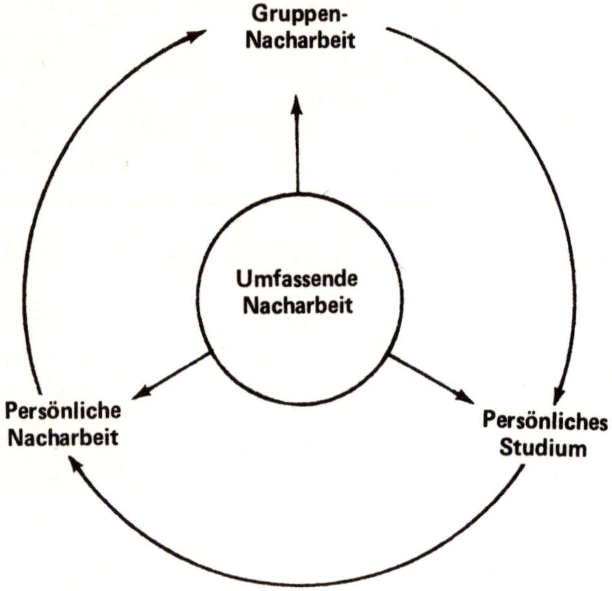


**Abb. 1 Elemente eines umfassenden Programms der Nacharbeit**

Ein besseres Verständnis des Konzeptes der persönlichen Nacharbeit mag ebenso durch eine Betrachtung der unterschiedlichen Formen, die sie annehmen kann, erlangt werden.

Gruppennacharbeit betrifft die Stärkung, die dem Jungbekehrten durch die Ortsgemeinde oder die Gemeinschaft, der er sich angeschlossen hat, zuteil wird. Nacharbeit dieser Art nimmt die Form strukturierter Unterweisung in den Grundlagen des Glaubens an, etwa durch Gruppen für Neubekehrte oder ein ähnliches Programm. Die Förderung verbindlicher Beziehungen zwischen den einzelnen Jungbekehrten und dem Leib von Gläubigen, dem sie sich anschließen, wird ebenso angestrebt.

Die zweite Form, die Nacharbeit annehmen kann, ist das persönliche Studium und umfaßt alle Aktivitäten, die der junge Christ von sich aus entwickelt, zum Beispiel die Beschäftigung mit guter christlicher Literatur, das persönliche Bibelstudium und die Teilnahme an Bibelfernkursen.

Für diese beiden Bereiche, die Gruppennacharbeit und das persönliche Eigenstudium, stehen dem durchschnittlichen Christen reichlich Informationsmaterialien zur Verfügung, die die genannten Ebenen einer umfassenden Nacharbeit abdekken. Leider gilt dies nicht hinsichtlich der dritten Art, der persönlichen Nacharbeit, auf die sich das vorliegende Buch konzentriert und die etwa folgendermaßen definiert werden kann:

> *Persönliche Nacharbeit* beinhaltet das Aufnehmen einer Beziehung zwischen einem gereiften Gläubigen und einem Jungbekehrten mit dem Ziel, das Wachstum des jungbekehrten Christen zu fördern.

Diese, wie ich nachweisen werde, wirkungskräftigste Form der Nacharbeit ist zugleich die am meisten vernachlässigste unter der heutigen Christenheit.

Zwei Hauptgründe sind für das Versagen in der persönlichen Nacharbeit verantwortlich.

Zuerst einmal sind sich viele Christen nicht im klaren über das, was getan werden sollte, um einem Jungbekehrten zu helfen, im Glauben festgegründet zu werden. Mitunter ist sich der Christ, der über ein allgemeines Wissen darüber verfügt, *was* er dem Neubekehrten vermitteln soll, nicht im klaren, *wie* er es im speziellen Fall mitteilen soll. Das führt zu Ineffektivität.

Zum zweiten sind viele Christen nicht willig, die Zeit bereitzustellen, die eine wirkungsvolle persönliche Nacharbeit erfordert. Wie wir an späterer Stelle in diesem Buch untersuchen werden, sind die zeitlichen Anforderungen in der persönlichen Nacharbeit beachtlich.

Obwohl noch andere Gründe für den Mangel an persönlicher Nacharbeit geltend gemacht werden könnten, möchte ich mich doch auf diese konzentrieren.

## Die Wichtigkeit der persönlichen Nacharbeit

Nachdem wir ausführlich erörtert haben, was Nacharbeit überhaupt beinhaltet, stellt sich nun die Frage nach der Wichtigkeit der persönlichen Nacharbeit. Es wurde bereits angedeutet, daß uns die Bibel zur Nacharbeit an jungbekehrten Gläubigen auffordert. Da Nacharbeit in drei Formen auftreten kann, möchte ich vier Gründe nennen, warum wir nicht damit zufrieden sein können, unsere persönliche Verantwortung in der Nacharbeit der Gruppe oder der Eigeninitiative des jungen Gläubigen zu überlassen. Vielmehr sollte ein jeder von uns der persönlichen Nacharbeit Priorität im Leben und in der Zeit einräumen.

*1. Die Verwundbarkeit des jungbekehrten Gläubigen*

Ein Neubekehrter kann eher und leichter von Satan verführt werden als ein gereifter Christ. Tatsächlich ist eine Person, die erst vor kurzem zum Glauben gekommen ist, weitaus verwundbarer im Kampf gegen die Anfechtungen als zu irgendeinem anderen Zeitpunkt in ihrem Leben.

Es ist nicht ungewöhnlich, daß sich ein Jungbekehrter mit Zweifeln auseinandersetzen muß, die die Gültigkeit seiner Entscheidung für Christus betreffen. Daher benötigt er den Schutz, den ein gereifter, erfahrener Gläubiger ihm geben kann.

Daß der Sieg über Satans Irreführungen nur in der Wahrheit von Gottes Wort gefunden werden kann, hat Jesus selbst uns gelehrt. Als er in der Wüste versucht wurde, begegnete er dem Feind durch den Gebrauch der Schrift.[3] Begrenzte Kenntnis von Gottes Wort läßt den Jungbekehrten in der geistlichen Auseinandersetzung hilflos sein, eine Tatsache, die als gewichtiges Argument für ein größeres Engagement in der persönlichen Nacharbeit zu werten ist.

*2. Die Möglichkeit tiefgreifender Umgestaltung im Leben des Neubekehrten*

Ein weiterer wesentlicher Grund für die persönliche Nacharbeit ergibt sich aus der Wachstumsrate im Leben des Jungbekehrten. Er befindet sich an einem Wendepunkt. Zum ersten Mal bietet sich ihm die Möglichkeit zur Veränderung seines Lebensstils. Die Wegweisung und Leitung, die er durch die persönliche Nacharbeit erfährt, läßt die Möglichkeit als auch das Fortschreiten dieser Transformation größer werden.

Ob es sich um einen Jugendlichen oder Erwachsenen handelt, der geistliche Reifeprozeß im Leben des jungen Gläubigen wird durch die persönliche Nacharbeit beschleunigt. Ein gereifter Christ, der in enger Beziehung mit einem Jungbekehrten arbeitet, ist in der Lage, jene Bereiche in seinem Leben zu entdecken, die am dringendsten einer Umwandlung bedürfen. Darüber hinaus kann er ihm bei der Anwendung einschlägiger biblischer Lehren zur Seite stehen.

Ohne diese persönliche Weiterführung vermögen viele jungbekehrte Christen den vollen Umfang der Vorteile, die diese frühe Zeit in ihrem Glaubensleben mit sich bringt, nicht zu erfassen und kommen in ihrem geistlichen Wachstum nicht so gut voran, wie sie könnten.

Hiermit eng verwandt ist das Problem der Ausbildung verkehrter Lebensgewohnheiten im Leben desjenigen, der unbeaufsichtigt bleibt. Verhaltensmuster aus der Vergangenheit hindern unter Umständen nicht nur das Wachsen in Christus, sondern bieten darüber hinaus unnötige Ansatzpunkte für die Sünde, die beseitigt werden müssen, wenn es zu einem wirklich soliden Wachstum kommen soll. Dieser Veränderungsprozeß der Verhaltensweisen wird auch als „Ablegen des alten und Anziehen des neuen Menschen“ umschrieben.[4] Epheser 4 und Kolosser 3 erläutern diesen biblischen Begriff ausführlicher. Die Wahrheit, die in diesen Schriftstellen ausgeführt wird, sollte sehr dazu beitragen, uns zur persönlichen Nacharbeit anzuregen.

### *3. Durch die persönliche Nacharbeit werden Jünger herangebildet*

Ein dritter entscheidender Grund für ein Engagement in der persönlichen Nacharbeit liegt in der mit ihr verbundenen Ausbildung von „Jüngern“. Persönliche Nacharbeit läßt die Wahrscheinlichkeit einer Entwicklung zum Jünger im Leben des Neubekehrten größer werden. So ist die Heranbildung von Jüngern ein Hauptziel der persönlichen Nacharbeit.

Dies wiederum setzt eine klare Vorstellung von dem voraus, was der Begriff „Jünger“ beinhaltet. Aus meiner Erfahrung heraus möchte ich behaupten, daß es fast ebenso viele Definitionen dieses Begriffes gibt als es Menschen gibt, die ihn verwenden. In Hinblick auf Ziel und Zweck dieses Buches definieren wir einen Jünger wie folgt:

Ein *Jünger* ist ein Christ, der zur Ebenbildlichkeit Jesu Christi heranwächst, Frucht in der Evangelisation hervorbringt und diese Frucht durch Nacharbeit zu bewahren sucht.

Die Wichtigkeit der Heranbildung von Jüngern als ein Teil unseres Dienstes wird deutlich in Matthäus 28, 18–20 ausgesprochen: „Und Jesus trat herzu und redete mit ihnen und sprach: Mir ist alle Gewalt gegeben im Himmel und auf Erden. *Geht nun hin und macht* alle Nationen *zu Jüngern,* und tauft diese auf den Namen des Vaters und des Sohnes und des Heiligen Geistes, und lehrt sie, alles zu bewahren, was ich euch geboten habe! Und siehe, ich bin bei euch alle Tage bis zur Vollendung des Zeitalters."

Eine eingehende Betrachtung dieser Verse wird eine ungewöhnliche Tatsache erhellen. An keiner Stelle findet sich ein direkter Befehl zur Evangelisation, und doch werden gerade diese Schriftworte als die Aufforderung zum Zeugnisgeben angeführt. Insofern „zu Jüngern machen" das Hauptverb der Sätze ist, ergibt sich als Kernstück von Christi Befehl: „hinausgehen" und „zu Jüngern machen".

Es sollte klar sein, daß das „zu Jüngern machen" notwendigerweise voraussetzt, daß evangelisiert wurde und Menschen zu Christus fanden. Dies muß immer der erste Schritt sein und erklärt somit auch, warum diese Schriftworte so häufig als Aufforderung zum Zeugnisgeben gelesen werden. Ist es wichtig, das immer wieder mit Nachdruck zu betonen, sollten wir doch sorgfältig darauf achten, den Hauptauftrag nicht zu verfehlen. Dieser ist, zu Jüngern zu machen.

Daher sollte Jüngerschaftsschulung Hauptziel in einem abgerundeten Programm der Nacharbeit sein. Wenn ich den Ausdruck „persönliche Nacharbeit" verwende, gebrauche ich ihn einerseits in einem engen, zum anderen in einem weiteren Sinn. Im engeren Sinn bezieht er sich auf die zu Beginn des geistlichen Wachstums stehende Verwurzelung des Jungbekehrten im Glauben. In seinem weiteren Sinn wende ich den Begriff an auf die Beziehung insgesamt, in der ein erfahrener Christ zu einem neubekehrten Gläubigen über eine gewisse Zeitspanne hin steht, um den jungen Christen in seinem Reifeprozeß zu fördern. Um Mißverständnissen vorzubeugen, definieren wir *Jüngerschaftsschulung* folgendermaßen:

> *Jüngerschaftsschulung* ist das geistliche Bemühen um die Ausbildung geistlicher Reife und geistlicher Vervielfältigung im Leben eines Christen.

Wirkungsvolle persönliche Nacharbeit wird also entscheidend dazu beitragen, die Frucht der Evangelisation zu sanieren, für sich allein jedoch die Erfüllung des Missionsbefehls nicht beschleunigen. Dies kann nur durch eine zusätzliche Kraft erreicht werden. Die Förderung geistlicher Reproduktion ist die Antwort auf diese Notwendigkeit oder, um es anders zu sagen, der soeben gläubig gewordene Christ muß nicht nur unterwiesen werden, in Christus zu wachsen, sondern muß auch Belehrung darüber erhalten, wie man ein durchschlagendes Zeugnis formuliert und wie man selbst wiederum Nacharbeit an anderen übt.

Die Tatsache, daß dies allein zu einer echten Erfüllung des Missionsbefehls beitragen wird, weist uns hin auf den vierten Grund, der dafür spricht, daß wir der persönlichen Nacharbeit Priorität in unserer Zeit und in unserem Leben einräumen.

### *4. Persönliche Nacharbeit ist der Weg zu geistlicher Vervielfältigung*

Der Grad, in dem ein Jungbekehrter ermutigt werden kann, geistliche Frucht zu bringen in dem Sinne, daß er wiederum Menschen zu Christus führt, birgt bedeutende Implikationen für die Erfüllung des Missionsbefehls in sich. Der vorhergehende Abschnitt hat dies ja deutlich genug gezeigt.

Unsere Wirksamkeit auf dem Gebiet der Nacharbeit entscheidet darüber, ob der Jungbekehrte ein geistlicher Multiplikator wird oder nicht. Wir müssen uns fragen: wollen wir *Menschen nur zu Christus führen* und sie dann sich selbst überlassen oder sind wir auch bereit, dafür *Sorge* zu *tragen, daß sie selbst wieder andere zu Christus führen,* – die dann ihrerseits wieder andere mit dem Evangelium konfrontieren. Nicht nur geistliche Produktivität, sondern geistliche Reproduktivität muß im Brennpunkt unserer persönlichen Nacharbeit stehen. Jeder Christ sollte bestrebt sein, ein „Multiplikator" zu werden. Diesen definieren wir wie folgt:

> Ein *Multiplikator* ist ein Jünger, der seine geistlichen Kinder anleitet, sich selbst zu reproduzieren.

Mit anderen Worten, ein Multiplikator ist ein Jünger, der in der Lage ist, selbst wieder Jünger hervorzubringen. Nur wenn dieser Prozeß in Gang tritt, werden wir geistliche Multiplikation erleben, die ich so definiere:

*Multiplikation* ist Jüngerschaftsschulung in der dritten Generation.
Um dies zu erklären sei gesagt, daß Jüngerschaftsschulung in der dritten Generation meint, daß Du eine Person, die Du zum Jünger gemacht hast, andere zu Jüngern machen siehst. Es ist außerordentlich wichtig, dieses Konzept geistlicher Multiplikation zu erfassen. Dies ist auch der Zweck des vorliegenden Buches, Christen hervorzubringen, die in geistlicher Hinsicht multiplizierend wirksam sind.

Multiplikation ist ein Prozeß, der vier verschiedene Phasen durchläuft. Eine Erläuterung derselben trägt zu einem besseren Verständnis des Begriffs bei.

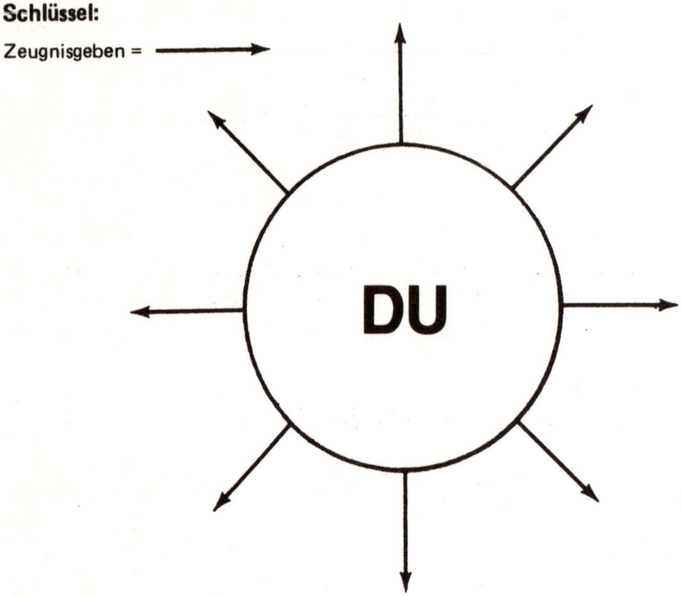


**Abb. 2 Multiplikation: Phase 1**

*Phase 1: Evangelisieren.* Die erste Phase im Vorgang der geistlichen Multiplikation ist erreicht, wenn wir anderen unseren Glauben mitteilen. Wie oben angedeutet, ist die Aufforderung zum Weitersagen und Zeugnisgeben im Missionsbefehl aus Matthäus 28 enthalten. Darüber kann und darf es zu keinem Mißverstehen kommen. Es ist eins der Wesensmerkmale des Christen, daß er von Jesus Christus spricht und das mitteilt, was er ihm bedeutet. Mögen auch die Methoden der

Evangelisation sehr vielfältig sein, die Botschaft wird immer unverändert bleiben.

Wenn wir in der Kraft des Heiligen Geistes von Christus weitersagen, werden wir Resultate in Form von sogenannter „Frucht“ sehen. Geschieht es dann, daß ein Individuum zur Buße gelangt, sich bekehrt und Christus als Herrn und Erlöser annimmt, so wird eine zweite Phase im Vorgang der Multiplikation eingeleitet.

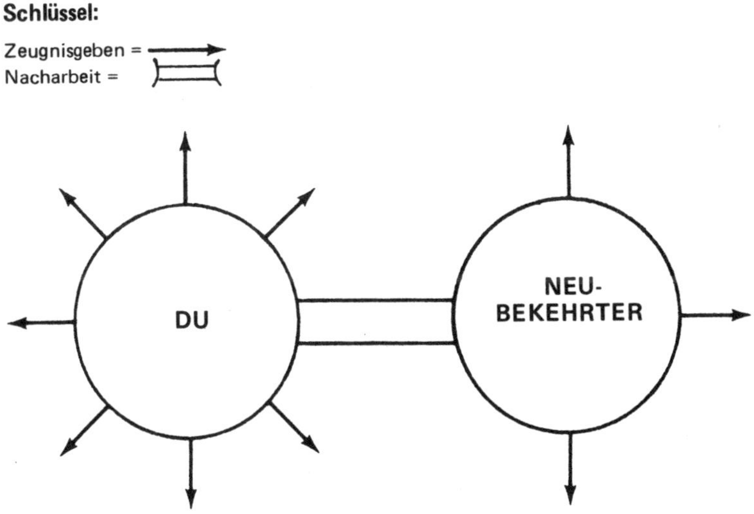


**Abb. 3 Multiplikation: Phase 2**

*Phase 2: Persönliche Nacharbeit.* Diese Phase setzt ein, wenn wir beginnen, einem Jungbekehrten persönlich nachzugehen. Wir treffen uns mit ihm auf einer regelmäßigen Basis, um ihm die grundlegende Fürsorge und Belehrung zu geben, die ein weiteres Wachsen in Christus erfordert.

Lag während der ersten Phase unser gesamter Einsatz allein im Zeugnisgeben, widmen wir nun einen wachsenden Prozentsatz unserer Zeit der Auferbauung des Jungbekehrten.

Selbstverständlich fahren wir fort, anderen von Christus mitzuteilen, wenn wir in die persönliche Nacharbeit einbezogen werden; und es ist wichtig, dies nie zu vernachlässigen.

Teil der Nacharbeit ist es, den Neubekehrten zum öffentlichen Bekennen seines Glaubens und zum Zeugnisgeben herauszufordern. Sobald der Jungbekehrte damit beginnt, haben wir eine zusätzliche Person in unsere evangelistische Wirksamkeit einbezogen und das Zeugnis verdoppelt.

Es ist wichtig, sich noch einmal daran zu erinnern, daß Zeugnisgeben allein nicht zur Erfüllung des Missionsbefehls ausreicht.

Zu einem gewissen Zeitpunkt, wenn ein Jungbekehrter hinreichend in Christus gewachsen ist und selber andere Menschen zu Christus geführt hat, muß eine neue Phase einsetzen. Nun ist es an der Zeit, daß der Neubekehrte Unterweisung erhält, wie er selbst anderen jungbekehrten Gläubigen nachgehen und ihnen helfen kann, im Glauben festgegründet zu werden. Genau das ist es, was in den vorangegangenen Abschnitten „Jüngerschaftsschulung" und „zu Jüngern machen" genannt wurde.

Ist diese bestimmte Phase erreicht, sind wir in die dritte Stufe des Multiplikationsvorganges eingetreten.

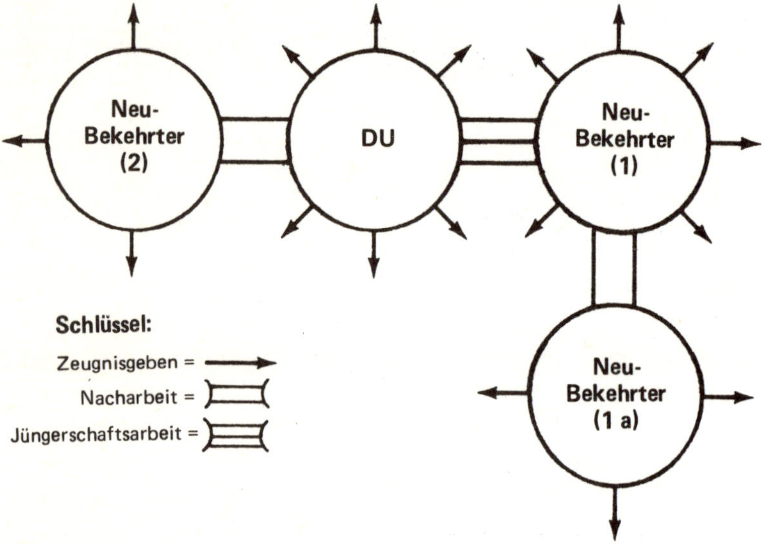


**Abb. 4 Multiplikation: Phase 3**

*Phase 3: Zu Jüngern machen.* Diese Phase beginnt, wenn der Gläubige, mit dem wir arbeiten, angeleitet wird, selbst wiederum einem anderen Jungbekehrten persönlich nachzugehen. In dieser entscheidenden Phase beschränkt sich die Arbeit mit dem jungen Gläubigen nicht nur darauf, sein persönliches Wachstum in Christus zu fördern, sondern ihn ebenso im Bereich der Nacharbeit wirksam werden zu lassen.

Auf diese Weise wird nicht nur die Gruppe derer, die Zeugnis für den Glauben ablegen, vergrößert, sondern auch die Gruppe der Personen, die die daraus erwachsende Frucht bewahren helfen.

Offensichtlich ist diese dritte Phase des Multiplikationsprozesses von längerer zeitlicher Dauer als die vorangegangene, was damit zusammenhängt, daß es mehr Zeit beansprucht, einen Jungbekehrten zur Nacharbeit anzuleiten als ihm geistliche Wachstumshilfe zu geben. Diese dritte Phase vollzieht sich auf drei Ebenen:

Der Neubekehrte wird unterwiesen,

1. einer anderen Person persönlich nachzugehen;
2. andere Personen zu unterweisen, die eine Nacharbeit an anderen beginnen;
3. andere zu unterweisen, die wiederum andere lehren, anderen persönlich nachzugehen.

Ziel bei all dem ist die Vervielfältigung von Lehrern, das, was der Apostel Paulus dem Timotheus nahezulegen sucht, wenn er ihm schreibt: „Und was du von mir in Gegenwart vieler Zeugen gehört hast (Ebene 1), das vertraue treuen Menschen an (Ebene 2), die tüchtig sein werden, auch andere zu lehren (Ebene 3)“ (2. Tim. 2,2).

Eine genauere Betrachtung dieser Phase will eine Steigerung an evangelistischen Kontakten erkennen lassen, die das Ergebnis einer Multiplikation von Lehrern, nicht vermehrten Zeugnisgebens unsererseits ist. Durch die Beteiligung mehrerer Personen verstärkt sich die Wirksamkeit in der Verkündigung und mehr Menschen werden erfaßt.

Darüber hinaus ist an dieser Stelle zu sagen, daß wir uns in dem Moment, da jemand unter unserer Anleitung ein Jüngerschaftsprogramm durchläuft und nunmehr Frucht sichtbar wird, gezwungen sehen können, die Nacharbeit noch einmal von vorn mit einem anderen Neubekehrten zu beginnen.

Die Frage drängt sich auf, warum dann noch eine vierte Phase im Multiplikationsvorgang angesetzt worden ist. Diese beginnt genau dann, wenn zwei Faktoren zusammen wirken:

1. Eine Person hat die drei ersten Phasen durchlaufen (2. Tim. 2,2).
2. Sie beginnt, mit einer anderen Person ein Jüngerschaftsprogramm durchzuführen.

So muß der Multiplikationsprozeß über das Ziel der dritten Phase, der Ausbildung und Unterweisung, hinausgehen zur aktuellen Ausführung. Dies führt uns nun zur Betrachtung der Phase vier.

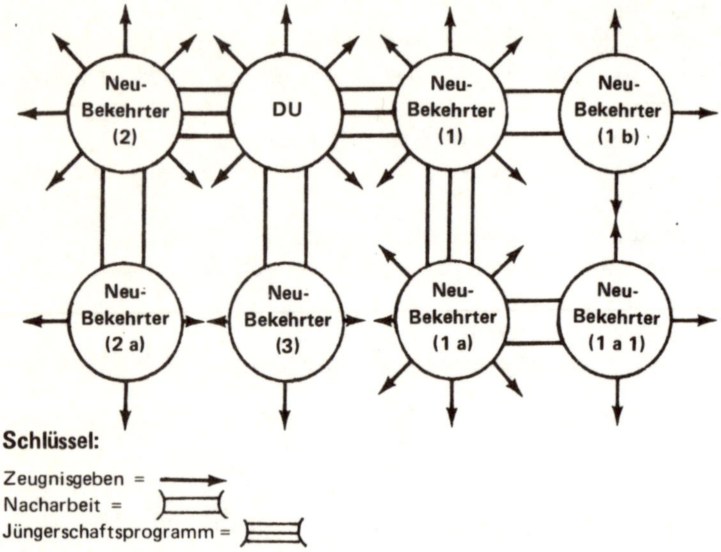


**Abb. 5 Multiplikation: Phase 4**

*Phase 4: Multiplizieren.* Mit ihr ist die Stufe der Vervielfältigung im Multiplikationsprozeß erreicht. 2. Timotheus 2,2 ist Wirklichkeit geworden in unserem Dienst. Diese Phase ist erreicht, wenn jemand, dem wir nachgegangen sind und den wir zu einem Jünger herangebildet haben, selbst wiederum anderen nachgeht und sie zu Jüngern macht. Genau dies ist ja das Endziel bei all unserer Nacharbeit und kann nicht anders erreicht werden als durch eine Auseinandersetzung und Unterweisung von Person zu Person.

Die Erfüllung des Missionsbefehls kann nur Wirklichkeit werden, wenn 2. Timotheus 2,2 realisiert wird. Wir müssen evangelisieren, nacharbeiten und aussenden, wenn wir die Welt mit der Frohen Botschaft erreicht sehen wollen. Selbst wenn wir uns in einem Jahr nur durch eine Person vermehren, wie sehr wird die Verbreitung des Evangeliums über einen Zeitraum von angenommen sechs Jahren gefördert werden! Ausgehend von der Annahme, daß auf jeden unserer Jünger ein evangelistischer Kontakt pro Woche kommt, ergibt sich für das

*erste Jahr:*

1. Anfang des Jahres: ein Jünger (Du selbst)
2. Ende des Jahres: zwei Jünger (Du selbst und eine weitere Person)
3. Zahl der evangelistischen Kontakte: annähernd fünfzig

*zweite Jahr:*

1. Anfang des Jahres: 2 Jünger
2. Ende des Jahres: 4 Jünger
3. Evangelistische Kontakte: etwa 100

*dritte Jahr:*

1. Anfang des Jahres: 4 Jünger
2. Ende des Jahres: 8 Jünger
3. Evangelistische Kontakte: etwa 200

*vierte Jahr:*

1. Anfang des Jahres: 8 Jünger
2. Ende des Jahres: 16 Jünger
3. Evangelistische Kontakte: etwa 400

*fünfte Jahr:*

1. Anfang des Jahres: 16 Jünger
2. Ende des Jahres: 32 Jünger
3. Evangelistische Kontakte: etwa 800

*sechste Jahr:*

1. Anfang des Jahres: 32 Jünger
2. Ende des Jahres: 64 Jünger
3. Evangelistische Kontakte: etwa 1600

Über einen Zeitraum von sechs Jahren werden wir, wenn wir selbst nur sechs Personen zu Jüngern machen, die Ausbildung von 64 Jüngern verursacht und annähernd 1600 Menschen mit dem Evangelium konfrontiert haben. Solcherart wirkt der Multiplikationsprozeß. Bei einer Fortführung desselben auf zehn Jahre würden wir persönlich zehn Personen zu Jüngern heranbilden, 50 Personen gegenüber Zeugnis ablegen, darüber hinaus jedoch die Ausbildung von 1024 Jüngern verursachen und indirekt an die 25000 Personen mit dem Evangelium konfrontieren.

Beachte: bei diesen Zahlen handelt es sich nicht um eine mathematische Spielerei, sondern um die logische Konsequenz treuer und verantwortungsbewußter Arbeit für den Herrn.

So wird das entscheidende „Warum“ an die Nacharbeit beantwortet durch das Erfassen der Schau, die hinter dem Multiplikationsprinzip steht. Es ist meine Hoffnung, daß sie von vielen Christen aufgegriffen wird und somit zur Erfüllung des Missionsauftrages beiträgt.

Ein Blick auf die hohe Zuwachsrate der Weltbevölkerung läßt die Notwendigkeit der Multiplikation nur um so deutlicher werden.

## Faktoren, die Einfluß auf die persönliche Nacharbeit nehmen

Persönliche Nacharbeit, so wie ich sie definiert und dargelegt habe, geschieht nicht in einem Vakuum und ist nicht völlig frei von Beschränkungen. Es gibt eine Reihe von Faktoren, die die Effektivität unseres Jüngerschaftsdienstes beeinflussen. Einige dieser Faktoren sind offensichtlich und bedürfen der Erwähnung kaum, andere hingegen treten nicht unmittelbar zutage. Diese sollen hiermit in Betracht gezogen werden. Die folgenden Absätze sind keine erschöpfende Liste der Bedingungen, die eine wirkungsvolle persönliche Nacharbeit beeinflussen, und sollten, selbst wenn sie nichts anderes bewirken, unsere Einschätzung jener Hindernisse bestimmen, denen sich unser Dienst ausgesetzt sieht.

### *Faktor 1: Beziehung*

Jede Auseinandersetzung mit den Faktoren, die den Dienst persönlicher Nacharbeit beeinflussen, muß mit einer Untersuchung der persönlichen Nöte dessen beginnen, der andere zu Jüngern machen will. Es ist wichtig, daß wir selber in unserem Leben als Christ im rechten Verhältnis zum Herrn stehen. Wie weiterhin in diesem Buch betont werden wird, ist persönliche Nacharbeit nicht bloß Methodologie, sondern Übertragung von Leben. Es kann keinen Ersatz für eine dynamische Eigenbeziehung zu Jesus Christus geben, wenn wir anderen Personen effektiv in ihrem geistlichen Leben weiterhelfen wollen. Unausweichlich wird es einen Verlust an Effektivität zur Folge haben, wenn wir dies zu ignorieren versuchen.

Mit methodischen Einsichten tritt die feine Versuchung an uns heran, beim Erreichen eines wirkungsvollen Dienstes der Nacharbeit zu sehr auf eine bestimmte Methode oder eine Reihe von Instruktionen zu bauen. Ich weiß aus eigener Erfahrung, welche Quelle von Wirkungslosigkeit das werden kann. Das sage ich nicht, um zu betonen, eine Ausbildung in Nacharbeit sei unangemessen oder gar unnötig. Das vorliegende Buch ist gerade darum entstanden, weil ich von dieser Notwendigkeit überzeugt bin.

Ich versuche hier nur gleich zu Beginn herauszustellen, daß eine an sich richtige und wichtige Wahrheit in ein Extrem und in einen Irrtum verkehrt werden kann. Methodologische Ausbildung in der Nacharbeit soll Ergänzung, niemals aber Ersatz für die Vermittlung und Übertragung des eigenen Lebens sein. Auf diese Übertragung des eigenen Lebens konzentriert sich Paulus, wenn er in 1. Thessalonicher 2,8 sagt:

> So, in Liebe zu euch hingezogen, waren wir willig, euch nicht allein das Evangelium Gottes, sondern auch unser eigenes Leben mitzuteilen, weil ihr uns lieb geworden wart.

Das geistliche Wachstum eines jungbekehrten Gläubigen kann im Keim erstickt werden, wenn wir uns auf Kosten einer lebendigen zwischenmenschlichen Beziehung zu sehr auf die Methoden konzentrieren.

### *Faktor 2: Hingabe*

Multiplikation ist das Ergebnis von persönlicher Nacharbeit und Jüngerschaftsschulung und als solches ein Prozeß, der viel Zeit erfordert. Alles, was Zeit beansprucht, braucht auch Hingabe. Wie wohl kaum zu einer anderen Zeit der Geschichte ist der Durchschnittsbürger von heute überaus beschäftigt. Viele verschiedene Nöte und Probleme suchen beständig seine Aufmerksamkeit. Als Christen sind wir diesem Druck gegenüber nicht immun.

Tatsächlich kann es geschehen, daß der im Glauben heranreifende Christ in noch weitaus stärkerem Maß dem Zeitdruck ausgesetzt ist, gibt es doch in seinem Leben zusätzliche Verpflichtungen der Gemeinde gegenüber, die der Nichtchrist nicht kennt. Angesichts der Vielfalt an Anforderungen, die an den jungen Christen ergehen – Zeugnisgeben, Unterrichtsgruppen, Bibelstudium, Gebetsversammlungen, Gottesdienste, Mitarbeiterbesprechungen –, stellt sich die legitime Frage, ob der für die Nacharbeit nötige Zeitaufwand angesichts des durch sie möglichen Resultates überhaupt sinnvoll ist.

Wenn jemand mit der persönlichen Nacharbeit beginnt, wird er sich recht bald mit der Frage nach den Prioritäten auseinandersetzen müssen. Es ist einfach nicht genug Zeit vorhanden, um alles zu tun, und wir müssen uns schnellstens klar darüber werden, welche Prioritäten wir setzen, welche Aktivitäten wir entwickeln. Ich hoffe, daß die vorausgeschickte Betrachtung über die Notwendigkeit der Multiplikation dazu beigetragen hat, daß wir unsere Prioritäten neu überdenken. Einige Fragen, die wir an uns selber richten müssen, sind folgende:

Glaube ich an die Wichtigkeit der persönlichen Nacharbeit?
Bin ich bereit, die Zeit aufzubringen, die notwendig ist, um Jünger zu machen?
Bin ich bereit, meine gegenwärtigen Aktivitäten neu zu überdenken und die nicht weiter fortzusetzen, die nicht vorrangig sind?

Sich diese Fragen zu stellen und aufrichtig zu beantworten, trägt einen großen Schritt dazu bei, daß wir effektiver in unserer Nacharbeit werden. Wenn wir uns der Dringlichkeit dieser Aufgabe nicht ganz und gar hingegeben haben, werden wir in unserem Engagement nachlassen und grünere, saftigere Weiden suchen, sobald Schwierigkeiten, Enttäuschungen, Fehlschläge und Frustrationen auftreten. Hingabe spielt eine entscheidende Rolle für das Zustandekommen von Multiplikation.

### *Faktor 3: Konzentration*

Effektive Nacharbeit kann nicht geschehen, wenn wir versuchen, mit zu vielen Personen zugleich zu arbeiten. Multiplikation ist abhängig von geistlich gereiften und gut ausgebildeten Jüngern. Diese Art von Jünger ist niemals Massenprodukt, vielmehr Ergebnis tiefgehender, zeitaufwendiger harter Arbeit. Um zu wahrer Produktivität zu gelangen, dürfen wir uns über eine bestimmte Zeitspanne hinweg nur mit einigen wenigen Personen beschäftigen.

2. Timotheus 2,2 nennt uns die Charaktereigenschaft, die eine Person qualifiziert: *Treue* ist das Kriterium für unsere Entscheidung, auf wen wir uns im Multiplikationsprozeß konzentrieren. Es ist entscheidend, daß wir mit treuen und vertrauenswürdigen Menschen zusammenarbeiten, die sich selbst in ihrem Dienst vervielfältigen. Wenn wir unsere Arbeit für eine bestimmte Zeit auf einige bestimmte Personen konzentrieren und sich dieselben nicht als treu und zuverlässig erwei-

sen, wird unsere Tätigkeit ohne Ergebnis bleiben. Kapitel 7 wird darlegen, anhand welcher Kriterien der treue Jünger ausgewählt werden kann.

Eine völlige Hingabe an die Nacharbeit wird notwendig sein, um dem Druck standhalten zu können, dem wir mit Sicherheit ausgesetzt werden. Das Verlangen, unsere Energie nicht auf einige wenige zu beschränken, wird groß sein. Darüber hinaus wird man uns selbstsüchtig und ungeistlich nennen. Ich erinnere mich an einen Pastor, der mir aufgebracht sagte: „Ich erkenne, daß die Bibel diesen Gedanken der Konzentration auf einen kleinen Kreis lehrt, doch in der Kirche von heute ist er offensichtlich unpraktikabel. Ich habe zu viele Verpflichtungen, um meine Energie konzentrieren zu können." Er war nicht gewillt, die biblische Methode aufzugreifen, da sie eine Umwandlung seiner geläufigen Denkart zur Folge haben würde. Welch eine Tragödie.

Wie wichtig ist es, diesem Druck zu widerstehen, was aber nur dann geschehen kann, wenn wir über den nötigen Weitblick in unserem Dienst verfügen und uns nicht länger von den dringenden Angelegenheiten um uns herum tyrannisieren lassen. In seinem bemerkenswerten Buch „Des Meisters Plan der Evangelisation" stellt Robert Coleman die Konzentrierung auf wenige als eines der Grundelemente der Jüngerschaftsmethodologie des Herrn Jesus vor.[5]

In den frühen Tagen seines Dienstes berief Jesus eine Schar von Menschen, denen er sein Leben mitzuteilen begann. Dabei verfolgte er die Absicht, die Leiterschaft heranzubilden, die zum Aufbau und zur Leitung der Gemeinde benötigt werden würde. In einem sehr wahren Sinn des Wortes machte Jesus seine Zukunft von der Wirksamkeit dieser wenigen Männer abhängig. Er hatte Gottes Willen in dieser Angelegenheit nicht mißverstanden. Unter der Bevollmächtigung des Heiligen Geistes vermehrten sich diese Jünger an Zahl und trugen die Evangeliumsbotschaft nach Jerusalem, Judäa, Samarien und bis in alle Welt (Apg. 1,8).

Das folgende Diagramm soll helfen, die von Jesus angewandte Technik bei der Beschränkung auf wenige zu verstehen. Ausgehend von ihm als dem Zentrum verändert sich die Menge an erforderlicher Zeit mit der jeweiligen Entfernung vom Mittelpunkt.

Waylon Moore diskutiert in seinem Buch über neutestamentliche Nacharbeit verschiedene Gesetze, denen die Multi-

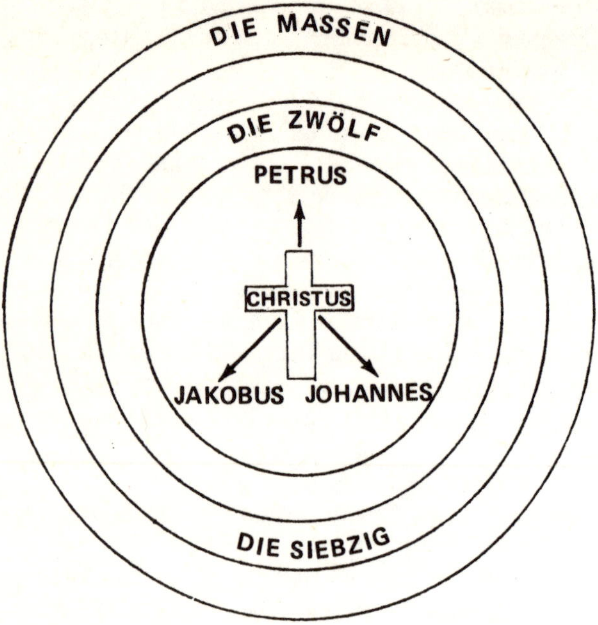


**Abb. 6 Das Prinzip der Konzentration im Dienst Christi**

plikation unterworfen ist. Eines der entscheidenden ist dabei der hier angesprochene Faktor der Konzentration. Moore sagt: „Eine Entscheidung unsererseits, unseren Dienst intensiv statt extensiv zu gestalten, wird unser gesamtes Leben verändern. Qualität bringt Quantität hervor. Es bedarf dieser Sicht, wenn wir auch nur einen Menschen ausbilden wollen, daß er die Massen erreicht.“[6] Es gibt keinen Ersatz für persönliche Jüngerschaft; zu ihr wird es aber nur dann kommen, wenn wir unsere Energien konzentrieren.

*Faktor 4: Ausdauer*

Entscheidend ist für unsere Nacharbeit, daß wir bestimmte Zeitanforderungen verstehen und akzeptieren. Nacharbeit ist nicht nur für einen vorübergehenden Engpaß an Zeit verantwortlich, sondern wird uns über eine längere Zeitspanne hin beanspruchen. Sich dies zu vergegenwärtigen, ist wichtig.

Nicht nur, weil wir der Arbeit so lange hingegeben sein müssen, sondern auch, weil es einige Zeit dauert, bis die Ergebnisse multiplizierenden Dienstes dem Beobachtenden offenbar werden.

Wenn wir uns über die zeitlichen Erfordernisse, die der Multiplikationsvorgang an uns stellt, nicht im klaren sind, werden wir ohne Verteidigung dastehen, wenn man uns kritisiert, weil wir unsere Zeit einigen wenigen widmen. Die Wichtigkeit der Ausdauer wird ersehen an der Wachstumsrate, die im Rahmen der Multiplikation über einen Zeitraum von sechs Jahren erreicht wird (vgl. oben S. 27). Ein Blick auf den Dienst Jesu bietet eine weitere überzeugende Demonstration der Wahrheit dieses Grundfaktors.

Christus investierte drei Jahre seines Lebens in die zwölf Apostel. Die schätzungsweise letzten sechs Monate dieser Zeit verbrachte er fast ausschließlich nur mit ihnen. Sah der Meister im Ausbilden von Jüngern dies für notwendig an, um die massive Verbreitung der Botschaft des christlichen Glaubens während des folgenden Vierteljahrhunderts zu gewährleisten, würden wir, als unbeteiligte Außenstehende jener Zeit, wohl nicht sonderlich beeindruckt gewesen sein. Bei seiner Hinrichtung waren kaum mehr als 500 Nachfolger zugegen, viele von diesen auch nur als Randbeteiligte. Dennoch war der Herr mit seiner Arbeit zufrieden, sah er doch in seinen Jüngern schon die zukünftige Multiplikation der Gemeinde.

Waylon Moore legt besonderen Nachdruck auf dieses Prinzip und seine Rolle als Ermutigung zur Jüngerschaftsarbeit. Er stellt fest, daß es annähernd drei Jahre dauern kann, bis die Multiplikation sichtbar wird, das heißt so lange kann es dauern, bis die Menschen sich des Wachstums bewußt werden, das in ihrer Mitte geschehen ist.[7]

Viele theologische Laien als auch Pastoren leiden an geistlicher Kurzsichtigkeit. Sie scheinen nicht zu bemerken, welche Grundlage für einen zukünftigen Dienst während jener Jahre gelegt wird. Sie scheinen vielmehr nur das vor Augen zu haben, was gegenwärtig getan wird, um das Wachstum zu fördern. Dieser Tatbestand dient mit als Erklärung, warum die Wahrheit des Multiplikationsprinzips so lange Zeit mißachtet wurde.

Wahrscheinlich hat kaum ein anderer dazu beigetragen, die Sicht von der Multiplikation in der Gemeinde von heute zu fördern als Dawson Trotman, der Begründer der Navigatoren.

In seinem Buch *Born to Reproduce* beschreibt er seine persönlichen Erfahrungen in der Nacharbeit. Er spricht von seiner Enttäuschung über all die „Entscheidungen", die er in seinem Dienst erlebte und die doch nie die Schar derer, die Jünger genannt werden, vergrößerten. Ebenso teilt er mit, wieviel Zeit er einem Jünger widmete und wie es schließlich zur Multiplikation, zur Vervielfältigung an Mitarbeitern kam.[8]

Es ist mein Gebet, daß der Leser diese Schau erhält, um die Ausdauer zu haben, die die Nacharbeit und die Realisierung des Multiplikationsprinzips erfordern. Behalten wir fest in der Erinnerung, was der Prophet Jesaja sagt: „Aus den Kleinsten sollen tausend werden, und aus dem Geringsten ein mächtiges Volk. Ich der Herr will solches zu seiner Zeit eilend ausrichten" (Jes. 60,22).

### *Faktor 5: Lehre und Übung*

Persönliche Nacharbeit ist dem Begriff nach ein Produkt von Lehre, Übung und geistlichem Wachstum. Die Grundelemente der Nacharbeit beinhalten, daß das Wachstum eines Neubekehrten aus der Unterweisung erwächst, die ihm während der Zeit des Jüngerschaftsprogramms zuteil wird. Ebenso ist das zur Verfügung stellen von Möglichkeiten der praktischen Ausübung des Gelernten ein wichtiger Teil des Multiplikationsvorgangs. Wer das Prinzip der Multiplikation erfaßt hat, wird dies ohne Schwierigkeiten einsehen.

Soll unsere persönliche Nacharbeit wirkungsvoll sein und Multiplikation bewirken, benötigt der Einzelne eine Ausbildung, wie dieser Prozeß in Gang gesetzt werden kann.

Einer der Gründe für die Entstehung dieses Buches ist der bedauernswerte Mangel an Ausbildungsmöglichkeiten auf diesem Gebiet. Gewiß wird ein Buch der bestehenden Not nicht völlig begegnen und diesen Mangel nicht völlig aufheben, es stellt jedoch einen ersten Schritt in eine positive Richtung dar. Wenn es zur Wirkung hat, daß einige Personen beginnen, in der persönlichen Nacharbeit aktiv zu werden, so wird dann die praktische Erfahrung der ergänzende Lehrmeister sein.

Nicht nur ist es wichtig, daß die Person, die das Jüngerschaftsprogramm durchführt, eine angemessene Ausbildung erhält. Ebenso muß sie in der Lage sein, den Neubekehrten zu lehren, seinerseits einem anderen jungbekehrten Gläubigen nachzugehen. Ohne eine dahingehende Unterweisung des Neubekehrten werden wir nicht über Jünger der zweiten Generation hinauskommen (vgl. die Beschreibung über Jünger der dritten Generation, Seite 22–27).

So einleuchtend diese Wahrheit rein äußerlich betrachtet erscheint, so habe ich doch feststellen müssen, daß sie von kaum jemandem in seiner Tragweite erfaßt worden ist.

Vielleicht liegt das Problem in dem Mangel an Übertragbarkeit, den die meiste Belehrung aufweist. Mit „Übertragbarkeit" bezeichne ich die Leichtigkeit, mit der ein Übungsprogramm seitens eines Lernenden einer weiteren Person vermittelt werden kann. Wenn wir die Wahl unserer Methode dem Zufall überlassen oder mittels des Trial- and -Error-Verfahrens zu ihr gelangen, wird es sich als schwer erweisen, eine andere Person zu lehren, ebenso einem anderen nachzugehen.

Nicht zuletzt aus diesem Grund habe ich mehrere Jahre damit verbracht, übertragbare Einsichten in der persönlichen Nacharbeit weiterzugeben. Dieses Buch ist Teil und Ausdruck all jener Bemühungen.

Ein weiteres Element betrifft noch den Bereich der Lehre in der persönlichen Nacharbeit. Der jungbekehrte Gläubige sollte sich einer Gemeinde anschließen, die erläuternde Bibellehre gibt. Damit meine ich eine Auslegung des Wortes Gottes, welche praktische Anwendungen auf das Alltagsleben zuläßt, verbunden mit der Einsicht in die Originalsprachen. Ein Jungbekehrter braucht zum Wachstum mehr als ermutigende Predigten, er benötigt eine kräftige Mitteilung des Wortes Gottes als „Fleisch" und nicht als „Milch".

Biblische Glaubenslehre läßt sich weitaus effektiver auf Gruppenebene weitergeben als durch persönliches Mitteilen. Waylon Moore liefert ein überzeugendes Argument für die Wichtigkeit des Lehrdienstes bei der Ausbildung von Jüngern.[9] Wir haben es in der Tat mit einem Faktor zu tun, der nicht unterschätzt werden darf.

*Faktor 6: Umwelt*

Als letzter der Faktoren, die eine effektive persönliche Nacharbeit beeinflussen, bleibt die Rolle der Umwelt zu analysieren. Hiermit sprechen wir in erster Linie die geistliche Umwelt an, die den Jungbekehrten umgibt, weniger seine physische Umgebung. Die Art von geistlicher Atmosphäre, der ein Neubekehrter ausgesetzt ist, wird über sein Wachstum als

Christ mitentscheiden. Es macht ganz gewiß einen Unterschied aus, wo ein junger Gläubiger seine Gemeinschaft hat.

Der geistliche Zustand der Gemeinde, in der sich ein Neubekehrter wiederfindet, wird bis zu einem bestimmten Maß die Vitalität seines Lebens bestimmen. Eine lauwarme oder abgekühlte Gemeindeumgebung kann sich verheerend auf das Wachstum des jungen Christen auswirken.

Eine geistliche Umgebung solcherart macht das unglaubwürdig, was wir den Neubekehrten lehren und ihm zu vermitteln suchen. Im Rahmen unserer Nacharbeit sprechen wir von der Freude im Leben des Christen, von Bruderliebe, von Zeugnisgeben, der Bedeutung des Bibelstudiums, Frucht des Geistes etc. Wenn nun eine Person eine Gemeinde besucht, die diese Qualitäten vermissen läßt, wird sie beginnen, unsere Aufrichtigkeit ihr gegenüber zu bezweifeln.

Ein Mensch paßt sich normalerweise sehr leicht seiner Umgebung und deren Eigenschaften an. So wird sich ein jungbekehrter Christ viel leichter einem fleischlichen Wandel anpassen als einem Leben im Geist, insofern ersteres bestimmend für das geistliche Klima ist.

Vielleicht ist das der Grund dafür, daß der Herr die Gemeinde in Laodicea so heftig zurückweist: „Ich kenne deine Werke, daß du weder kalt noch heiß bist. Ach, daß du kalt oder heiß wärest! Also, weil du lau bist und weder heiß noch kalt, werde ich dich ausspeien aus meinem Munde“ (Offb. 3, 15.16; lies auch den Zusammenhang der Verse 14–22 des angegebenen Kapitels).

Ich hatte diesen Vers immer im Licht der Tatsache gesehen, daß Lauheit in unserem Leben als Christ die Glaubwürdigkeit unseres Evangelisierens untergräbt, erst vor kurzem jedoch habe ich ihre verheerenden Auswirkungen auch auf die Nacharbeit an Neubekehrten entdeckt.

Wohin senden wir den jungbekehrten Gläubigen, den wir betreuen? Können wir eine gute geistliche Umgebung bereitstellen und den jungen Christen an eine gute Adresse verweisen? Es hat entscheidende Bedeutung für unser gesamtes Programm der Nacharbeit, daß wir sicher gehen, daß der Jungbekehrte Verbindung zu einer geistlich regen und lebendigen Gemeinde hat. Wenn wir persönlich nicht sicher sind, ob wir einen jungbekehrten Christen in unsere Heimatgemeinde mitbringen können, wie wollen wir dann eine überzeugende Antwort auf die Frage geben, warum wir selbst jene Gemeinde besuchen? Das geistliche Klima der Umgebung spielt letzten Endes nicht nur eine Rolle beim Wachstum junger Gläubiger, sondern auch beim weiteren Wachstum schon herangereifter Christen.

*Zusammenfassung*

Multiplikation ist tatsächlich der einzige Weg, der die Erfüllung des Missionsbefehls verspricht. Es ist wichtig, mit dem Blick auf die Möglichkeit eines multiplizierenden Dienstes in der persönlichen Nacharbeit aktiv zu werden. Wir sollten nicht nur dafür sorgen, daß der jungbekehrte Christ im Glauben gegründet wird, sondern sollten auch einen Schritt weiter gehen zur Belehrung. Wenn wir den Jungbekehrten dahingehend fördern, selbst mit anderen zu arbeiten, haben wir begonnen, die Kettenreaktion der Multiplikation in Gang zu setzen.

Darüber hinaus gibt es bestimmte Faktoren, die die Wirkungskraft unserer persönlichen Nacharbeit beeinflussen, deren wir uns bewußt sein müssen und die es zu bewältigen gilt. Da unsere Beziehung zu Christus unsere Wirksamkeit beeinflußt, ist es nötig, daß wir fortfahren, beständig im Herrn zu wachsen. Nacharbeit ist in einem sehr wörtlichen Sinn Übertragung von Leben und nicht nur Vermittlung von Informationen. Echte Hingabe an die Arbeit im Rahmen der Nacharbeit ist ebenso gefordert wie ihre Einstufung als Priorität in unserem Leben.

Jünger lassen sich nicht en masse produzieren. Wir müssen unsere Kräfte und Energien auf einige wenige konzentrieren. Auch wird es Zeit brauchen, nicht nur bis Jünger herangebildet sind, sondern auch bis das während des Multiplikationsvorganges geschehende Wachstum sichtbar wird. Dies muß verstanden sein, will man einer möglichen Entmutigung vorbeugen.

Die Wichtigkeit einer guten Ausbildung darf nicht unterbewertet werden. In erster Linie praktiziert jemand das, was er gelernt hat. Darum muß der Neubekehrte unterwiesen werden, selbst wieder anderen nachzugehen. Ebenso muß er biblische Unterweisung erhalten. Da schließlich die Umwelt des Jungbekehrten ein starker Einflußfaktor ist, sollten wir alles mögliche daran setzen, ihn dazu zu bewegen, sich einer wachsenden Gemeinde mit einer geistlich warmen und herzlichen Atmosphäre anzuschließen.

Warum nicht beten und Gott bitten, daß er uns befähigt, mit treuen Jüngern zu arbeiten und uns in ihnen zu vervielfältigen? Erinnern wir uns an das Wort des Paulus aus 2. Timotheus 2,2: „Und was du von mir in Gegenwart vieler Zeugen gehört hast, das vertraue treuen Menschen an, die tüchtig sein werden, auch andere zu lehren."

Anmerkungen

1 Waylon Moore, *New Testament Follow-up* (Grand Rapids: Eerdmans, 1963), S. 19.
2 Johannes 3,3; 1. Korinther 3,1; 1. Petrus 2,2; 1. Johannes 2, 12–14.
3 Matthäus 4,1–11; Lukas 4,1–13; Markus 1,12.13.
4 Für eine ausgezeichnete Darlegung der Dynamik der Veränderungen im Leben des Christen vergleiche: Jay Adams, *Befreiende Seelsorge* (Giessen: Brunnen Verlag, 4. Aufl. 1977).
5 Robert Coleman, *Des Meisters Plan der Evangelisation* (Neuhausen: TELOS/Hänssler-Verlag, 1978), S. 17–29.
6 Moore, *New Testament Follow-up,* S. 68.
7 Ebd. S. 69.
8 Dawson Trotman, *Born to Reproduce* (Colorado Springs: Navigators, 1974).
9 Moore, *New Testament Follow-up,* S. 40–41.

*Kapitel 2*

# Nacharbeit beginnt mit Dir

Aus dem vorherigen Kapitel sollte ersichtlich geworden sein, daß eine jede sinnvolle Erörterung der persönlichen Nacharbeit zum Ausgangspunkt eine Betrachtung der Person, die die Nacharbeit tut, haben muß. Damit unsere persönliche Nacharbeit Wirkung erzielt, müssen bestimmte Eigenschaften bei uns da sein.

Wie das erste Kapitel herausgestellt hat, ist persönliche Nacharbeit mehr als bloß eine Vermittlung von Information; sie ist eine Form der Mitteilung des eigenen Lebens. Dies wird klar ersichtlich aus den Worten, mit denen Paulus seine innere Haltung umschreibt: „So, in Liebe zu euch hingezogen, waren wir willig, euch nicht allein das Evangelium Gottes, sondern auch unser eigenes Leben mitzuteilen, ..." (1. Thess. 2,8).

Von daher ist es wichtig, die vorliegende Betrachtung mit einer Untersuchung der Faktoren einzuleiten, die die Voraussetzung dafür bilden, daß es in unserem Leben zur Ausbildung der Fähigkeit kommt, unser Leben in andere zu übertragen. So mag dieses Kapitel überführend und unbequem zugleich sein, denn es wird zeigen, daß wir es mitunter an den inneren Einstellungen mangeln lassen, die für eine wahre Effektivität in der persönlichen Nacharbeit notwendig sind.

Es folgt eine Diskussion der Faktoren, die für das Leben eines Christen charakteristisch sein müssen, will er Resultate in der persönlichen Nacharbeit sehen.

### *Faktor 1: Sei offen und beteiligt*

Dies betrifft unsere Offenheit und Verwundbarkeit einer anderen Person gegenüber. Häufig erlauben wir es nicht, über einen bestimmten Grad hinaus von anderen beansprucht und miteinbezogen zu werden. Der Gedanke daran läßt uns zurückschrecken, dazu noch ist es zeit- und energieraubend.

Denken wir einmal einen Augenblick über unser Leben nach. Sich einer anderen Person gegenüber öffnen und eine Verbindung mit ihr eingehen ist eine bewußte Entscheidung, die getroffen werden muß. Es ist nämlich möglich, alle Phasen der persönlichen Nacharbeit zu durchlaufen, ohne jemals wahrhaft offen und somit auch verwundbar den Menschen gegenüber zu werden.

Es kann geschehen, daß wir rein mechanisch alle Phasen der Nacharbeit durchlaufen, den Menschen auf eine versteckte Weise dienen und dabei niemals wahrhaftig *mit* ihnen verbunden gewesen sind.

Zu Beginn meines Dienstes bin ich den Menschen auf genau dieser unpersönlichen Ebene begegnet. Meine Rolle bestand einzig und allein darin, Informationen auszuteilen. Ich erinnere mich an eine Person, die darum bat, daß wir unsere Treffen einstellen; sie habe schon mehr Information als sie verwenden könne. Ich hatte ein negatives Empfinden darüber, den Betreffenden nicht mehr zu treffen, doch es kam mir nie in den Sinn, meine formelle Haltung in der Nacharbeit zu durchbrechen und jene Person bei der Anwendung und Umsetzung der vermittelten Lehren im Alltagsleben zu unterstützen.

Ich fühlte, daß ich etwas unternehmen mußte. Da ich jedoch in meinem eigenen Leben unsicher über die Anwendung biblischer Prinzipien war, entschloß ich mich, den Weg des Nichteinbezogenwerdens zu gehen.

Es dauerte allerdings nicht lange, bis ich so nicht weiter leben konnte und wollte, was sich jedoch für den Gläubigen, mit dem ich gearbeitet hatte, als zu spät erwies. Diese traurige Erfahrung brachte mich dazu, daß ich den Entschluß faßte, es mir niemals wieder zu erlauben, auf verdeckte unpersönliche Weise mit Menschen zu arbeiten.

Ein Schritt hin zu dieser Haltung der Offenheit – und es handelt sich in der Tat um eine innere Einstellung, die ausgebildet werden muß – ist, daß wir lernen, einen Jungbekehrten aus Gottes Blickwinkel zu sehen. In 2. Korinther 5,16 wird uns gesagt, daß wir die Menschen nicht länger vom Gesichtspunkt des Menschen aus betrachten. Wird jemand eine neue Kreatur in Christus, müssen wir unsere menschliche Betrachtungsweise vergessen und beginnen, ihn so zu sehen, wie Gott ihn sieht.

Ein ganz praktisches Beispiel solch einer veränderten Sichtweise bietet die Art und Weise, wie Jesus seine Jünger beurteilte. Vom menschlichen Standpunkt war es entmutigend, als er mit ihnen begann. Ständig versagten sie. Angesichts dieses Versagens blieb Jesus nur, sie im Licht ihres Potentials als neue Kreaturen, die *Gott* schafft, zu betrachten.

Ich bin davon überzeugt, daß Gott auch uns auf solche Weise ansieht. Da Christus seine Jünger so sah wie der Vater, war er, im Angesicht all ihres Versagens, angespornt, sie auf ihr wahres, in ihnen liegendes Potential hin zu fördern.

Bei der persönlichen Nacharbeit befinden wir uns in einer ähnlichen Situation. Wenn wir mit einem Neubekehrten zu arbeiten beginnen, besteht die leise Versuchung, zuzeiten über den mangelnden Fortschritt entmutigt zu sein. Einige der Jungbekehrten werden auch nicht viel Potential an und in sich aufweisen – und doch ist es gerade hier wichtig, sie so zu sehen wie Gott sie sieht.

Gott kann jeden Menschen gebrauchen und in ein wirkungsvolles Werkzeug seiner Arbeit verwandeln. Wenn wir zu dieser Sicht gelangen, dann werden wir alles daran setzen, das zu tun, was notwendig ist, um sicherzustellen, daß der Jungbekehrte im Arbeitsfeld des Reiches aktiv wird. Ein Weg dahin ist der, möglichst eng mit ihm zusammenzuarbeiten und es uns selbst zu erlauben, in sein Leben einbezogen zu werden. Er soll wissen, daß wir da sind, uns aufrichtig um ihn sorgen, uns ihm zuwenden und ihm gegenüber offen sind.

Indem wir die Notwendigkeit der Offenheit betonen, soll nicht gesagt werden, daß wir ein Abladeplatz für die Probleme anderer sein sollen. Ebensowenig will ich sagen, daß wir es zulassen müssen, wenn an uns und unserer Zeit gesaugt wird. Wir sollen vielmehr in unserer persönlichen Nacharbeit die Menschen mit ihren Problemen konfrontieren und ihnen bei der Bewältigung derselben helfen.

Ein anderer Schritt zur Entwicklung der beschriebenen inneren Haltung ist die Bereitschaft, dem jungen Gläubigen gegenüber aufrichtig zu sein. Lassen wir doch unsere Masken fallen. Mitunter kann es geschehen, daß ein Seelsorger in eine Situation der Nacharbeit gerät, in der er den Anschein erweckt, ein geistlicher Riese zu sein und alle Antworten zu kennen. Geschieht das, so wird ein falsches Bild erzeugt und die Aufrichtigkeit getrübt. Manchmal haben wir Furcht, zuzugeben, daß es bestimmte Probleme in unserem eigenen Leben gab oder gibt, weil wir denken, es könne unsere Glaubwürdigkeit vermindern. Doch solche Furcht ist völlig unbegründet.

Sei der, der Du bist. Sei ein Mensch und sei natürlich und versuche nicht, dem Jungbekehrten gegenüber als vollkommen zu erscheinen, es sei denn, Du bist es tatsächlich. Dann hast Du jedenfalls die geistliche Reifestufe schon überschritten, die Paulus gegen Ende seines Lebens erreicht hatte, als er den Brief an die Philipper schrieb. Dort sagt er: „Nicht, daß ich es schon ergriffen habe oder schon vollendet sei; ich jage ihm aber nach, ob ich es auch ergreifen möge, weil ich auch von Christus Jesus ergriffen bin" (Phil. 3,12). Vielleicht meinst Du, Du seist tatsächlich über den Punkt der Reife, den Paulus erreicht hat, hinausgelangt. Das ist aber nicht sehr wahrscheinlich und schwer nachprüfbar. Wenn dies in Deinem Leben nicht der Fall ist, dann versuche auch nicht, vollkommen zu erscheinen, sondern teile mit aller Diskretion auch etwas vom eigenen Versagen der Vergangenheit mit. Sprich dann aber auch davon, welche biblische Lösung Du für Dich selbst gefunden hast. Das wird zum Wachstum des Jungbekehrten beitragen.

Sollten wir für unsere persönlichen Schwierigkeiten bisher noch keine biblische Antwort gefunden haben, sollten wir uns an die Suche machen. Wenn alles, was wir einem Jungbekehrten mitteilen können, nur Niederlage ist, wie werden wir da eine Hilfe für ihn sein können?

### *Faktor 2: Glaube an die Wichtigkeit der persönlichen Nacharbeit*

Bist Du wirklich davon überzeugt, daß die persönliche Nacharbeit an einem Jungbekehrten wichtig ist? Die Antwort auf diese Frage wird unsere Effektivität entscheidend mitbestimmen. Wie ich in diesem Buch immer wieder betonen werde, wird persönliche Nacharbeit nur durch den geschehen, der bereit ist, die dafür erforderliche Zeit bereitzustellen. Da nun einmal Zeitansprüche bestehen, führt die Beschäftigung mit der persönlichen Nacharbeit zu einer Frage nach den Prioritäten. Wer oder was nimmt Vorrangstellung in unserem Leben ein? Persönliche Nacharbeit wird solange keine Priorität einnehmen, solange keine innere Last für sie besteht. Es sei denn, daß sie Vorrangstellung erhält, sonst wird sie nicht geschehen.

Ferner ist zu betonen, daß ein Durchhalten angesichts auftretender Probleme nur dann möglich ist, wenn die Nacharbeit hohe Priorität besitzt. Wenn wir nicht von der Notwendigkeit der persönlichen Nacharbeit überzeugt sind, werden wir nicht hinreichend motiviert sein, uns mit den Problemen auseinanderzusetzen. Eben daher ist es wichtig, die Frage nach der Stellung der persönlichen Nacharbeit in unserem Leben zu klären. Ist sie eine Priorität?

*Faktor 3: Habe den Wunsch, gebraucht zu werden*

Der Wunsch, von Gott gebraucht zu werden, ist lebenswichtig für uns. Können wir ehrlich vor Gott sagen, daß wir uns wünschen, von ihm gebraucht zu werden? Bedenke, wenn Gott uns gebraucht, so bedeutet das gewöhnlich harte, aber zufriedenstellende Arbeit. Wäge dies ab, bevor Du auf diese Herausforderung antwortest.

Ein gutes Beispiel für die Wichtigkeit des Wunsches, von Gott gebraucht zu werden, bietet die in Jesaja 6 überlieferte Schau des Herrn, die Jesaja geschenkt wird. Nachdem er seine Sündhaftigkeit vor Gott erkannt hat, ist er in der rechten inneren Haltung, um ehrlich auf Gottes Berufung an sein Leben zu antworten.

Wir *müssen* uns selbst und andere so einschätzen, wie Gott uns sieht, um angemessen motiviert zu sein, von ihm gebraucht zu werden.

Die Schau des Jesaja schloß mit einer Herausforderung. Betrachten wir die Antwort des Propheten genau: „Und ich hörte die Stimme des Herrn, die sprach: Wen soll ich senden? Wer will unser Bote sein? Ich aber sprach: Hier bin ich, sende mich!" (Jes. 6,8). Es besteht kein Zweifel an dem ernstlichen Verlangen des Jesaja, gebraucht zu werden. Gott achtete diesen Wunsch und gebrauchte ihn.

Ein weiteres Beispiel findet sich im Verhalten des Paulus der Gemeinde in Rom gegenüber. Folgen wir seinen Gedanken:

> Denn *mich verlangt* sehr, *euch zu sehen,* damit ich euch etwas geistliche Gnadengabe mitteile, um euch zu befestigen, . . . Ich will aber nicht, daß euch unbekannt sei, Brüder, daß ich mir oft vorgesetzt habe, zu euch zu kommen, . . ., *damit ich auch unter euch einige Frucht haben möchte,* . . *Dementsprechend bin ich,* soviel an mir ist, *willig, auch euch,* die ihr in Rom seid, *das Evangelium zu verkündigen* (Röm. 1,11–15, kursiv vom Autor).

Dies läßt keinen Raum für Zweifel an den Prioritäten des Paulus. Die Notwendigkeit und Wichtigkeit des Begehrens und

Wünschens findet sich ebenso in der Lehre Jesu betont, die er in der Bergpredigt weitergibt: „Glückselig, die nach der Gerechtigkeit *hungern* und *dürsten,* denn sie werden gesättigt werden“ (Matth. 5, 6).

Die Frage, die sich hier ergibt, ist praktischer Natur. Wie läßt sich der Wunsch, gebraucht zu werden, zum Ausdruck bringen? Geht es lediglich darum, Gott gegenüber diesen Wunsch auszusprechen? Die Bibel verdeutlicht, daß dies allein nicht ausreicht. Jakobus 1,22 lehrt uns, daß wir nicht nur Hörer, sondern Täter des Wortes sein sollen. Handlungen müssen mündliche Vereinbarungen stützen. Und es gibt eine ganze Reihe von Dingen, die getan werden können, um den Wunsch, gebraucht zu werden, zum Ausdruck zu bringen.

Wir könnten zum Beispiel versuchen, so viel Ausbildung wie nur möglich für den Bereich der Evangelisation zu erhalten. Dies ist ein praktischer Weg, unser Verlangen auszudrükken. Je besser die Ausbildung, um so effektiver das Werkzeug in Gottes Hand. Ebenso hilft es, ständig im evangelistischen Einsatz zu sein, denn so befinden wir uns immer an dem Ort, an dem es potentiell zur persönlichen Nacharbeit kommen kann. Es ist fruchtlos, nur zu reden, ohne auch etwas zu tun; beides zusammen vermittelt Gott unseren Wunsch: von ihm gebraucht zu werden.

### *Faktor 4: Stehe zur Verfügung*

Eng verbunden mit dem Wunsch, von Gott eingesetzt zu werden, ist die Notwendigkeit, verfügbar zu sein. Verfügbarkeit ist ein Hauptprinzip, das den Dienst eines Christen charakterisiert. Gott kann einen jeden gebrauchen, ungeachtet seiner persönlichen Begrenzungen, wenn er nur zur Verfügung steht. Andererseits ist es Gott unmöglich, eine Person in seinem Dienst zu gebrauchen, die ihm nicht zur Verfügung steht, ganz gleich wie gut ausgebildet und talentiert sie sein mag. Die Bibel enthält eine Fülle von Beispielen für diese Wahrheit. Zwei von ihnen möchte ich hier anführen.

Von der Berufung des Jeremia wird uns im ersten Kapitel des gleichnamigen Buches berichtet. Nach der Berufung durch den Herrn fand Jeremia verschiedene Entschuldigungen, warum er das nicht tun könne, was Gott ihm auftragen wollte. Diese Ausflüchte nahmen die Gestalt einiger heute noch geläufiger Alibis an. Unter anderem beklagte sich Jeremia, daß er zu jung sei, darüber hinaus ungebildet und kein sehr guter Redner.

In Wahrheit waren dies unwerte Ausreden und nur ein Kennzeichen für seine mangelnde Verfügbarkeit. Gott zeigte Jeremia, daß er in der Lage ist, diese Beschränkungen zu überbrücken und daß er lediglich den Gehorsam des Propheten erwartet. War dies erst einmal abgeklärt, konnte Jeremia Gott zur Verfügung stehen.

Das vielleicht eindrucksvollste Beispiel der Bibel zum Thema Verfügbarkeit findet sich in der Berufungsgeschichte des Mose. Gott spricht zu ihm aus dem brennenden Dornbusch. In einem nachfolgenden Gespräch kommt es zu einem interessanten Hin und Her von Ausflüchten und Erwiderungen. In 2. Mose 3 beginnt eine sich über zwei weitere Kapitel erstrekkende verbale Auseinandersetzung zwischen Gott und einem Mann mit Namen Mose, der nicht zur Verfügung stehen will.

Die erste Entschuldigung des Mose findet sich in 2. Mose 3, 11:

> Mose sprach zu Gott: Wer bin ich, daß ich zu Pharao gehe und führe die Kinder Israel aus Ägypten?

Der Gedanke, daß er ja nur eine Durchschnittspersönlichkeit und nicht zurechtgeschnitten für den Dienst Gottes sei, war allein vom rein menschlichen Standpunkt aus ein höchst fehlerhaftes Argument. Immerhin war er in der Weisheit Pharaos erzogen worden und weitaus besser ausgerüstet, die an ihn herangetragene Aufgabe auszuführen, als irgend jemand sonst. All denen, die sich durch ein ähnliches Argument abhalten lassen, Gottes Willen hinsichtlich der persönlichen Nacharbeit zu tun, wird geraten, die Antwort, die Gott dem Mose gab, genau zu betrachten:

> Er sprach: *Ich* will mit dir sein (2. Mose 3,12).

Wenn Du Christ bist, dann bist Du niemals nur ein „normaler Niemand". Gott ist mit Dir, das macht Dich zu einem „Jemand". Von daher ist jene Entschuldigung schmal und schwach, auch wenn sie noch so oft gebraucht wird.

Eine weitere Entschuldigung des Mose betraf die Frage nach der Autorität. Er glaubte, wegen eines Mangels an Autorität nicht von Gott gebraucht werden zu können. Ich habe herausgefunden, daß wir es hierbei mit einem allgemeinen Problem unter Christen zu tun haben. Viele meinen, keine Autorität zu besitzen. Sie fühlen sich unfähig, Menschen zur Christusnachfolge herauszufordern, und sehen sich außerstande, im Rahmen der persönlichen Nacharbeit ein Wegweiser für andere zu sein. Was antwortet Gott auf diesen Einwand hin:

> Gott sprach zu Mose: Ich werde sein, der ich sein werde. Und sprach: Also sollst du den Kindern Israel sagen: Ich werde sein hat mich zu euch gesandt (2. Mose 3,14).

Das ist Gottes Antwort für Dich: Du besitzt die Autorität, persönliche Nacharbeit zu leisten und den Weg eines Neubekehrten zu dirigieren; und Du besitzt diese Autorität ganz einfach deshalb, weil Gott sie Dir gegeben hat. Wenn Du sein Wort anwendest und durch seinen Geist bevollmächtigt wirst, dann bist Du unter seiner Autorität und stehst in seiner Vollmacht in Deinem Dienst!

Schließlich versuchte Mose die alte Ausflucht mit der Glaubwürdigkeit. Sagte er doch zu Gott, sein Reden werde mit Sicherheit keine Wirkung erzielen, da ihm sowieso niemand glauben werde. Er fühlte, daß er auf den möglichen Unglauben des Volkes nichts würde antworten können und faßte das in folgende Worte:

> Mose antwortete und sprach: Siehe, sie werden mir nicht glauben noch meine Stimme hören, sondern werden sagen: Der Herr ist dir nicht erschienen (2. Mose 4,1).

Ich bin diesem Problem der Glaubwürdigkeit immer wieder begegnet. Doch für Gott war das kein Problem. Er gab Mose den Stab, der zur Schlange wurde, und verstärkte seine Botschaft ferner durch die Plagen. Du magst denken, daß Du ebensowenig eine Entschuldigung haben würdest, wenn Gott solches für Dich tun würde. Die Wahrheit indessen ist, daß Gott bereits viel Größeres für Dich getan hat. Das größte aller Wunder ist und bleibt ein verändertes und erneuertes Leben. Es gibt keine irdische Erklärung für das Wunder der Bekehrung. Darum: Du besitzt die für die Nacharbeit nötige Autorität.

Doch Mose hatte noch immer Entschuldigungen. Eine von ihnen drehte sich um seine persönlichen Begrenzungen. Mit diesem Einwand kommen sich Mose und Jeremia sehr nahe:

> Mose aber sprach zu dem Herrn: Ach, mein Herr, ich bin je und je nicht wohl beredt gewesen, auch nicht seit der Zeit, da du mit deinem Knecht geredet hast; denn ich habe eine schwere Sprache und eine schwere Zunge (2. Mose 4,10).

Das wäre wirklich eine gute Ausrede, wenn es da nicht Gottes Antwort gäbe:

> Der Herr sprach zu ihm: Wer hat dem Menschen den Mund geschaffen? Oder wer hat den Stummen oder Tauben oder Sehenden oder Blinden gemacht? Habe ich's nicht getan, der Herr? So gehe nun hin: Ich will mit deinem Munde sein und dich lehren, was du sagen sollst (2. Mose 4,11.12).

Wie im Fall von Jeremia ist es auch hier: natürliche Beschränkungen bilden für Gott kein Problem, sie dienen vielmehr dazu, Gottes Macht und Herrlichkeit deutlicher offenbar werden zu lassen.

Mose hatte noch einen Einwand. Es war sein letzter und zugleich sein bester. Gott hatte keine Antwort auf diesen. Mose war unverfügbar:

> Mose sprach aber: Bitte, Herr, sende lieber einen anderen, wen du willst (2. Mose 4,13).

So war Gott gezwungen, Aaron als das „Mundstück" bei der Befreiung des Volkes Israel einzusetzen. Die Anwendung dieser Begebenheit auf Deinen und meinen Fall ist die, daß wir ganz einfach zur Verfügung stehen müssen. Mangel an Verfügbarkeit ist das einzige, was Deine Wirksamkeit in der persönlichen Nacharbeit einschränken kann.

Verfügbarkeit ist von oberster Relevanz für eine wirkungsvolle persönliche Nacharbeit. Meine eigene Erfahrung hat mich gelehrt, daß Gott einen jeden gebrauchen kann, wenn er sich ihm nur zur Verfügung stellt. Professoren, Techniker, Arbeiter und Hilfskräfte sind von Gott gebraucht worden, als sie sich dazu entschließen konnten, seinen Willen zu tun.

Ich weiß von einer durch Arthritis verkrüppelten und an einen Rollstuhl gebundenen Person, deren Nacharbeit dafür verantwortlich ist, daß eine Reihe von Leuten im vollzeitlichen Dienst stehen. Würden wir es doch nur lernen, Gott zu glauben und zu vertrauen, daß er trotz unserer Begrenzungen durch uns wirkt.

Zu sagen, daß Verfügbarkeit wichtig ist, bedeutet nicht, den Wert einer guten Ausbildung für den geistlichen Dienst herunterzuspielen. Sicherlich wird ein geeignetes Übungsprogramm unsere Wirksamkeit verbessern, wenn auch die beste Ausbildung der Welt nichts bewirken wird, es sei denn, wir sind willig, Gott zur Verfügung zu stehen. Bist Du bereit?

### *Faktor 5: Beständigkeit der Lebensführung*

Dieser Faktor betrifft unseren Lebensstil. Wahrscheinlich ist die Notwendigkeit eines beständigen Lebenswandels an keinem Punkt so wichtig wie in der persönlichen Nacharbeit. Wenn wir erst einmal beginnen, die für eine gute persönliche Nacharbeit erforderliche Zeit bereitzustellen, wird es zusehends schwerer werden, einen unbeständigen Wandel zu verbergen. Eine gewisse Zeit kann man jemanden zum Narren halten, bald jedoch wird die Wahrheit unausweichlich ans Licht kommen.

Warum ist Beständigkeit so wichtig? Weil ein lebendiges Beispiel eine tragende Rolle bei der Motivation und Förderung von Menschen spielt. Ein Kind wird sich viel leichter an die Lebensweise der Eltern erinnern und ihr folgen als deren Belehrungen, besonders dann, wenn beide einander entgegenstehen. Ich erinnere mich an eine Fernsehanzeige, die im Zusammenhang einer Kampagne gegen das Rauchen ausgestrahlt wurde. Man sah Vater und Sohn zusammen spazierengehen. Alles, was der Vater tat, ahmte der Sohn ihm nach. Was sich auch auf das Rauchen erstreckte. Die Stärke dieser Werbung lag in ihrer Grundeinsicht in die Macht des lebendigen Beispiels.

Gleiches wird Gleiches hervorbringen und es gibt keinen Weg, das zu verhindern. Du *wirst* immer nur Dich selbst vervielfältigen. Die Frage ist, *was* wir reproduzieren, nicht, *daß* wir überhaupt etwas reproduzieren. Wir werden entweder führen oder irreführen, leiten oder verleiten. Es gibt keinen Mittelweg.

Dies erklärt den Nachdruck, den Paulus in seinen Briefen auf die Bedeutung legt, die sein eigenes Beispiel sowie das Beispiel anderer hat:

> Dies gebiete und lehre! Niemand verachte deine Jugend, sondern sei ein *Vorbild* der Gläubigen im Wort, im Wandel, in Liebe, im Glauben, in Keuschheit (1. Tim. 4,11.12, Kursivierung vom Autor). Nicht, daß wir nicht das Recht dazu haben, sondern damit wir uns euch zum Vorbild gäben, damit ihr uns nachahmt (2. Thess. 3,9).
>
> Seid miteinander meine Nachahmer, Brüder, . . (Phil. 3,17).
>
> Seid meine Nachahmer, wie auch ich Christi Nachahmer bin! (1. Kor. 11,1).

Doch es ist nicht nur der positive Aspekt des Vorbildes, der in der Bibel berücksichtigt wird. Ebenso finden wir Warnungen vor der Macht des verführenden Beispiels.

Eins der Hauptargumente des Apostels in seiner Auseinandersetzung mit den Schwierigkeiten in der Gemeinde zu Korinth ist eine Warnung davor, daß andere durch ein schlechtes Beispiel zur Sünde verleitet werden können. Ein großer Teil der nachdrücklichen Warnung vor der Gefahr des negativen Vorbildes erwuchs aus der Fähigkeit falscher Lehre, sich durch das Beispiel zu verbreiten. In 2. Timotheus 2,17 verwendet Paulus den Ausdruck *gangrene*, um die Auswirkungen eines schlechten Vorbildes zu beschreiben. Kaum ein anderes Wort kann die Konsequenzen falscher Lehre besser beschreiben als dieses.

Beständig zu werden sollte demnach Ziel unseres Lebens werden, ob wir in der persönlichen Nacharbeit beteiligt sind oder nicht. Häufig aber ist es unser Engagement in der persönlichen Nacharbeit, das uns die Motivation gibt, die wir brauchen, um beständig in unserem Leben zu werden.

Wenn wir davon überzeugt sind, daß wir uns selbst vervielfältigen, daß Gleiches eben Gleiches hervorbringt, werden wir danach streben, ein beständiges Christenleben zu führen. In Lukas 6,40 beschreibt Jesus die Dynamik der Jüngerschaft als Vervielfältigung des Lehrers in den Lernenden:

„Ein Jünger ist nicht über dem Lehrer; jeder aber, der vollendet ist, *wird sein wie sein Lehrer.*"

Für die, die andere belehren und zu Jüngern machen, gibt es keinen anderen Weg. Wir müssen ein gutes Vorbild sein – oder wir werden ein schlechtes sein.

Die hier umrissene Problematik der Macht der lebendigen Demonstration wird in Kapitel 6 ausführlicher behandelt werden. Erinnern wir uns noch einmal an die Warnung aus Jakobus 3,1 und bereiten wir uns gut auf die Nacharbeit vor: „Liebe Brüder, werfe sich nicht jeder zum Lehrer auf, sondern bedenkt, daß wir Lehrer ein strengeres Urteil empfangen werden" (Jak. 3,1).

### *Faktor 6: In Christus wachsen*

Es ist wichtig, daß wir selbst, bei all unserer Aktivität im Rahmen der persönlichen Nacharbeit, weiter in unserer eigenen Beziehung zu Jesus Christus wachsen und zunehmen. Niemals sollten wir meinen, das Ziel schon erreicht zu haben. Wir müssen fortfahren, mehr und mehr in Christus zu wachsen. Der Gläubige wird nur das hervorbringen, was in seinem eigenen Leben entwickelt und herausgebildet worden ist. Nie werden wir jemanden über den Punkt hinausführen können, den wir selbst in unserem persönlichen Wachstum erreicht haben.

Wollen wir immer in Erinnerung halten, was Lukas 6,40 über die Dynamik der Jüngerschaft aussagt: Der Jünger wird so sein wie sein Lehrer. Natürlich ist es möglich, daß auch eine andere Person denjenigen, dem Du nachgegangen bist, hilft, über die von Dir erlangte geistliche Reifestufe hinauszuwachsen. Wir selbst vermögen auf keinen Fall, jemanden über unseren eigenen Reifestand hinaus wachsen zu lassen.

Das hängt sicher damit zusammen, daß von einem bestimmten geistlichen Wachstumsstand an das weitere Wachsen weniger als Ergebnis zusätzlicher Nahrung zu bewerten ist als vielmehr als Ergebnis persönlicher Hingabe des Lebens und persönlichen Gehorsams. Indem wir dies herausheben, verliert die Notwendigkeit der persönlichen Nacharbeit nicht an Gewicht, kann es doch auch außerhalb der persönlichen Nacharbeit das Wachstum eines anderen hindern, wenn wir selber Stillstand haben.

Paulus hinterließ uns eine gesunde Einstellung, die wir annehmen sollten. Es wird uns helfen, Gottes Willen in bezug auf geistliches Wachstum zu verstehen. Selbst gegen Ende seines Lebens, als er den Brief an die Philipper verfaßte, brachte er seinen persönlichen Bedarf an weiterem geistlichen Wachstum zum Ausdruck:

> Nicht, daß ich es schon ergriffen habe oder schon vollendet sei; *ich jage ihm aber nach,* ob ich es auch ergreifen möge, weil ich auch von Christus Jesus ergriffen bin. Brüder, ich halte mich nicht dafür, es ergriffen zu haben; eines aber tue ich: Ich vergesse, was dahinten, *strecke mich aber nach dem, was vorn ist, und jage auf das Ziel zu,* hin zu dem Kampfpreis der Berufung Gottes nach oben in Christus Jesus (Phil. 3,12–14).

Die Haltung und Einstellung des Paulus läßt sich dahingehend zusammenfassen, daß er danach strebte, weiter im Herrn zu wachsen. Ist dies auch unsere Einstellung? In Philipper 3,15 sagt Paulus, daß die, die wahrhaft in Christus gereift sind, eben diese Gesinnung aufweisen. Was gibt uns das hinsichtlich des eigenen geistlichen Reifestandes zu denken?

Stagniere nicht, sondern fahre fort, in Christus zu wachsen! Schreite voran in Deinem persönlichen Wachstum! Inwieweit Dein Dienst effektiv und fruchtbar wird, das steht in direktem Verhältnis zu Deiner Entschlossenheit, Hingabe und Bereitschaft.

*Faktor 7: Nimm Dich selbst an*

Die Einstellung eines Menschen zu sich selbst kennzeichnet seine Effektivität in der Nacharbeit. Ein Mensch, der nicht zu einer persönlichen Selbstannahme gekommen ist, wird in seiner Fähigkeit, wirkungsvoll mit anderen zu arbeiten, eingeschränkt sein.

Wenn Du niemals in der Lage warst, Dich selbst anzunehmen, wirst Du unbewußt die Angst hegen, daß andere Dich ebensowenig akzeptieren könnten. Diese unbewußte Furcht bewirkt, daß Offenheit und Aufrichtigkeit anderen gegenüber verhindert werden. Wir haben im Vorhergehenden dargelegt, welche wichtige Rolle eine aufrichtige Haltung in der persönlichen Nacharbeit spielt. Die beschriebene Angst bewirkt nun, daß wir falsche Zäune in unserem Leben aufbauen, Zäune, die uns den anderen gegenüber angenehmer erscheinen lassen sollen. Geschieht dies, ist die Transparenz unseres Lebens zerstört, die doch ein so entscheidender Bestandteil einer echten Beziehung zu anderen Menschen ist.

Dieser Mangel an Selbstbejahung, den wir hier diskutieren, schließt unseren Unwillen ein, uns so anzunehmen, wie Gott uns geschaffen hat, das heißt, wir haben vielleicht nie unsere äußere Erscheinung, unsere Fähigkeiten oder den Mangel an denselben, unsere geistige Begrenzung sowie die unveränderlichen Seiten unserer Umgebung, seien sie nun ökonomischer oder physischer Natur, angenommen und „ja" dazu gesagt.

Wir lehnen uns auf gegen die Eltern, die Gott uns gegeben hat, und gegen die wirtschaftlichen Verhältnisse, in denen wir aufwachsen. Dies alles zeigt nur unseren Vorbehalt gegen Gott, weist auf den verborgenen Gedanken hin, er könne uns eine schlechte Partie geben. Wir sind irgendwo verbittert, nie recht rein und frei vor Gott geworden. Es wäre uns schwer möglich, dem zuzustimmen, was Paulus in folgenden Schriftstellen sagt:

> Wir wissen aber, daß denen, die Gott lieben, alle Dinge zum Guten mitwirken, denen, die nach seinem Vorsatz berufen sind (Röm. 8,28).
>
> . . . denn ich habe gelernt, mich darin zu begnügen, worin ich bin (Phil. 4,11).
>
> Danksagt in allem (1. Thess. 5,18).

Es sei denn, daß wir im rechten Verhältnis zu Gott stehen und uns so annehmen, wie er uns geschaffen hat, in dem Glauben, daß er dabei einen vollkommenen Plan verfolgte, sonst wird unser Leben niemals effektiv in der Nacharbeit werden.

Wenn ich von Selbstannahme spreche, meine ich nicht, daß wir die Sünde in unserem Leben übersehen dürfen. Wir dürfen uns nie mit der Sünde abfinden. Gott wünscht, daß wir uns mit ihr auseinandersetzen und Sieg erhalten.

Es kann sein, daß wir mit Sommersprossen und rotem Haar geboren werden, Gefühle der Wut wurden uns nicht angeboren. Du hast über eine gewisse Zeit die Sünde in Deinem Leben entwickelt. Es mag sein, daß Du in eine wohlhabende Familie hineingeboren wurdest, Du wurdest jedoch nicht mit der Charaktereigenschaft der Faulheit geboren. Diese ist das Ergebnis von Sünde in Deinem Leben.

Ist es möglich, diese Differenzierung zu erkennen? Gott möchte unter keinen Umständen, daß wir Sünde akzeptieren. Er erwartet statt dessen, daß wir inmitten scheinbar unveränderbarer Umstände auf ihn und seine Weisheit vertrauen.

Es ist also wichtig, das Sündenproblem in unserem eigenen Leben und im Leben derer, denen wir im Rahmen der Nacharbeit nachgehen, immer und immer wieder anzugehen. Zu solch einer effektiven Arbeit mit anderen ist die Selbstannahme unbedingt vorausgesetzt.

*Zusammenfassung*

Meine Absicht bei der Niederschrift dieses Kapitels war nicht, alle dem geistlichen Wachstum zugehörenden Faktoren zu behandeln. Tatsächlich würde ein solches Unterfangen ein Buch für sich ergeben, wenn nicht sogar mehrere.

Ich bin fest davon überzeugt, daß es sich bei der persönlichen Nacharbeit mehr um eine Übertragung von Leben handelt als um eine Vermittlung von Informationen.

Offen und ehrlich einem Jungbekehrten gegenüber zu stehen, ist grundlegend für die Entwicklung einer gesunden Beziehung zu ihm. Ein starker Glaube und ein festes Überzeugtsein von der Wichtigkeit der persönlichen Nacharbeit wird erfordert, damit ihr die rechte Priorität eingeräumt wird.

Der Wunsch, gebraucht zu werden, ist eine innere Einstellung, die sicherstellt, daß es in unserem Leben zu mehr als nur zu Worten kommt, was unser Engagement betrifft. Verfügbarkeit betrifft das einzige Problem der Nacharbeit, auf das Gott keine Antwort hat.

Beständig ein positives Vorbild zu sein ist wichtig wegen der Macht der lebendigen Demonstration. Fortwährend in Christus zuzunehmen ist wichtig, weil wir niemanden über den geistlichen Reifestand hinausführen können, den wir selber erreicht haben.

Eine Annahme unserer selbst legt den Grund für eine durch Offenheit und Aufrichtigkeit geprägte Einstellung den Menschen gegenüber, denen wir nachgehen.

Ich vertraue darauf, daß diese Aufzählung von Handlungen und inneren Einstellungen, die Nacharbeit betreffend, unser Denken beeinflußt und uns angeregt hat, uns für eine effektive Nacharbeit zu rüsten.

*Kapitel 3*

# Wie man eine Beziehung zu einem Jungbekehrten aufbaut

Das Aufbauen einer engen und freundschaftlichen Beziehung zu dem Neubekehrten ist ein Grundbaustein der persönlichen Nacharbeit. Es schließt eine Art von Erbauung mit ein, die über die bloße Belehrung und Vermittlung von Regeln hinausgeht. Eine liebevolle Übermittlung jener geistlichen Gesetze ist beinhaltet.

In meinem frühen Dienst gab es eine Zeit, in der es mir schwerfiel, Beziehungen zu jungbekehrten Christen zu entwickeln. Ich war der Annahme, daß Beziehungen auf ganz natürliche Weise geschehen, sich ereignen würden, so wie von selbst. In einigen Fällen mag das so sein, besonders dann, wenn der Betreffende einige Interessengebiete mit Dir teilt.

Leider wird es aber oft so sein, daß wir uns im Rahmen unserer Nacharbeit mit Personen beschäftigen müssen, mit denen wir wenig gemeinsam haben. Unter solchen Umständen erfordert es vereinte Anstrengungen, um eine zwischenmenschliche Beziehung aufzubauen.

Im Laufe der Jahre habe ich eine ganze Anzahl an Hilfsmitteln für den Aufbau von Beziehungen entdeckt, mit denen ein spannungsvolles Gefühl geistlichen Sieges in mein Leben trat. Nicht länger war mein Dienst auf bestimmte Gruppen und Typen von Menschen eingeschränkt. Eine ähnlich freudige Reaktion ging in jenen Menschen vor sich, die ich zur persönlichen Nacharbeit ausgebildet habe. In Christus gibt es wahrhaftig weder Sklaven noch Freie, weder Juden noch Griechen.

Geistliche Elternschaft weist gewisse Ähnlichkeiten zur physischen Elternschaft auf. Wer kann sich damit begnügen, bloß Gesetzgeber und Ermahner seiner Kinder zu sein? Über die Autoritätsfigur hinaus sind gute und verantwortungsbewußte Eltern stets bemüht, ihre Kinder besser kennenzulernen und eine inhaltliche Beziehung zu ihnen zu pflegen. Eben dasselbe ist wichtig in der persönlichen Nacharbeit.

Zum einen müssen wir als geistliche Leiter, die das „wie man in Christus wächst" vermitteln, Autoritätspersonen sein. Zugleich aber müssen wir eine bedeutungsvolle Beziehung zu dem jungbekehrten Gläubigen aufbauen.

Dieses Kapitel will praktische Ratschläge für den Aufbau einer solchen Beziehung geben.

*Entwickle eine Atmosphäre liebevoller Fürsorge*

> Zu jeder Zeit beweist der wahre Freund Liebe und wird als Bruder für die Zeit der Not geboren (Spr. 17,17).

Einer der ersten Schritte zum Aufbau der beschriebenen Beziehung zu einem jungen Gläubigen besteht darin, aufrichtig um ihn bemüht zu sein und in aller Ehrlichkeit sein Freund werden zu wollen. Paulus lehrt dies als Grundlage seiner eigenen Nacharbeit. Betrachten wir anhand von Philipper 1, 8, wie Paulus seine Haltung zu den Philippern einschätzt: „Denn Gott ist mein Zeuge, wie ich mich nach euch allen sehne mit der herzlichen Liebe Christi Jesu."

Es ist wichtig zu verstehen, warum er mit diesen Worten beginnt: „Gott ist mein Zeuge." Paulus gebraucht diesen Ausdruck nicht leichtfertig, sondern nur, weil er etwas unmißverständlich klarmachen will. Wenn er sagt: „Gott ist mein Zeuge", so war er sich dessen bewußt, daß er einen allwissenden Gott zum Zeugen der Wahrheit seiner Aussage anrief. Das war notwendig für das, was Paulus für sein Empfinden ihnen gegenüber beanspruchte: „Denn Gott ist mein Zeuge, wie ich mich nach euch allen sehne mit der herzlichen Liebe Christi Jesu."

Welch eine Aussage! Sie trifft genau den Punkt, den ich herausheben möchte. Inwieweit sind wir tatsächlich um die Menschen besorgt, denen wir persönlich nachgehen? Lieben wir sie mit der Liebe Christi? Wenn dies der Fall ist, wird die Beziehung zu ihnen wachsen; wenn nicht, wird sie behindert sein. Wir müssen in unserem Leben diese Haltung ausbilden, aus der heraus wir mit Paulus sagen können: „Gott ist mein Zeuge!" Er ist mein Zeuge, daß ich eine innere Last für jenen Neubekehrten verspüre.

Während meiner Studienzeit bemühte ich mich um einen jungverheirateten Studenten. Obwohl ich mich sehr anstrengte, schien es in der Nacharbeit überhaupt nicht voranzugehen. Ich konnte sein Vertrauen nicht gewinnen und unsere Beziehung blieb rein oberflächlich. Als ich eines Tages über meine

Schwierigkeit nachdachte, erschien es mir, als sei ich im Grunde gar nicht richtig um ihn besorgt und an ihm interessiert. Ich besaß ja überhaupt gar keine innere Bürde für sein geistliches Wachstum, war vielmehr nur leicht irritiert durch die Schwierigkeit, die er hervorrief.

Welch eine ernüchternde und überführende Erkenntnis wurde mir zuteil! Ich entschloß mich, meine Gebete auf ihn als menschliche Persönlichkeit zu konzentrieren und mich zu bemühen, die Liebe zu entwickeln, von der Gott wünscht, daß ich sie ihm als Individuum entgegenbringe. Es dauerte nicht lange, bis ich echte Durchbrüche in meiner Nacharbeit erlebte. Jener junge Kommilitone steht übrigens heute vollzeitlich im geistlichen Dienst.

Möchtest Du dem jungbekehrten Gläubigen wirklich helfen, in Christus zu wachsen? Sorgst Du Dich im Ernst um die Menschen? Wenn Du fühlst, daß es in Deiner Nacharbeit an Liebe und Fürsorge mangelt, dann kannst Du spezifisch um diese Einstellungen für Dein Leben bitten. Als Antwort auf das Gebet wird Gott Dir diese Art von Bürde schenken. Die Bibel erläutert nicht, warum die Mechanik des Gebets so wirkt, auf alle Fälle bewirkt unsere Fürbitte für den anderen, daß unsere Last für ihn größer wird.

Sei spezifisch in Deinen Gebeten. Sollten Dir die Gebetsanliegen ausgehen, dann beginne die Anfänge der Paulusbriefe zu lesen. Dort finden sich sehr spezielle Gebete für das geistliche Wachstum der Jungbekehrten. Bete unter Namensnennung für die Person, der Du nachgehst. Wenn Du über einen gewissen Zeitraum beständig für sie einstehst, wird Gott eine Last für diese Person in Dir entwickeln. Möglicherweise wirst Du selbst nicht bemerken, wie sie größer wird, bald jedoch herausfinden, daß Du Dich ernstlich um jenen Menschen sorgst.

Dies ist eine aufregende Tatsache, die ich nachdrücklich betonen möchte. Du kannst innerlich eine Last für jemanden verspüren und auf diese Weise eine Beziehung zu demjenigen aufbauen, den Du normalerweise von Dir aus nicht zum Freund gewählt hättest.

Während meiner Studienzeit kannte ich einen Pastor, der mich ein weites Stück in meinem eigenen geistlichen Wachstum und Denken voranbrachte. Eines Tages sagte er etwas, was ich nie vergessen werde: „Bevor Du Christ wurdest, suchtest Du Dir Deine Freunde aus. Nachdem Du Christ geworden bist, sucht Gott Deine Freunde aus, und oft sind das Menschen, die Du nicht gewählt hättest."

Wenn Du mehr oder weniger gezwungen bist, Beziehungen zu solchen Christen einzugehen, die Du Dir nicht als Freunde ausgesucht hättest, so zwingt Dich das auch dazu, die Stärke und Liebe, die Du benötigst, um diese Beziehung aufzubauen, von Gott zu erbitten. Wenn wir die persönliche Nacharbeit beginnen, entscheiden wir nicht, wer auf Christus eingehen wird oder nicht. Früher oder später werden wir uns mit Sicherheit in Beziehungen mit Menschen wiederfinden, deren Gemeinschaft wir unter normalen Umständen nicht gesucht hätten. Gott löst dieses Problem, indem er uns die Einstellung schenkt, die zum Aufbau einer freundschaftlichen Beziehung zu jenen Personen notwendig ist.

Wenn wir uns bemühen, Freundschaften zu jungen Gläubigen aufzubauen, ist es wichtig, eine Art annehmender Liebe zu besitzen. Jesus wandte das Prinzip „annehmender Liebe" an, als er mit seinen Jüngern arbeitete. Es waren seine Liebe und Fürsorge, die grundlegend zu ihrem geistlichen Wachstum beitrugen. Sie wußten, daß er sie liebte, sie hegten nie einen Zweifel daran. Selbst wenn sie versagten, konnten sie sich in einer Atmosphäre liebevoller Annahme wiederfinden. Der Herr wies sie zurecht, wenn sie versagten, doch liebte er sie immer noch und fuhr fort, mit ihnen zu arbeiten und half ihnen, aus ihren Fehlern zu lernen. Trotz ihres Versagens wußten sie, daß die Liebe, die Christus zu ihnen hatte, bedingungslos war.

Es ist eine wichtige Frage, ob wir eine Umgebung und eine Atmosphäre unbedingter Annahme und Liebe zu schaffen vermögen. Doch lassen wir es hier bitte zu keinem Mißverständnis kommen. Eine Atmosphäre zu schaffen, in der ein Mensch sich angenommen erfährt, bedeutet nicht, daß wir die Sündhaftigkeit seines Wesens übersehen. Es bedeutet vielmehr, daß wir die Person angesichts ihres Versagens akzeptieren und ihr zeigen, wie sie mit ihren Problemen und Sünden fertig werden kann. Wir können uns ihr in Liebe zuwenden und ihr helfen, Gottes Ausweg zu finden.

Es geht also darum, den Menschen anzunehmen, zugleich jedoch die Sünde in seinem Leben zurückzuweisen. Ist es im Rahmen unserer Nacharbeit bisher schon gelungen, diese Atmosphäre hervorzurufen, die sich durch liebevolle Annahme auszeichnet?

Ein geeigneter Weg zur Bewertung unserer eigenen Arbeit ist der, daß wir herausfinden, aus welchem Grund der Jungbekehrte unsere Ratschläge und Anweisungen befolgt. Ist es das Ergebnis seines Wunsches, in Christus zu wachsen oder hat er Angst, infolge seines Versagens zurückgewiesen zu werden? Folgt er den Anweisungen unseretwillen oder um des Herrn willen? Wenn die Motivation eines Jungbekehrten ausschließlich die ist, uns zu gefallen, so ist allen Ernstes etwas verkehrt. Es wird schwierig sein, in der betreffenden Person die richtige Einstellung zu erwecken. Es bleibt also die Frage: Tragen wir zu der von Liebe gekennzeichneten Atmosphäre bei, die einen Jungbekehrten dazu motiviert, in Christus zu wachsen?

*Entwickle eine christozentrische Beziehung*

Als zweite Grundwahrheit für den Aufbau von Beziehungen zu Neubekehrten ist darauf zu achten, daß Jesus Christus im Mittelpunkt derselben steht. Wir müssen uns bewußt werden, daß dies Anstrengungen erfordern wird, da es eine ganz natürliche Angelegenheit ist, den Versuch zu unternehmen, irgend etwas anderes zum Ausgangspunkt der Beziehung zu nehmen.

Vielleicht bauen wir eine Beziehung zu einer Person auf, weil sie gern Fußball spielt; oder zu einer anderen, weil sie an Kunst interessiert ist. Gemeinsame Interessensgebiete sind hilfreich zum Aufbau von Beziehungen. Wenn sie jedoch im Zentrum der Beziehung stehen, werden wir in unserem Freundeskreis eingeschränkt.

1. Johannes 1,3 nennt uns den wahren Brennpunkt bleibender Beziehungen: „Was wir gesehen und gehört haben, verkündigen wir euch, damit auch ihr mit uns Gemeinschaft habt; und zwar ist unsere Gemeinschaft mit dem Vater und mit seinem Sohn Jesus Christus.“

Johannes weist uns auf Christus als den Mittelpunkt echter Gemeinschaft hin. Er fordert, daß sich unsere Beziehungen von der Erkenntnis Christi ausgehend entwickeln sollen. Das bedeutet nicht, daß es falsch wäre, andere gemeinsame Interessen mit der Person zu teilen, es bedeutet vielmehr, daß wir oft erleben werden, in eine Situation der Nacharbeit hineingestellt zu sein, in der wir wenig Gemeinsames finden werden. Was uns aber nicht abhalten sollte, eine Beziehung und eine Freundschaft aufzubauen – wenn nur Christus im Mittelpunkt steht.

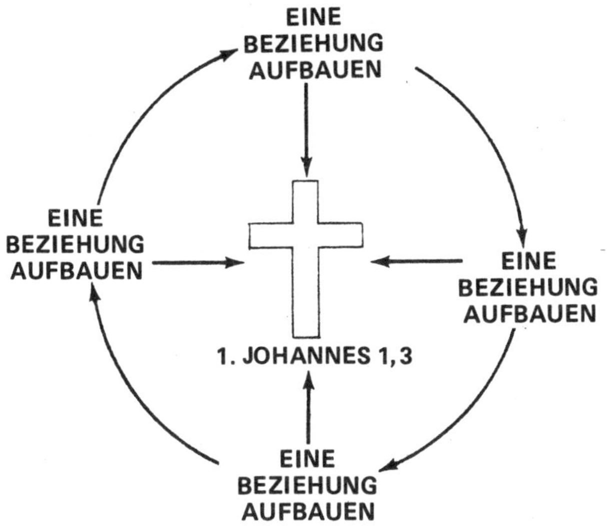


**Abb. 7 Beziehungen christozentrisch aufbauen**

Wie erreichen wir, daß Christus Mittelpunkt wird? Wir erreichen es dadurch, daß wir von Anfang an in unserer Nacharbeit den Großteil der gemeinsamen Zeit über geistlichen Dingen zubringen. Das wiederum meint nicht, dem Jungbekehrten fortwährend Vorlesungen zu halten, sondern vielmehr, in einer Atmosphäre geistlichen Austauschens viel Zeit im Gespräch über geistliche Wahrheiten zu verbringen. Lassen wir es zu einer natürlichen Sache werden, von den Taten Gottes zu sprechen sowie davon, wie er uns durch sein Wort Tag für Tag führt und lehrt.

Dies entwickelt sich jedoch nur dann ganz natürlich, wenn die Anfangsphase der Nacharbeit dadurch gekennzeichnet ist.

Wenn wir unsere Beziehungen um einen anderen Mittelpunkt herum aufbauen, wird ein christozentrisches Gespräch immer den Charakter von etwas Erzwungenem haben. Es wird zu einer Sache, die Verlegenheit hervorruft und seine Natürlichkeit verloren hat.

Wenn die Beziehung hingegen von Anfang an um Christus und um geistliche Bereiche kreist, ist ein guter Grund für eine zukünftige Offenheit in diesem Bereich gelegt.

Noch ein anderer Faktor ist bei der Ausbildung einer christozentrierten Beziehung zu berücksichtigen. Wann immer wir mit dem Jungbekehrten Gemeinschaft haben, sei es formell oder informell, sollten wir bestrebt sein, etwas an geistlicher Wahrheit mitzuteilen. Da formale Mitteilung und Belehrung normalerweise dann auftritt, wenn es zu Treffen im Rahmen der Nacharbeit kommt, bedarf es keiner weiteren Ausführung des formellen Aspekts dieser Wahrheit. Einige Beispiele für das, was ich „informelles" oder „inoffizielles" Mitteilen nenne, möchte ich dagegen an dieser Stelle anführen:

Ein Werkzeug zum Aufbau einer Beziehung zu dem Neubekehrten, dem wir uns im Rahmen unserer persönlichen Nacharbeit widmen, kann ein gemeinsames Interesse, zum Beispiel an Sport, sein. Dieses Beispiel paßt mehr auf den Bereich der Jugendarbeit, findet seine Anwendung jedoch leicht auf alle Altersgruppen. Der gemeinsame Besuch einer Sportveranstaltung kann als eine durchaus weltliche Aktivität zum Entstehen und zur Vertiefung einer zwischenmenschlichen Beziehung beitragen. Auch inmitten eines sportlichen Spiels ist es möglich, Wahrheit und Leben zu vermitteln.

Ich kenne eine Person, die gerade anläßlich solch eines Spiels die Gelegenheit fand, davon zu berichten, wie Gott eine entscheidende Umwandlung in seinem Charakter bewirkte. Während seiner Schulzeit war er ein äußerst aggressiver Spieler. Diese aggressive Haltung hatte sich, als er selbst nicht mehr aktiv war, auf ihn als Zuschauer übertragen und ging weit über Schreien und Rufen hinaus, insofern er verschiedene Schiedsrichter, von denen er meinte, daß sie schlechte Arbeit geleistet hätten, sehr heftig mit Worten angriff. Sein Verhalten und seine innere Einstellung waren Sünde, doch Gott wandelte ihn an diesem Punkt um und schenkte ihm Sieg über diese Angelegenheit in seinem Leben.

Dadurch, daß er dies dem neubekehrten Freund mitteilte, konnte er ganz praktisch darauf hinweisen, welche Veränderung Gott im Leben eines Christen bewirken kann.

Dies dient als ein gutes Beispiel dafür, wie eine geistliche Wahrheit ganz zwanglos weitergegeben werden kann. Ein Sportstadion mag nicht gerade eine ideale Lehrsituation bieten, und doch konnte er dem jungen Gläubigen an diesem säkularen Ort ganz ungezwungen eine tiefe geistliche Wahrheit vermitteln.

Ein weiteres Beispiel für diese formlose Weitergabe an biblischer Erkenntnis könnten zwei Frauen bieten, die einen gemeinsamen Einkaufsbummel unternehmen, um ihre Beziehung zu vertiefen. Vielleicht sind viele Menschen unterwegs und vielleicht geht es ziemlich hektisch zu. Welch passende Gelegenheit, davon zu erzählen, wie solche Situationen früher Anstrengung und Frustration mit sich gebracht hatten, nun aber Gottes Frieden und seine Geduld erfahren werden dürfen, um inmitten widriger Umstände ein positives Zeugnis für den Herrn sein zu können (Phil. 4,10–13).

Sollte Gott dies in Deinem Leben noch nicht vollbracht haben, wirst Du auch nichts Dementsprechendes berichten können, und zu lügen ist ja ausgeschlossen.

Wie dem auch sei, auf jeden Fall zeigt dieses Beispiel eines ganz klar, daß wir nämlich in rein „weltlichen" Situationen die Wahrheiten der christlichen Botschaft auf unformelle Weise weitergeben können. Ja, wir sollten beständig etwas Positives weitergeben.

Während meiner Studentenzeit hatte ich es mir zur Regel werden lassen, mich nur dann mit jemandem im Rahmen der Nacharbeit zu treffen, wenn ich eine neugewonnene Wahrheit aus dem Wort Gottes mitzuteilen hatte. Ich war bestrebt, etwas von dem weiterzugeben, was Gott mich während meines persönlichen Bibelstudiums gelehrt hatte.

Seit jener Zeit durfte ich, mit der Hilfe Gottes, erfahren, wie ich immer, wenn ein Treffen im Rahmen der Nacharbeit stattfand, eine frische geistliche Wahrheit vermitteln konnte. Da brauchen wir nicht erst lange in der Erinnerung zu suchen. Wenn wir im Wort bleiben, dann schenkt der Herr uns bei jedem Treffen etwas Konstruktives, etwas, das den Jungbekehrten im Glauben erbaut. Das mag nicht immer eine völlig neue Erkenntnis sein, es kann ebenso eine an sich schon bekannte Wahrheit neu und verstärkt Betonung finden. Ein zwangloses Mitteilen solch „frischer" Wahrheiten wird den Jungbekehrten dahingehend motivieren, Dich ebenso an seiner Erkenntnis teilhaben zu lassen.

Eine Frage, die sich in diesem Zusammenhang stellen mag, ist die, wie wir den Jungbekehrten dazu bewegen, Gottes Wort zu studieren. Obwohl dies an späterer Stelle ausführlich erörtert wird, scheint ein kleiner Vorblick ganz hilfreich zu sein.

Der beste Weg dazu, einen Neubekehrten zum Bibelstudium zu motivieren, ist der, daß Du immer wieder auf die Bibel zurückgreifst, wenn Du auf seine Probleme eingehst, und ihm mitteilst, wie Du für Dich selbst Wegweisung aus der

Schrift bei der Bewältigung Deiner eigenen Nöte erhalten hast.

Jesus motivierte seine Nachfolger zum Gebrauch des Wortes Gottes dadurch, daß er selber darauf zurückgriff. Er zitierte in Gegenwart seiner Jünger 160mal aus dem Alten Testament, um ihre Fragen und Probleme zu beantworten. Genau dies ist der Weg, auf dem Du erreichst, daß der Neubekehrte, mit dem Du arbeitest, die Bibel gebraucht.

*Dranbleiben*

Ein nächster bedeutender Faktor beim Entwickeln einer Beziehung zu jungbekehrten Gläubigen ist das, was wir Geduld nennen oder hier auch mit „Dranbleiben“ umschreiben wollen. Das Aufbauen einer Beziehung erfordert Zeit. Innerhalb von drei Treffen im Rahmen der Nacharbeit wirst Du noch keine bleibende, sinnvolle Beziehung zu dem Jungbekehrten aufgebaut haben. Es wird vielmehr so sein, daß während dieser frühen Treffen der Grund für die Entwicklung einer guten Beziehung gelegt und die Voraussetzungen dafür geschaffen werden.

Der Grund dafür liegt auf der Hand. Wieviel Zeit braucht es normalerweise, um ein enges Verhältnis zu jemandem aufzubauen? Im geistlichen Bereich ist das nicht viel anders. Die Beziehung des Jungbekehrten zu Gott braucht Zeit zum Wachstum, ebenso die Beziehung, in der der Jungbekehrte zu Dir steht.

Freundschaften entwickeln sich nicht immer reibungslos oder mit gleicher Schnelligkeit. Manchmal mag es scheinen, als zeige der Jungbekehrte überhaupt keine Reaktion auf Dein Bemühen, – und doch mußt Du Dich eng an ihn halten, dranbleiben.

Die Tatsache, daß eine Person nicht so schnelle Fortschritte macht oder immer den Sieg über die Sünde behält, sollte Dich nicht entmutigen. Es kann geschehen, daß jemand eine Woche strauchelt, die andere durch das Wort Gottes erneuert wird und auf den rechten Weg zurückfindet. Obwohl diese Zeiten der Niederlage entmutigend sind, müssen sie sich doch nicht verheerend auf unser Christenleben insgesamt auswirken. Das trifft insbesondere dann zu, wenn wir aus unseren Fehlern lernen.

Lernen wir es doch, angesichts des Versagens Geduld zu

zeigen. Jeder kann irgendwann einmal ins Wanken geraten und der Neubekehrte, dem Du nachgehst, bildet darin keine Ausnahme.

Nimm es auf keinen Fall persönlich, wenn der junge Christ strauchelt. Das ist tatsächlich ein Problem derer, die die Nacharbeit tun. Es kann leicht geschehen, daß wir dahingehend versucht werden, das Versagen des Jungbekehrten in Beziehung zu der Qualität unserer Nacharbeit zu setzen. Wie kann es denn nur geschehen, daß er Niederlagen erlebt, wo Du ihm doch eine so ausgezeichnete Lektion über sieghaftes Leben mitgeteilt hast?

Selbstverständlich, manchmal ist es gut, direkt aufgebracht zu werden. Es gibt uns Antrieb, unserem jungen gläubigen Freund bei der Bewältigung seiner Probleme zu helfen. Wenn wir jedoch darum aufgebracht reagieren, weil unsere Gefühle verletzt und unser Stolz angekratzt wurden, dann sündigen wir. Unsere Hauptnot sollte die sein, daß die Sünde das geistliche Wachstum im Leben des uns anvertrauten Neubekehrten hindert und hemmt.

Geduld ist auch erforderlich, um die innere Haltung des Jungbekehrten inmitten seines Versagens zu identifizieren. Ist er bußfertig, bereit, aus seinem Fehler zu lernen oder verharrt er in einer Haltung der Rebellion? Es ist wichtig, dies zu unterscheiden. Äußere Handlungen lassen die innere Einstellung nicht immer klar erkennbar werden. In vielen Fällen verhält es sich derart, daß die Taten durch die vergangene und gegenwärtige Umwelt beeinflußt werden. So bedarf es der Geduld und des Unterscheidungsvermögens, um die Motive des Jungbekehrten zu erforschen. Doch Du vermagst sie herauszufinden, weil Gott sie Dir offenbart.

Es ist schwierig, Probleme der inneren Einstellung aufzudecken, wenn wir gar nicht recht wissen, was im Innern eines anderen Menschen vor sich geht. Obwohl wir schwerlich die Nöte und auch die Einstellungen einer Person völlig werden verstehen können, ist uns doch die Leitung des Heiligen Geistes verheißen, der uns eine gewisse Sensitivität, ein gewisses Empfindungsvermögen, verleiht, das andere entbehren müssen.

Petrus gibt uns in seiner in Apostelgeschichte 5 überlieferten Begegnung mit Ananias und Saphira ein treffendes Beispiel für diese Sensitivität. Er vermochte unter die Oberfläche zu schauen und die falsche Herzenseinstellung aufzudecken.

Dieses Beispiel zeigt auch deutlich, daß an sich gute Taten mit einer falschen, sündhaften Einstellung getan werden können. Nur in Christus, in der engen Verbundenheit mit ihm, ist es möglich, diesen Einblick in die Hintergründe zu erhalten.

Noch ein Element des „Dranbleibens" ist unsere Bereitschaft, den jungbekehrten Gläubigen zurechtzuweisen, wo er der Zurechtweisung bedarf. Wo er strauchelt und fällt, ist es wichtig, daß er sich mit seinem Problem auseinandersetzt. Das heißt mit anderen Worten: Konfrontiere ihn mit seiner Sünde und zeige ihm, wie er sie bewältigen und wieder in das rechte Verhältnis zu Gott kommen kann.

Dies alles betrifft den korrigierenden und zurechtweisenden Aspekt des Wortes Gottes, wie er in 2. Timotheus 3, 16.17 beschrieben wird. Näheres hierüber in Kapitel 5. Dranzubleiben ist von wesentlicher Bedeutung für unsere persönliche Nacharbeit.

*Die gemeinsame Zeit sinnvoll ausnützen*

Als nächster Baustein zu einer guten Beziehung wollen wir das anführen, was auch als Verbundenheit untereinander umschrieben werden kann. Diese Verbindung untereinander bedeutet, daß wir Zeit gemeinsam mit dem Jungbekehrten verbringen.

In der Jugendarbeit kommt es leichter zu dieser Verbundenheit als in der Arbeit mit Erwachsenen, was seinen Grund u. a. darin hat, daß die Zeit des Erwachsenen viel stärker durch Verpflichtungen familiärer und anderer Art strukturiert ist. Trotz der Schwierigkeit, die es mit sich bringt, die Zeit zu finden, mit einem Erwachsenen Gemeinschaft zu haben, ist es doch so notwendig, daß dies geschieht.

Hausfrauen können sich zum Beispiel im Lauf des Vormittags zu einer Tasse Kaffee treffen, Geschäftsleute zu einem gemeinsamen Mittagessen. Versuche, jeweils die optimalste Zeit herauszufinden.

Bei der Suche nach Aktivitäten, die eine solche Verbindung fördern, sollten wir auf das zurückgreifen, was wir ohnehin schon tun. Dies ist der Schlüssel, um die Zeit zu finden, eine effektive Nacharbeit zu tun. Indem wir zwei Dinge zugleich tun, pressen wir 48 Stunden in einen 24-Stunden-Tag.

Eine von vielen Möglichkeiten, wie das erreicht werden kann, ist zum Beispiel, daß wir den Jungbekehrten abholen, wenn wir den Gottesdienst besuchen. Der Grund ist dabei nicht so sehr, ihn zum Gottesdienst mitzubringen, obwohl das auch ein Grund ist. Der Hauptgrund liegt in der zwanzigminütigen Heimfahrt, während der Ihr die Predigt besprechen könnt.

Das Entscheidende ist ganz einfach, daß Ihr Zeit findet, miteinander zu sprechen und Gemeinschaft zu haben.

Nicht all das, was ich persönlich in meiner Nacharbeit unternehme, um die Verbindung zu dem Neubekehrten zu vertiefen, ist für jeden durchführbar, doch jeder kann einen Weg finden, um Zeit mit dem Jungbekehrten zu verbringen. Es mag einige Anstrengungen kosten, doch letzten Endes ist das wahre Problem keins der Zeit, sondern der inneren Last, die wir haben.

In Robert Colemans Buch „Des Meisters Plan der Evangelisation" findet sich ein gutes Gespräch darüber, welche Rolle eine gute Verbindung untereinander spielt, wenn es zu einer effektiven Nacharbeit kommen soll.[1] Ich bin geneigt, voll und ganz mit ihm übereinzustimmen.

Coleman sagt, daß es die Essenz einer wahren und nachhaltige Wirkungen erzielenden Nacharbeit ist, daß reichlich gemeinsame Zeit mit dem Neubekehrten verbracht wird. Es folgt eine Aufzählung von Aktivitäten, die eine Verstärkung der Verbindung möglich werden lassen. Ich hoffe, daß die genannten Beispiele das eigene Denken anregen und erfinderisch werden lassen:

1. Gottesdienst besuchen
2. an sonstigen Gemeindeaktivitäten teilnehmen
3. einen Einkaufsbummel unternehmen
4. einer Sportveranstaltung beiwohnen
5. das eigene Auto waschen
6. Camping
7. Picknick
8. Ferien- und Freizeitbeschäftigungen
9. Kurzreisen und Ausflüge
10. usw.

Während solch „inoffizieller" Zeiten fällt es einem Jungbekehrten oft leichter, offen über seine Siege, Niederlagen, Probleme usw. zu sprechen. Setze alles daran, daß es zu diesen überaus wichtigen Zeiten zwangloser Gemeinschaft mit dem jungen Gläubigen kommt.

*Sei an mehr interessiert als nur an seinem geistlichen Leben*

Eine weitere Bedingung für die Ausbildung einer guten Beziehung zu dem Jungbekehrten ist die, daß wir dahin gelangen, unsere Rolle nicht von einem zu begrenzten Blickwinkel aus zu sehen. Mitunter geschieht es, daß wir uns zu sehr mit dem geistlichen Bereich im Leben eines Menschen beschäftigen und die anderen Aspekte der Persönlichkeit darüber vernachlässigen.

Jedes Individuum baut sich aus verschiedenen Teilbereichen auf, die zusammen eine Ganzheit darstellen, in der alle Teile im rechten Verhältnis zueinander stehen. Der geistliche Bereich beeinflußt den sozialen, das Soziale kann sich ebenso auf das Geistliche auswirken. Dieses in Beziehung zueinander stehen gilt für jeden Persönlichkeitsbereich. Aus diesem Grund müssen wir uns mit mehr beschäftigen als nur mit den geistlichen Nöten eines Menschen.

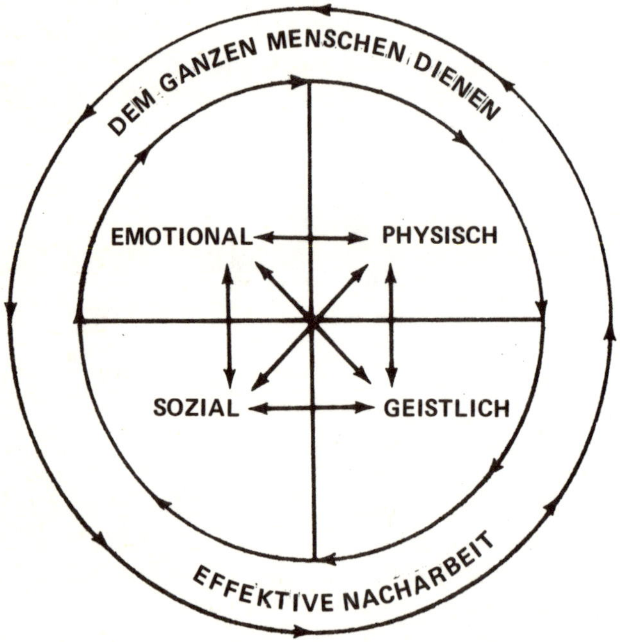


**Abb. 8 Nacharbeit für den ganzen Menschen**

So sollten wir zum Beispiel die Beziehung untersuchen, die zwischen einer sozialen und einer geistlichen Not im Leben des Neubekehrten bestehen kann.

Ein entscheidender Aspekt persönlicher Nacharbeit ist der, den Jungbekehrten an guter christlicher Gemeinschaft teilhaben zu lassen. Was geschieht, wenn die Person, der wir nachgehen, soziale Schwierigkeiten hat, die sie in der Fähigkeit, gute Beziehungen zu Mitchristen aufzubauen, stark einschränken? Es liegt auf der Hand, daß dieses soziale Handicap im Lauf der Zeit einige geistliche Probleme hervorrufen wird. Darum ist es als erster Schritt zu einem echten geistlichen Wachstum wichtig, daß wir solche Nöte im sozialen Bereich des Menschen entdecken und entsprechend behandeln.

Laßt uns dieses Beispiel weiterverfolgen. Der Jungbekehrte, mit dem wir arbeiten, hat ein Problem, das ihn in seiner sozialen Fähigkeit einschränkt. Das Ziel, das Du verfolgst, wenn Du ihm bei der Bewältigung dieses Problems hilfst, ist nicht so sehr, eine gutgeschliffene Persönlichkeit aus ihm zu machen, als ihm vielmehr zur Seite zu stehen, Eigenschaften zu entwickeln, die ihm helfen, Gemeinschaft mit anderen Gläubigen zu haben.

Es gibt verschiedene Wege, um jemandem zu helfen, der schüchtern ist. Wenn Du selbst mit diesem Problem zu tun hattest, dann zeige dem Jungbekehrten, was Gott Dir aus seinem Wort wichtig gemacht hat. Sich bei einem Treffen im Rahmen der Nacharbeit gerade so mit ihm hinzusetzen und ihm zu sagen, daß er nicht umhinkommen kann, Menschen kennenzulernen, und daß Gott nicht möchte, daß er schüchtern ist, wird ihm nicht viel bei der Bewältigung seines Problems helfen. Es ist weitaus effektiver, ihm zu zeigen, wie er etwas gegen seine Schüchternheit unternehmen kann und ihm bei der aktuellen Begegnung mit anderen Menschen zu helfen.

Vielleicht hat die Person, der wir nachgehen, eine derbe und barsche Art, vielleicht zeigt sie ein Verhalten, das andere abstößt. Das beste in solch einem Fall ist, ihr in aller Ruhe zu sagen, daß ihr Verhalten andere verletzt. Oft versteht sie diese Reaktion der anderen auf ihr Benehmen überhaupt nicht. Die betreffende Person hat dieses gewisse soziale Verhalten über eine Zeit hin ausgebildet und kann nicht erkennen, welche Belästigung es für andere wird. Es mag angebracht sein, ein Signal auszumachen, mit dessen Hilfe ihr mitgeteilt werden kann, wann sie Gefahr läuft, zum Anstoß zu werden oder etwas zu sagen, was sie besser nicht sagen sollte.

Du benötigst keinen akademischen Grad in den Sozialwissenschaften, um einem Jungbekehrten zu helfen, Einordnung und Gemeinschaft in Gruppen von Gläubigen zu finden.

Vielleicht braucht der junge Christ auch Ratschläge und Hilfestellung bei Problemen in der Familie. Ich erinnere mich an die häusliche Situation eines etwa 15jährigen, dem ich nachging. Der Vater kehrte jede Nacht betrunken nach Hause zurück und verprügelte seine Familie. Offensichtlich ist in einem solchen Fall mehr zu tun als lediglich die Themen durchzunehmen, die im Verlauf der Nacharbeit bei den einzelnen Treffen jeweils angesprochen werden sollen. Dieser Freund benötigt echte Hilfe, um den Problemen begegnen zu können.

Um einem jungen Gläubigen wahrhaft helfen zu können, müssen wir mehr über die Umstände erfahren, denen er ausgesetzt ist. In dem beschriebenen Fall hatte der junge Gläubige seine persönliche stille Zeit vernachlässigt. Es stellte sich heraus, daß er sich Zeit nehmen wollte, aufgrund der familiären Situation jedoch nicht dazu in der Lage war. Wenn ich ihn weiterhin nur gedrängt hätte, seine persönliche Andacht einzuhalten, ohne ihm in seiner verzwickten Angelegenheit zu helfen, hätte ich nur den Erfolg verbuchen können, zu Enttäuschung und großen Verständigungsschwierigkeiten beigetragen zu haben.

Es mag auch der Fall sein, daß die Person, der wir uns in unserer persönlichen Nacharbeit widmen, Probleme im hygienischen Bereich hat. Wer wird sie daraufhin ansprechen, wenn nicht Du? Wir sollten darum bemüht sein, solch eine Beziehung aufzubauen, die es uns erlaubt, Hinweise für Lebensbereiche zu geben, wo wir unter Umständen Entrüstung ernten können.

Doch unsere Absicht dabei ist ja nicht, im Leben des anderen herumzuspionieren, sondern ihm zu helfen, in geistlicher Hinsicht zu wachsen. Du versuchst ihm zu helfen, ein Mensch voller Zuversicht und sicheren Auftretens zu werden. Indem ich dies gesagt habe, verteidige ich nicht, daß wir in Bereiche seiner Existenz eindringen könnten, in denen wir nichts zu suchen haben. Bedränge niemanden, Dir alles mitzuteilen. Sei einfach offen und aufnahmebereit. All das wird zu einer Atmosphäre gegenseitiger Annahme und gegenseitigen Vertrauens beitragen, die von großer Hilfe in dem Bereich geistlicher Nacharbeit ist.

In dem Maß, in dem der Jungbekehrte Vertrauen zu Dir entwickelt, wird er mehr und mehr bereit sein, das zu glauben, was Du sagst und es als Richtschnur und Autorität zu akzeptieren. Dies gilt insbesondere für die Bewältigung von Problemen.

Vielleicht befindet sich der Jungbekehrte in einer finanziellen Notsituation. Kann sein, daß sein Problem in einem Haushaltsplan liegt, der nicht funktioniert, und er, wie viele andere, gar nicht weiß, wie man einen solchen richtig aufstellt. Bittere Erfahrung lehrte mich persönlich das rechte Haushalten. Als Ergebnis dieses Problems geht er vielleicht durch die verschiedensten Kämpfe und Sorgen. Ihm zu sagen, daß er sich keine Sorgen machen braucht, hilft ihm nicht, wenn nicht die Wurzel seiner Not angegangen wird. Wieder macht dieser Punkt die Notwendigkeit deutlich, daß wir jeden einzelnen, dem wir in der Nacharbeit begegnen, als ganze Person sehen und uns nicht nur an ein Segment seines Lebens richten.

*Erinnere Dich an das, was der Jungbekehrte Dir mitteilt*

Ein weiterer Faktor, der zum Aufbau von Beziehungen beiträgt, ist der, daß wir uns an das erinnern, was der Jungbekehrte uns mitteilt. Sowohl als Student wie auch als hauptamtlicher Mitarbeiter mußte ich einige unangenehme Erfahrungen auf diesem Gebiet machen. Ich hatte nämlich die Angewohnheit, das zu vergessen, was andere Menschen mir sagten. Als ich Mitarbeiter des Teams von „Campus für Christus“ wurde, gab es Zeiten, in denen ich jemanden traf und vergaß, welche Fachrichtung und welche Kurse er belegt hatte. Dies kann echt in Verlegenheit bringen. Schließlich denken die Leute, daß Du Dich doch nicht wirklich für sie interessierst.

Nachdem ich mehrere Male in solch eine peinliche Situation hineingeraten war, wandte ich eine einfache Methode an, um mir die Informationen einzuprägen, was mir bei der Bewältigung dieses Problems half. Ich trug ein ca. 3 x 5 cm großes Kärtchen in der Tasche, das ich, sobald die Begegnung vorüber war, sorgfältig auszufüllen begann. Alle wichtigen Informationen, die im Verlauf des Gesprächs vorgekommen waren, trug ich ein.

In den Anfangsphasen der Nacharbeit ist es besonders wichtig, über diese Informationen zu verfügen. Ich erwähne dieses Problem, weil es bei mir selber aufgetreten ist und genauso bei Dir auftreten kann. Falls Du ein schlechtes Gedächtnis hast, fang an, aufzuschreiben. Es ist normalerweise nicht die Regel, daß der andere darüber aufgebracht reagiert. Es mag ihn vielmehr in seinem Eindruck verstärken, daß Du so sehr an seiner Person interessiert bist, um Dich an das, was er sagte, erinnern zu wollen.

*Sei ebenso ein geistlicher Leiter, wie Du ein Freund bist*

Dieser Punkt betrifft die Notwendigkeit einer ausgewogenen Balance von geistlichem Leiter und Freund in unserer Person. Bei all der Betonung des freundschaftlichen Verhältnisses und der zwischenmenschlichen Beziehung kann es leicht passieren, der Führungsrolle auszuweichen.

Keiner von uns möchte nämlich in Wahrheit die Verantwortung auf sich nehmen, die es mit sich bringt, ein geistlicher Leiter zu sein. Wir ziehen es viel lieber vor, der Anforderung, einem Jungbekehrten beim Wachsen in Christus zur Seite zu stehen, aus dem Weg zu gehen. Wir ziehen es vor, die Verantwortung, einen jungen Gläubigen, der in Sünde lebt, daraufhin anzusprechen, beiseitezudrängen; wir sind bemüht, alle Verantwortung hinsichtlich Zurechtweisung und Überführung auf den Herrn abzuwälzen. Das nimmt den Druck von uns. Es ist zwar leichter für uns, ohne Autorität zu bleiben, doch nicht unbedingt effektiver für unsere Nacharbeit.

Dies betrifft die eine Seite der Medaille. Ebenso sollten wir daran denken, daß es geschehen kann, daß wir zu gebieterisch und zu sehr an Problemen orientiert werden können. Es scheint das Beste, sich immer nur mit einem Problem auseinanderzusetzen, was auch tatsächlich ausreicht, um einen Menschen zu beschäftigen.

Gibt acht, daß Deine Beziehung zu dem Jungbekehrten nicht ein fortwährendes Hinweisen auf das ist, was er falsch macht. Ein gesundes Gleichgewicht an gegenseitiger Ermutigung, Mitteilung geistlicher Wahrheiten und seelsorgerlichen Gesprächen ist weitaus besser. Wenn wir diesen Ausgleich schaffen, werden wir keine negative Atmosphäre von Niederlage und Gesetzlichkeit hervorrufen.

Der Jungbekehrte wird nicht immer nur positiv darauf reagieren, wenn wir versuchen, sein geistlicher Leiter zu sein. Da gibt es negative Reaktionen, mit denen wir uns ebenfalls auseinandersetzen müssen. So müssen wir ihm klarlegen, daß sei-

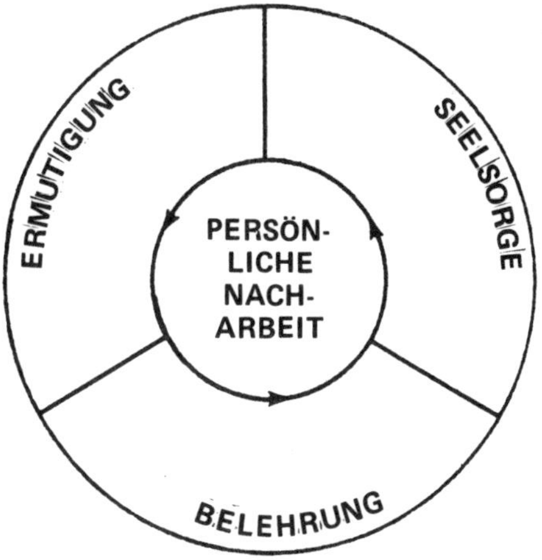


**Abb. 9 Ausgewogenheit in der Nacharbeit**

ne abwehrende Reaktion vor Gott nicht wohlgefällig ist.

Wenn Du dem Jungbekehrten das Wort Gottes hinsichtlich eines bestimmten Problems dargelegt hast und er dagegen aufbegehrt, richtet sich seine Rebellion nicht gegen Dich, sondern gegen Gott. Wenn Du Dich ihm gegenüber hingegen unangenehm und herausfordernd verhalten oder versucht hast, ihm zuviel auf einmal aufzuerlegen und ihn damit überfordert hast, dann ist seine Reaktion darauf Dein Fehler. Das Einhalten einer gesunden Balance ist wesentlich.

Ein weiteres wichtiges Element effektiver Führerschaft ist, daß wir uns mit den Problemen auseinandersetzen, sobald sie auftreten, und zwar in der Reihenfolge ihrer Wichtigkeit. Da können zu bestimmten Zeiten mehr als ein Problem zutage treten. Beschäftige Dich mit dem, welches für sein geistliches Wachstum das Entscheidendste ist. Wenn wir den Problemen begegnen, sobald sie auftreten, verhindern wir, daß sie erst noch größer werden.

Diese ehrliche Auseinandersetzung mit den Schwierigkeiten hilft dem Jungbekehrten, gute christliche Lebensgewohnheiten zu entwickeln. Wenn wir dagegen zu lange warten, bis wir ein Problem in seinem Leben angehen, so kann er schon eine schlechte Charaktereigenschaft oder Gewohnheit entwikkelt haben. Ist dies geschehen, wird es schwerer, den Sieg darüber zu erlangen.

Weil dies ein wichtiger Punkt ist, wird sich Kapitel 5 eingehender der Auseinandersetzung mit Problemen widmen, die im Leben des Jungbekehrten auftreten können. Ich hoffe, daß wir beginnen, die Wichtigkeit einer geistlichen Leiterschaft zu sehen, welche Wegweisung zur Lösung von Problemen gibt. Bitte Gott, daß er Dir hilft, dem Jungbekehrten, der Deiner Fürsorge anvertraut ist, ein guter Freund und ein guter Leiter zu sein.

*Zusammenfassung*

Nachdem wir nun einige Zeit damit zugebracht haben, die Rolle der persönlichen Beziehung bei der Nacharbeit zu untersuchen, können wir uns jetzt dem mehr praktischen Teil zuwenden. Meine große Sorge ist nur die, daß die Leser die persönliche Nacharbeit bloß als eine Übertragung geistlicher Wahrheiten verstehen könnten und nicht als Vermittlung eines Lebens, was sie in Wahrheit ist.

Ich hoffe, daß dieses Kapitel solchen Fehlkonzeptionen vorbeugt. Es ist wichtig, in einer sinnvollen und inhaltlichen, alle Lebensbereiche erfassenden Beziehung zu dem Jungbekehrten zu stehen, bevor eine effektive persönliche Nacharbeit stattfinden kann.

Um es noch einmal zusammenzufassen: Wenn wir eine Beziehung aufbauen, müssen wir sicher gehen, daß wir eine Atmosphäre der Fürsorge und der annehmenden Liebe schaffen. Entwickle die Beziehung auf eine Weise, die das Gespräch über geistliche Dinge natürlich und unverkrampft sein läßt. Sei geduldig und bleibe fest daran, diese Beziehung aufzubauen.

Es wird Zeit erforderlich sein – und nicht alle Beziehungen wachsen mit gleicher Geschwindigkeit. Sei diszipliniert und kaufe die gemeinsame Zeit mit dem Jungbekehrten sinnvoll aus. Das Zeitelement ist ja solch ein entscheidendes für eine wirkungskräftige Beziehung.

Gehe sicher, daß Du Dir all der Probleme, die in den verschiedenen Aspekten des christlichen Lebens auftreten können, bewußt bist und gegen sie vorgehst. Hüte Dich davor, in Deinem Blick für das, was echtes Wachstum beinhaltet, zu begrenzt zu sein. Entwickle eine Methode, die Dir hilft, Dich an das zu erinnern, was der Jungbekehrte gesagt hat.

Und schließlich, schlage den Weg eines guten Gleichgewichts von Freundschaft und Leiterschaft ein. Wenn dies in Deiner Beziehung zu dem Jungbekehrten wahr wird, dann wird es nicht lange dauern, bis Du echte Effektivität aus Deiner persönlichen Nacharbeit entspringen siehst.

> *Fällt ihrer einer, so hilft ihm sein Gesell auf. Weh dem, der allein ist! Wenn er fällt, so ist kein anderer da, der ihm aufhelfe* (Prediger 4,10).

Anmerkungen

[1] Coleman, *Des Meisters Plan der Evangelisation* (Neuhausen: TELOS/Hänssler-Verlag, 1978), S. 30–39.

*Kapitel 4*

# Die Planung der Nacharbeit

## *Eine umfassende Betrachtung*

Nun sind wir bereit, uns der praktischen Seite in der Nacharbeit, dem „Wie macht man es?“ zuzuwenden. Bisher habe ich vorrangig die Wichtigkeit der Übertragung des eigenen Lebens als Ergänzung zur Vermittlung von Informationen betont. Ich hoffe, daß dieser Punkt klar herausgekommen ist und die Zustimmung des Lesers gefunden hat. Wenn das so ist, sind wir tatsächlich in der Lage, unser Augenmerk auf die praktische Entfaltung der persönlichen Nacharbeit zu richten.

Die beiden grundlegenden Fragen, die mir gewöhnlich auf Konferenzen, auf denen ich spreche, gestellt werden, lauten:

1. Was ist unser Ziel in der Nacharbeit?
2. Wie erreichen wir dieses Ziel?

Diesen und verwandten Fragen will ich mich in diesem Kapitel zuwenden.

## Ziele in der Nacharbeit

Abraham Lincoln sagte 1858: „Wenn wir erst einmal wüßten, wo wir uns befinden und was unser Ziel ist, könnten wir besser beurteilen, was wir zu tun haben und wie wir es ausführen.“ Die Wahrheit dieser Aussage ist noch heute anwendbar. Wir müssen wissen, worauf wir uns hinbewegen.

Ein anderes Zitat, das ich vor einiger Zeit hörte, paßt ebenfalls auf unser Thema: „Menschen planen das Versagen nicht, doch sie versagen beim Planen.“ Ich weiß nicht, wer diesen Ausspruch von sich gegeben hat, doch der Betreffende besitzt große Wahrnehmungsfähigkeit.

Vorausplanung ist notwendig, wenn es um so eine wichtige Angelegenheit wie die persönliche Nacharbeit an einem Jungbekehrten geht. Wir müssen uns klar sein über das, was wir erreichen wollen und wie wir es in die Wege leiten.

Der erste Schritt bei der Ausarbeitung eines brauchbaren

Planes für die persönliche Nacharbeit ist das Festlegen der Ziele, die erreicht werden sollen. Was sind die biblischen Ziele der persönlichen Nacharbeit?

Ich werde sechs Punkte anführen, die mir als ein erster Schritt zur Beantwortung dieser Frage wichtig geworden sind. Diese werden kurz in der Reihenfolge ihrer wahrscheinlichen Realisierung diskutiert.

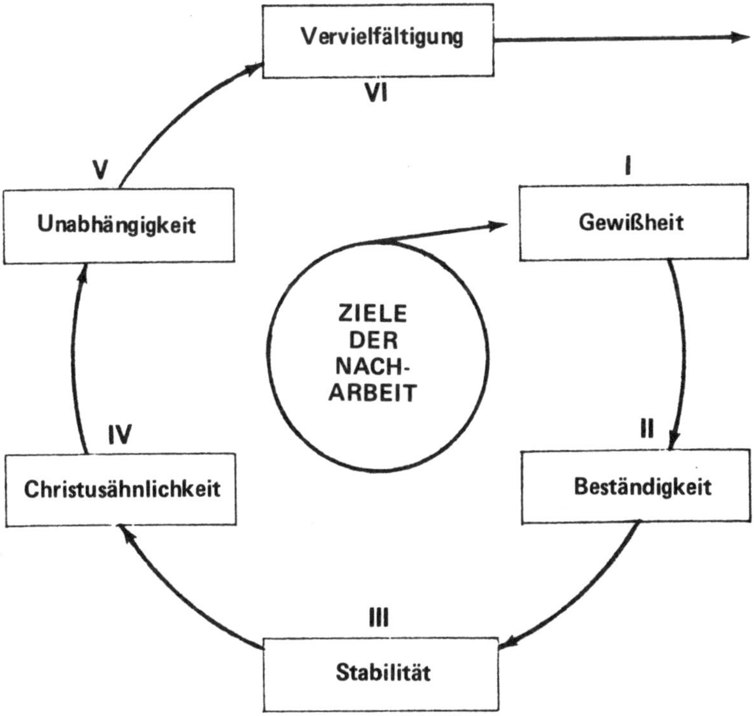


Abb. 10 Hauptziele der Nacharbeit

*1. Heilsgewißheit und legaler Stand in Christus*

Es ist wesentlich, daß der Jungbekehrte Heilsgewißheit sowie eine grundlegende Erkenntnis über seinen Stand in Christus erhält. Wenn dies nicht zuerst geschehen ist, wird es wenig nützen, zu den weiteren Bereichen in der persönlichen Nacharbeit fortzuschreiten. Kann der jungbekehrte Gläubige keine Heilsgewißheit finden, ist diese Schwierigkeit direkt zu

Beginn der Nacharbeit zu behandeln. Kapitel 5 wird dieses Problem detaillierter behandeln.

### *2. Beständigkeit in den grundlegenden Dingen*

Wenn Heilsgewißheit besteht, können wir uns auf das zweite Teilziel zubewegen. Im Leben des Neubekehrten sollte es zu einer Anwendung der vielen Grundwahrheiten kommen, die das Wachstum in Christus betreffen. Er sollte in seinem Leben eine bestimmte Zeit der persönlichen Andacht beständig einhalten. Es ist in geistlicher Hinsicht lebensnotwendig und im Grunde die Vorbedingung für eine wachsende, tiefere Lebensbeziehung zu Christus.

Ebenso muß der Neubekehrte aktiv in dynamische christliche Gemeinschaft einbezogen sein und eine Beständigkeit in der Teilnahme an den Veranstaltungen entwickeln. Hiermit eng verbunden ist die Wichtigkeit, einer guten, geistlich gesunden und soliden Gemeinde angeschlossen zu sein. Wie er ferner einem fortlaufenden Programm folgend Bibelstellen auswendig lernen sollte, benötigt er auch Anweisungen zum Zeugnisgeben. Diese und ähnliche Faktoren ziele ich an, wenn ich von den „grundlegenden Dingen" spreche. Kapitel 1 hat diesen Punkt bereits gestreift.

### *3. Gegründetsein in den grundlegenden Lehren*

Ein weiteres Ziel in der persönlichen Nacharbeit ist es, einen festen Grund an biblischer Lehre zu legen. Das Wort Gottes weist wiederholt auf die Gefahr hin, die es mit sich bringt, wenn jemand lehrmäßig nicht fest gegründet ist.

Betrachten wir als ein Beispiel die Warnung des Paulus aus Epheser 4,14: „Denn wir sollen nicht mehr Unmündige sein, hin- und hergeworfen und umhergetrieben von jedem Wind der Lehre durch die Betrügerei der Menschen, durch ihre Verschlagenheit zu listig ersonnenem Irrtum." Dieser Bibelvers enthält eine klare Aussage über die Beziehung, die zwischen geistlicher Reife und Festigkeit in der Lehre besteht.

Einem jungen Gläubigen zu helfen, fest in der Lehre der Bibel gegründet zu sein, ist eines der Hauptziele der Nacharbeit und kann durch Gruppenstudium als auch durch persönliche Vertiefung in das Wort Gottes erreicht werden.

*4. Entwickeln von Christusähnlichkeit*

Offensichtlich ist es ein Ziel der persönlichen Nacharbeit, dabei zu helfen, daß die Frucht des Geistes im Leben des Jungbekehrten zur Entfaltung kommt. Wir sind bestrebt, Christus mehr und mehr in seinem Leben in Erscheinung treten zu lassen. Dies wird erreicht durch biblische Unterweisung einerseits, durch seelsorgerliche Beratung über die Grundlagen des geisterfüllten Lebens andererseits.

Betrachte eingehend das Ziel, das Paulus in Galater 4, 19 für die persönliche Nacharbeit nennt und denke darüber nach: „Meine Kinder, um die ich abermals Geburtswehen erleide, *bis Christus in euch Gestalt gewonnen hat!*" Es muß Wunsch unseres Herzens werden, daß dies geschieht.

Erinnern wir uns an diesem Punkt noch einmal an das, was im zweiten Kapitel ausgeführt wurde: Wir werden in den Neubekehrten, denen wir in unserer Nacharbeit nachgehen, nur die geistliche Reife reproduzieren, die wir in unserem eigenen Leben erreicht haben. Gleiches bringt Gleiches hervor.

*5. Selbständiger Gebrauch des Wortes Gottes*

Ein weiteres Ziel, das durch die persönliche Nacharbeit erreicht werden soll, ist, daß es im Leben des Jungbekehrten zu einer wachsenden Selbstständigkeit kommt. Das heißt, daß wir ihm in seinem geistlichen Wachstum soweit helfen, bis er selber in der Lage ist, das Wort Gottes für sich anzuwenden. Wir möchten, daß er seine Bibel gebraucht, wenn er versucht, wiederum anderen zu helfen.

Der beste Weg, zu diesem Ziel zu gelangen, ist der, daß wir ihn anleiten, wie er zur Lösung von Schwierigkeiten auf seine Bibel zurückgreifen kann. Laß ihn unabhängig und abhängig zugleich werden, nämlich unabhängig von Dir und abhängig von Gott.

*6. Reproduzieren der genannten Ziele im Leben anderer*

Hauptziel jeglicher Nacharbeit ist die Ausbildung von Multiplikatoren. Dieses Ziel bildet auch den Brennpunkt aller praktischen Hinweise, die in diesem Buch gegeben werden. Immer wenn wir in der Nacharbeit aktiv werden, sollte unser Sinnen auf das Hervorbringen von Multiplikatoren gerichtet sein.

Es ist also wichtig, daß wir uns bei unserer Nacharbeit Ziele gesetzt haben. Ich hoffe, daß ich durch die genannten sechs

Punkte das Denken angeregt und den Leser motiviert habe, mitbeteiligt zu werden.

Um die Ziele der Nacharbeit wissen und dieselben zu erreichen sind indessen zwei verschiedene Sachen. Von nun an werde ich in diesem Buch aufzuzeigen versuchen, wie die vorhergenannten Ziele im Leben dessen Wirklichkeit werden, den Gott uns anvertraut hat.

Drei Schritte sind Voraussetzung, damit wir die Ziele der Nacharbeit erreichen. Erstens ist der Inhalt der genannten Ziele genauer zu bestimmen. Zum zweiten sollte ein Lehrplan und -ziel entwickelt werden, um sicherzustellen, daß all der nötige Inhalt eingeschlossen ist. Drittens müssen geplante Unterrichtsstunden eingerichtet werden, in deren Rahmen der junge Christ mit dem Inhalt des Lehrprogramms konfrontiert wird. Diesen drei Schritten wenden wir uns im folgenden zu.

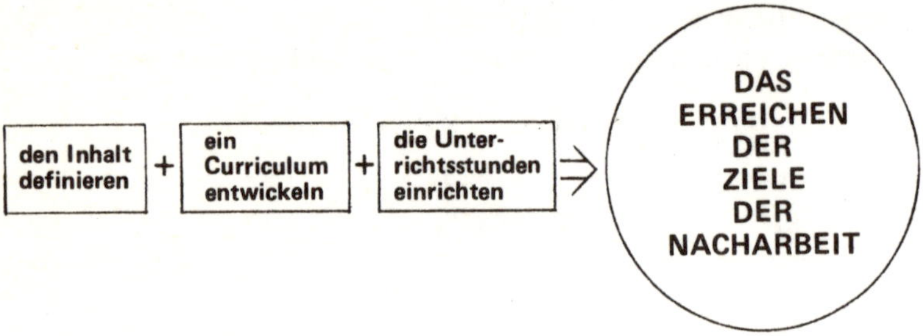


**Abb. 11 Schritte zum Erreichen der Ziele**

## Die inhaltliche Seite der Nacharbeit

Der erste Schritt, der zum Erreichen der in der Nacharbeit angestrebten Ziele führt, ist eine detailliertere Betrachtung ihres Inhalts. Dieser schließt die vielen Themenbereiche ein, die durch ein Programm der persönlichen Nacharbeit abgedeckt werden. Diese Themen fallen mit drei Ausbildungsbereichen zusammen, denen sie sich unterordnen lassen:

1. *Der Bereich der Andacht* ist der Gegenstandsbereich in der persönlichen Nacharbeit, der zum geistlichen Wachstum des Jungbekehrten und der Ausprägung einer Christusähnlichkeit in seinem Leben in Beziehung steht.

2. *Der Bereich der Lehre* ist der Gegenstandsbereich in der persönlichen Nacharbeit, in dem es um die Vermittlung von Bibelkenntnis, Glaubensgrundlagen und damit verbundenem Wissen geht.
3. *Der Bereich der Jüngerschaft* ist der Gegenstandsbereich in der Nacharbeit, in dem der Jungbekehrte Kenntnis auf dem Gebiet des Zeugnisgebens sowie der Lehre und der Nacharbeit erlangt.

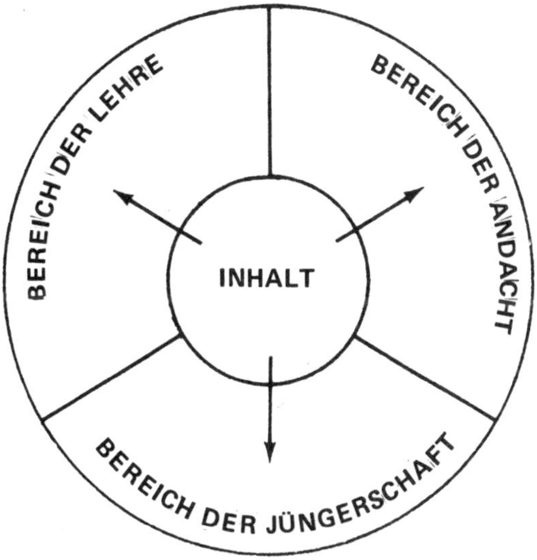


**Abb. 12 Den Inhalt der Nacharbeit definieren**

Trotz der Tatsache, daß diese Bereiche einander zu einem gewissen Grad überlappen, wird uns diese Dreiteilung helfen, klar und bestimmt bei der Planung eines vollständigen Programms der persönlichen Nacharbeit vorzugehen.

Ebenso hilfreich erweist sich die Einteilung bei dem Versuch, den Fortschritt im Leben des jungen Gläubigen genauer einzuschätzen. Mit den genannten Kriterien haben wir etwas Definitives an der Hand, um den geistlichen Fortschritt einer Person messen und beurteilen zu können.

*Der Bereich der Andacht*

Es ist an dieser Stelle nötig, eingehender auf einige Themen des Unterrichtsprogramms einzugehen, die behandelt werden müssen, wenn der jungbekehrte Gläubige sich in rechter Weise zur Christusähnlichkeit hin entwickeln soll.

Es folgt nun eine Aufstellung von fünfzehn Punkten, die im Rahmen eines umfassenden Programms der persönlichen Nacharbeit in dem Bereich der Andacht thematisiert sein müssen. Obwohl nicht erschöpfend, ist die Liste doch umfassend. In Anhang 1 des vorliegenden Buches finden sich einige Vorschläge, wie viele der angeführten Punkte dem Jungbekehrten nahegebracht werden können.

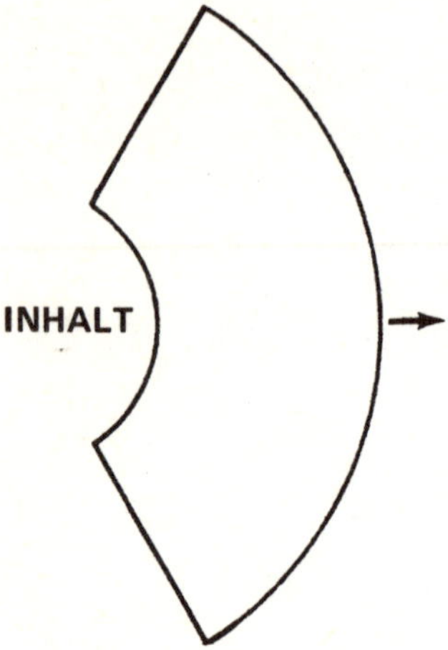


1. ERRETTUNG
2. GEWISSHEIT
3. ZEITEN DER ANDACHT
4. GEBET
5. BIBELVERSE EINPRÄGEN
6. BIBELSTUDIUM
7. BEKENNEN
8. ANFECHTUNGEN
9. DER HEILIGE GEIST
10. GEHORSAM
11. ZÜCHTIGUNG
12. GEWOHNHEITEN
13. FÜHRUNG
14. HAUSHALTERSCHAFT
15. GEMEINDE

**Abb. 13 Themeninhalte: Bereich der Andacht**

*1. Errettung.* Hiermit ist der Ausgangspunkt jeglicher Unterweisung angesprochen, da mit der Bekehrung alles im geistlichen Leben seinen Anfang nimmt. Wenn wir mit der persönlichen Nacharbeit beginnen, kann es der Fall sein, daß die Person, mit der wir uns befassen, Christus noch gar nicht angenommen hat.

Da dies immer möglich ist, ist es ratsam, gleich zu Beginn die wahre Bedeutung der Errettung herauszuarbeiten, bevor zu einer aufbauenden Belehrung über das Wachsen in Christus übergegangen wird. Wiederhole das Evangelium während der ersten Woche der Nacharbeit mehrmals. Weise ihm Literatur zu, die die Bedeutung der Erlösung klarlegt. Gehe sicher, daß die Person, der Du Dich in Deiner Nacharbeit widmest, tatsächlich Buße getan und Christus angenommen hat, bevor Du in der Nacharbeit fortfährst.

Kapitel 5 in diesem Buch enthält Hinweise, wie geholfen werden kann, wenn jemand das Evangelium nicht klar versteht.

*2. Heilsgewißheit.* Wie schon bei der Bestimmung der Ziele in der persönlichen Nacharbeit erwähnt, muß ein Jungbekehrter Heilsgewißheit finden. Es ist wichtig, daß er sich der Stellung gewiß wird, die er in Christus hat. Anhang 1 zu diesem Buch gibt einige Hinweise und praktische Vorschläge hierzu, Kapitel 5 erläutert, wie wir bei Schwierigkeiten auf diesem Gebiet helfen können.

*3. Persönliche Andacht.* Der Neubekehrte muß darüber Belehrung erhalten, wie ein Leben in der Stillen Zeit geführt wird. Das sollte ebenfalls zu einem frühen Zeitpunkt in der persönlichen Nacharbeit geschehen, denn in der Zeit, die der junge Gläubige täglich mit Gott und im Studium seines Wortes verbringt, entdeckt er die Dynamik der Bibel. Er beginnt, Gottes Stimme und Gottes Weisung zu verstehen. Er lernt es, in seinem Herzen mit Gott zu kommunizieren und Gemeinschaft zu haben.

Wichtig ist, daß es zu einer Beständigkeit in diesem Bereich der persönlichen Andacht, der auch in Anhang 1 eingehender behandelt wird, kommt.

*4. Gebet.* Ebenso wichtig ist es, im Gebet Verbindung mit Gott zu haben. Ein Neubekehrter braucht Belehrung über das, was Gebet ist, warum Gebet wichtig ist, wie Gebet eingesetzt wird. Er braucht praktische Übung, um ein rechtes Gebetsleben zu entwickeln. Das persönliche Beispiel ist äußerst effektiv bei der Vermittlung dieser Wahrheit und genau die Art und Weise, wie Jesus seine Jünger lehrte. Er zeigte ihnen die Wichtigkeit des Gebets durch sein eigenes Beispiel. Vergleiche Markus 1,35; Lukas 5,16; Matthäus 14,23. Anhang 1 behandelt diesen Bereich ebenfalls.

*5. Auswendiglernen von Bibelversen.* Das Einprägen von Bibelstellen ist darum wichtig für das geistliche Vorwärtskommen des Neubekehrten, da so das Wort Gottes in sein Leben eingepflanzt wird. Es besteht eine direkte Beziehung zwischen dem Maß an Sieg im Leben eines Christen und dem Maß an Schriftstellen, die er „in seinem Herzen bewahrt" hat (Ps. 119,11).

Sicher ist das nicht der einzige Faktor, der zu einem siegreichen Christenleben beiträgt, auf jeden Fall aber ein höchst bedeutender. Das Auswendiglernen von Bibelversen fördert die Diszplin im Leben des neubekehrten Gläubigen und läßt das Vertrauen in seine eigene Kenntnis des Wortes Gottes zunehmen. Ein ausgezeichnetes Lernprogramm wird von den Navigatoren angeboten.[1]

*6. Methoden des Bibelstudiums.* Im Verlauf der Nacharbeit muß mehr getan werden als nur zum andächtigen Studium des Wortes Gottes zu ermuntern. Ein junger Christ braucht praktische Anleitung für ein Studium von Gottes Wort.[2] Dasselbe wird ihn unabhängiger von uns machen und ihm zu einer mehr systematischen Bibelkenntnis verhelfen. Verschiedene Methoden des Bibellesens lassen die Schrift zu einem brauchbaren Werkzeug in der Hand des Jungbekehrten werden.

*7. Bekennen der Sünde.* Der Neubekehrte muß lernen, mit der nicht bekannten Sünde in seinem Leben umzugehen. Wenn wir es versäumen, die hierbei wichtigen Anweisungen zu geben, werden viele von denen, die uns in unserer Nacharbeit begegnen, weiterhin, vielleicht über Jahre, eine unnötige Last an Schuld und Enttäuschungen auf ihren Schultern tragen. Die Wahrheiten aus dem Ersten Brief des Johannes, aus Psalm 32 und Psalm 38 müssen dem jungen Christen klar mitgeteilt werden. Eine hervorragende Veröffentlichung zu diesem Thema ist die Schrift von Bill Bright *How to Experience God's Love and Forgiveness.*[3]

*8. Überwindung von Anfechtungen.* Dies betrifft die andere Seite der unter Punkt 7 angesprochenen Münze, nämlich das Vermeiden der Sünde. Jeder Jungbekehrte muß die Schritte kennen, die zu einem siegreichen Christenleben führen. Er muß wissen, wie der Versuchung widerstanden wird, wenn sie sich naht. Die Mehrzahl der Bücher, die das geisterfüllte Leben behandeln, gehen darauf ein.

In Anhang 2 zu diesem Buch findet sich eine Liste mit hilfreicher Lektüre, auch Anhang 1 enthält Gedanken, die diesen Bereich betreffen.

*9. Geisterfülltes Leben.* Bei der Dynamik des geisterfüllten Lebens handelt es sich um eine der Schlüsselwahrheiten der christlichen Lehre und des christlichen Lebens. Christus lebt sein Auferstehungsleben in und durch uns in der Kraft des Heiligen Geistes. Vergleiche die in Anhang 2 empfohlenen Bücher sowie die entsprechenden Abschnitte in Anhang 1.

*10. Gehorsam.* Ebenso wird es notwendig sein, dem im Glauben heranreifenden Christen die Bedeutung des Gehorsams einzuprägen, denn Gehorsam und Disziplin spielen eine große Rolle bei der Ausbildung von Gottseligkeit im Leben eines Menschen. Auch dies wird in Anhang 1 eingehender behandelt.

*11. Gottes Erziehungsmaßnahmen.* Auf breitem Raum wird in der Bibel das Thema der Zucht Gottes entfaltet. Hebräer 12 geht zum Beispiel ziemlich detailliert darauf ein. Der junge Gläubige muß erkennen, daß, weil er Gottes Kind ist und Gott ihn liebt, er Zurechtweisung und Strafe erfahren wird. Diese sollen ihm helfen, weiterhin in Christus zu wachsen. Wie wichtig ist es doch, den Neubekehrten hierüber zu unterrichten und ihn zur Vorsicht zu ermahnen, daß er nicht gegen Gottes Erziehungsmaßnahmen rebelliert und aufbegehrt.[4]

*12. Göttliche Lebensgewohnheiten.* Damit soll die Wichtigkeit betont werden, daß die Gerechtigkeit das Leben des jungen Christen charakterisiert. In diesen Zusammenhang gehört die Wahrheit vom Ablegen des alten Wesens und seiner Gewohnheiten und die Wahrheit vom Anziehen des neuen Menschen (Eph. 4,20–22). Eine ausgezeichnete Schrift zu diesem Thema ist Jay Adams' „Godliness through discipline".[5]

*13. Gottes Willen erkennen.* Gottes Führung im eigenen Leben verstehen lernen ist ein weiterer bedeutender Aspekt christlichen Lebens, der in der Nacharbeit berücksichtigt werden muß. Ein junger Gläubiger muß lernen, Gottes Willen für jeden seiner Lebensbereiche herauszufinden. Vergleiche hierzu ebenfalls Anhang 1.

*14. Haushalterschaft.* Rechtes Haushalten betrifft nicht nur unsere materiellen Besitztümer, sondern auch unsere Talente, unsere Zeit, ja unser Leben. Wir wurden „mit einem Preis erkauft" und sind nun verpflichtet, Gott in allen Dingen zu dienen.

*15. Gemeindemitarbeit.* Die Gemeinde spielt eine lebendige Rolle im Leben des jungen Gläubigen. Möglichst schnell sollten Verbindungen zu einer Gemeinschaft von Christen geknüpft werden. Diese wird den Neubekehrten stärken und seinen geistlichen Fortschritt positiv beeinflussen. Ein Thema, das in Anhang 1 näher ausgeführt wird.

Bei dieser gesamten Betrachtung des Unterrichtsprogramms im Bereich der Andacht ist es wichtig, zu sehen, daß es sich um eine Erbauung des Jungbekehrten handelt, die besonders effektiv auf der persönlichen Ebene geschieht.

Die Nacharbeitshilfen in Anhang 1 behandeln die Mehrzahl der hier angesprochenen Themenkreise. Diese Hilfen wurden so verfaßt, daß ihre Anwendung leicht zu erlernen ist.

Über die spezifischen Merkmale der persönlichen Ebene in der Nacharbeit spricht Kapitel 7. Schlage an beiden Stellen in diesem Buch nach und finde heraus, wie Du ein angemessenes Programm für Deine Nacharbeit aufstellen kannst.

Gehen wir nun über zum zweiten Sektor im Unterrichtsprogramm, dem lehrmäßigen Bereich.

*Der Bereich der Lehre*

Oft sind es ganz bestimmte Fragen, die in den Diskussionen, die ich über das Thema der persönlichen Nacharbeit führe, immer wieder auftauchen: „Wieviel an systematischem Bibelwissen muß ein Neubekehrter erhalten?“ „Wie sollte es um seine apologetischen Kenntnisse bestellt sein?“ Diese und ähnliche Fragen dürfen in einem umfassenden Programm der Nacharbeit nicht übersehen werden.

Eine andere Frage, die den lehrmäßigen Bereich betrifft, ist die nach der Art und Weise der Wissensvermittlung. Welches ist der am meisten geeignete Weg, um diese Art von Belehrung weiterzugeben? Für die im Bereich der Andacht zu behandelnden Themenkreise war die Belehrung von Person zu Person der geeignetste Weg. Gilt dies auch für die Vermittlung von Glaubensgrundsätzen?

Ich denke, die Antwort auf diese Frage lautet: nein. Die Erfahrung hat gelehrt, daß Gruppenunterricht am besten geeignet ist, Glaubensgrundsätze nahezubringen. Zwei Gründe sind dafür verantwortlich zu machen: Zum einen lassen sich die Themen, die in diesem Bereich behandelt werden, schwerer auf der Ebene von Person zu Person vermitteln, da fast ausschließlich referiert wird. Bloßes Vortragen oder Referieren ist jedoch auf der persönlichen Ebene nicht wünschenswert.

In der lehrmäßigen Unterweisung besteht nun einmal wenig Raum für einen Dialog. Zum zweiten ist es notwendig, mehr zu wissen als das, was gerade mitgeteilt wird. Wir müssen dem Irrtum gegenüber empfindsam sein. Es braucht einige Zeit, bis wir die notwendige Erkenntnis erlangt haben und überhaupt in diesem Bereich der Lehre tätig werden können. Denken wir an die Warnung aus Jakobus 3,1.

Um zur Eingangsfrage zurückzukehren, welche Menge an welcher Information ein Jungbekehrter braucht, um im Glauben gegründet zu sein, wollen wir hier antworten, daß sich vor allem vier Bereiche herauskristallisiert haben, mit denen der junge Gläubige vertraut werden sollte.

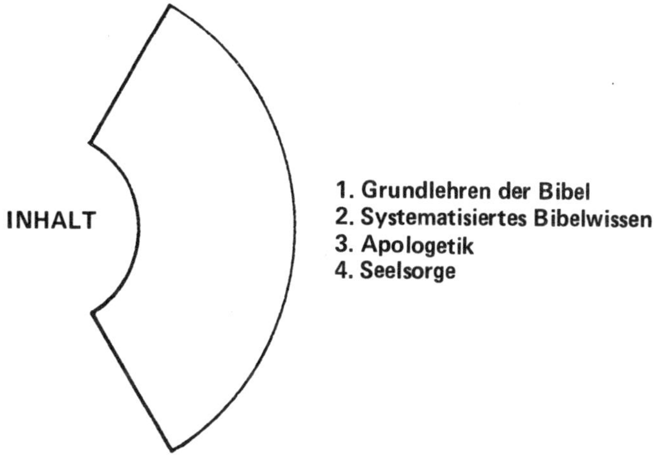


**Abb. 14 Themeninhalte: Bereich der Lehre**

*Glaubenslehre* – eine Grundstufe systematisierter Lehrsätze.

*Systematisiertes Bibelwissen* – systematisierte Kenntnis des Inhalts von Gottes Wort.

*Apologetik* – zur intellektuellen Verteidigung des christlichen Glaubens notwendige Kenntnisse.

*Seelsorge* – Kenntnis darüber, wie das Wort Gottes zur Problemlösung hinzugezogen wird.

Diese vier Erkenntnis- bzw. Wissensbereiche sind wesentlich für das Wachstum des Neubekehrten. Wollen wir sie einzeln für sich betrachten.

*1. Glaubenslehre.* Es gibt eine Reihe grundlegender Glaubenslehren, mit denen ein jungbekehrter Gläubiger vertraut werden sollte. Die Frage nach dem Vorrang der einzelnen Glaubensgrundsätze, das heißt die Frage nach der Reihenfolge und der Ordnung, in der wir sie lehren, wird dadurch leicht beantwortet, daß wir uns zuerst den am häufigsten mißverstandenen zuwenden und denen, die von Kultgemeinschaften verkehrt werden. Wir müssen ja damit rechnen, daß der Neubekehrte auf diesem Gebiet in Konflikte gerät. Es folgt eine Liste der Grundlehren, die der junge Christ kennen sollte.

1. *Die Dreieinigkeit.* Der jungbekehrte Gläubige sollte diese Lehre verteidigen können. Auch sollte er Illustrationen anführen können, die sie unterstützen, und die Notwendigkeit darlegen können, warum an dieser Doktrin festgehalten werden muß. Die Lehre der Dreieinigkeit steht unter starkem Angriff von seiten diverser Kulte und Irrlehren.
2. *Die Gottheit Jesu Christi.* Die Tatsache, daß Jesus Gott ist, ist eine überaus entscheidende Wahrheit. Sie ist zu einem völligen Erfassen der Erlösung unentbehrlich. Ein grundlegendes Verständnis dessen, daß Jesus Gott und Mensch ist, sollte vermittelt werden. Ebenso eine Belehrung, wie diese Lehre verteidigt werden kann.
3. *Die Errettung.* Ein klares Verstehen des Erlösungsgedankens, der Rolle der Buße und des rettenden Glaubens bei der Bekehrung und der Bedeutung der Rechtfertigung ist notwendig. Der Jungbekehrte muß in der Lage sein, sich mit den Versuchen auseinanderzusetzen, die Errettung auf einer anderen Grundlage als auf der Gnade lehren.
4. *Heiligung.* Ein jungbekehrter Christ benötigt Einsichtnahme in die Dynamik des Wachstums in Christus. Das ist nötig, um ihn vor extremen Lehrmeinungen zu schützen, die das überfließende Christenleben betreffen.
5. *Satan/Dämonen.* Ferner dürfen den Neubekehrten die biblischen Aussagen über Satan und wie Sieg über ihn zu erhalten ist, nicht unbekannt sein. Jungbekehrte Gläubige müssen über Dämonen und über den okkulten Bereich Bescheid wissen. In diesen Bereichen ist es wichtig, ein geöffnetes Verständnis zu haben, um die Extrempositionen zu vermeiden, die entweder durch zuviel oder zuwenig Interesse an der unsichtbaren Welt charakterisiert sind.
6. *Gemeinde.* Der jungbekehrte Gläubige sollte auch mit der Mannigfaltigkeit der Ekklesiologie, das ist die Lehre von der Gemeinde, ihrer Geschichte, ihrem Zweck und ihrer Leitung vertraut sein. Dies wird ihn vor manchem Extrem bewahren.

*2. Systematisiertes Bibelwissen.* Wichtig ist, daß ein Jungbekehrter ein Mindestmaß an systematischem Bibelwissen besitzt. Es gibt viele unterschiedliche Auffassungen, wo dieses Mindestmaß liegt.

Ich würde dieses Mindestmaß so bestimmen, daß der jungbekehrte Christ die Reihenfolge der biblischen Bücher kennen sollte. An sich sollte dies zu erreichen nicht allzu schwer sein, doch leider habe ich manchen Erwachsenen kennengelernt, der große Schwierigkeiten hatte, überhaupt irgend etwas in der Bibel zu finden.

Eine weitere Grundnotwendigkeit ist ein allgemeines Verständnis der Themen, die in den neutestamentlichen Büchern abgehandelt werden. Dies wird dem Jungbekehrten helfen, die Bibel besser einzusetzen und ihn vor Extremen schützen, die sich aus der besonderen Betonung einzelner, aus dem Zusammenhang genommener Schriftstellen ergeben.

Mit einem der vier Evangelien und mit dem Römerbrief vertraut zu werden, scheint mir ein guter Anfang. Kenntnis der Verfasserschaft und der Hintergründe der einzelnen Bücher der Bibel ist ebenfalls ein geeignetes Rüstzeug für den im Glauben heranreifenden Christen.

Noch eine Bemerkung sei an diesem Punkt gestattet. Ich bespreche Ziele der Nacharbeit, die über einen Zeitraum hin erreicht werden. Ich beziehe mich also nicht auf etwas, das innerhalb weniger Wochen geschieht, sondern sich über Monate und Jahre erstreckt. Fast drei Jahre verbrachte Jesus mit seinen Jüngern. Vielleicht sind drei Jahre auch eine geeignete Zeitspanne zum Erreichen der genannten Ziele.

*3. Apologetik.* Kenntnis grundlegender Apologetik ist wichtig für den Neubekehrten, da sie ihm zu größerer Glaubensfestigkeit verhilft. Die nachfolgende Liste nennt das, was ich als Mindestwissen im Bereich der Apologetik ansehe. Eine Liste guter apologetischer Literatur findet sich in Anhang 2 zu diesem Buch.

1. Die Inspiration der Bibel
2. Beweise für die Auferstehung
3. Irrtümer der Religionsgemeinschaften
4. Irrtümer anderer Glaubensrichtungen
5. Philosophie und Glaube
6. Wissenschaft und Bibel

*4. Seelsorgerliche Beratung.* Der letzte Themenkomplex des lehrmäßigen Bereichs behandelt biblisch orientierte Seelsorge. Eine angemessene Behandlung dieses Gegenstandes geht weit über die Grenzen dieses Buches hinaus. Daher will ich unsere Betrachtung an dieser Stelle auf die Notwendigkeit seelsorgerlicher Kenntnisse für den Neubekehrten beschränken. Anhang 2 nennt dem interessierten Leser weiterführende Literatur zum Thema.

Die Notwendigkeit einer Unterweisung in der Seelsorge liegt darin, daß dem Jungbekehrten geholfen werden muß, die Bibel als die Quelle der Problemlösung in seinem Leben zu erfahren. Er muß lernen, mit der Bibel umzugehen, um seinerseits anderen helfen zu können. Er sollte ein Wissen darüber erlangen, wie einigen der geläufigsten Nöte, denen Christen immer wieder ausgesetzt sind, zu begegnen ist, einschließlich Ärger, Sorgen, Depressionen, Neid sowie Problemen sittlicher Art und solchen des Gedankenlebens.

Indem wir dem Jungbekehrten Gelegenheit bieten, Einsicht auf diesem Gebiet zu erlangen, werden wir Zeuge einer wachsenden Veränderung in seinem Leben sein. Nimm die Mühe auf Dich, die es kostet. Gehe sicher, daß Veränderung im Leben desjenigen geschieht, dem Du nachgehst.

Wollen wir uns nun dem dritten Hauptbereich von Unterrichtsinhalten zuwenden.

### *Der Bereich der Jüngerschaft*

Der letzte inhaltliche Bereich, der im Rahmen unserer Untersuchung zu klären bleibt, dreht sich um die Zurüstung zur Evangelisation, was ich auch Jüngerschaft genannt habe. Die Frage, die wir zu beantworten suchen, ist folgende: Was muß ich mit einem im Glauben heranwachsenden Christen anstellen, um eine Vervielfältigung meines Dienstes in seinem Leben sicherzustellen?

Diese Frage wird durch das vorliegende Buch insgesamt beantwortet. Darum will ich an dieser Stelle nicht erschöpfend darauf eingehen, möchte jedoch eine Zusammenfassung der Themen geben, die im Ausbildungsprogramm für die Arbeit nach außen enthalten sein müssen.

Diese Zusammenfassung nennt das, was wir vermitteln müssen, vorausgesetzt wir wollen Vervielfältigung erleben. Wie das hier genannte vermittelt wird, darüber sprechen wir an späterer Stelle. Es folgt eine Minimalliste von sechs Bereichen, in denen der Jungbekehrte ausgebildet werden sollte.

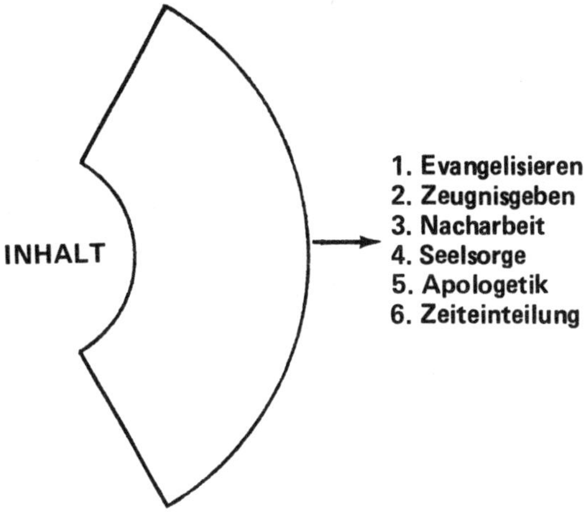


**Abb. 15 Themeninhalte: Bereich der Jüngerschaft**

*1. Wissen, wie man den Glauben weitergibt.* Es ist wichtig, daß wir mehr tun als den Jungbekehrten herauszufordern, seinen Glauben mitzuteilen. Wir müssen ihm auch entsprechende Ausbildung und Übungsmöglichkeiten geben, was entweder durch persönliche Anleitung geschehen kann oder dadurch, daß wir ihn ermutigen, zum Beispiel eine Tagung oder einen Kurs über Evangelisation zu besuchen.

*2. Ein evangelistisches Zeugnis verfassen.* Eines der wirkungsvollsten Mittel in der evangelistischen Arbeit ist der Einsatz eines Zeugnisses. Ein persönliches Zeugnis von der Umgestaltung, die Christus in einem Leben bewirkt hat, verleiht dem Evangelium starkes Gewicht und hebt seine Glaubwürdigkeit. Wichtig ist, daß der, der ein Zeugnis geben will, vorher durchdenkt, was er sagen will. Anhang 1 enthält einige Hilfen zu diesem Thema.

*3. Ausbildung in Nacharbeit.* Wenn die Person, um die wir uns in der Nacharbeit bemüht haben, sich ernsthaft auf evangelistischem Gebiet betätigt, wird sie ohne Zweifel dahin kommen, Frucht zu sehen. Darum sollten einige grundlegende Hinweise gegeben werden, wie man einem Jungbekehrten zu Heilsgewißheit verhilft und sein geistliches Wachsen in Christus fördert. Dem Jungbekehrten sollte die Lektüre des vorliegenden Buches empfohlen werden. Ebenso sollten wir ihn anleiten, wie er die in Anhang 1 aufgeführten Ratschläge praktisch befolgen kann.

*4. Biblisch orientierte Seelsorge.* Beginnt ein Neubekehrter, selbst anderen nachzugehen, muß er gelernt haben, die Probleme eines jungen Gläubigen auf biblische Weise zu bewältigen. Unser persönliches Vorgehen bei der Bewältigung von Problemen als auch unsere Lektürevorschläge werden dem Jungbekehrten zu einer effektiven Arbeit auf diesem Gebiet verhelfen. Laß ihn den Vorteil aller zur Verfügung stehenden Übungsprogramme genießen, die für den Bereich der Seelsorge und Lebensberatung ausgearbeitet worden sind.

*5. Apologetisches Handwissen.* Da die Bedeutung der Apologetik schon erwähnt wurde, wird sie hier nur im Vorübergehen erwähnt. Ihre Bedeutung für die Jüngerschaft ist offensichtlich. Eine Liste guter Bücher findet sich in Anhang 2.

*6. Zeitplanung.* Der heranreifende Christ muß die rechte Zeiteinteilung finden, denn schon bald wird es sich als schwierig für ihn erweisen, seine Zeit richtig zu gebrauchen. Belehrung über Prioritäten und Zeitplanung ist notwendig.[6]

Dies führt uns zum Ende der Betrachtung der inhaltlichen Seite der Nacharbeit. Wir haben die Ziele der Nacharbeit diskutiert und die damit verbundenen Lehrinhalte betrachtet.

Eine Frage, die uns möglicherweise in den Sinn kommt, könnte lauten: Wie soll dies alles im einzelnen geschehen? Vielleicht denkst Du, Nacharbeit sei viel zu komplex, und bekommst Furcht, sie zu beginnen. Du magst von Dir annehmen, daß Du niemals in der Lage sein wirst, diese Ziele im Leben des Neubekehrten zu erreichen.

Vielleicht ist dieser Inhalt der Nacharbeit, den ich vorgestellt habe, in Deinem eigenen Leben noch nicht völlig realisiert worden. Fasse Mut! Erinnere Dich, daß Gottes größtes Problem Dein Mangel an Verfügbarkeit ist. Wenn Du Dich trotz aller Ängste und Beschränkungen Gott zur Verfügung stellst, wird er Dich gebrauchen. Ein Teil Deiner Angst wird sich auflösen, sobald Du weißt, wie die verschiedenen in der persönlichen Nacharbeit angesprochenen Themenbereiche der Andacht, der Lehre und der Jüngerschaft durchgearbeitet werden können. Die Antwort liegt im Entwurf eines Lehrplans.

Es ist möglich, das Wachstum eines Jungbekehrten zu planen und anhand des Planes zu beurteilen. Dies führt uns zum zweiten Schritt, den wir in diesem Kapitel untersuchen wollen.

## Das Entwerfen des Unterrichtsprogramms

Es sollte offensichtlich sein, daß es eine Sache ist, die Wahrheiten zu kennen, die einer näheren Erklärung bedürfen, und eine andere, das Wissen über das „Wie“ ihrer Behandlung zu besitzen. Darum muß eine klare Methode der Vermittlung jener Wahrheiten entwickelt werden. Wie schon erwähnt, haben wir in Anhang 1 für einige der Themenbereiche Wege vorgeschlagen, wie sie in ein Programm der Nacharbeit eingebracht werden können. Ein Studium der in Anhang 1 gegebenen Hinweise und Anleitungen wird uns auch für die verbleibenden, dort nicht direkt thematisierten Punkte von Hilfe sein.

Ein zweiter Aspekt, der beim Entwickeln eines Curriculums zu beachten ist, betrifft das Festlegen der Themenbereiche, die wir persönlich mit dem Jungbekehrten durcharbeiten und die wir ihn durch Eigenstudium und Gruppenunterweisung erfahren lassen. Wie oben schon erwähnt, gibt es einige Themenkreise, die sich besser auf Gruppenebene als von Person zu Person behandeln lassen, wohingegen andere wieder eher durch Eigenstudium dem Verständnis nähergebracht werden. Es folgt ein Beispiel für eine solche Einteilung.

| Privates Studium | Gruppenunterweisung | Persönliche Belehrung von Person zu Person |
|---|---|---|
| 1. Apologetik | 1. Glaubenslehre | 1. Alle Themen des Bereichs der Andacht |
| 2. Bibelstudium | 2. Bibellehre | 2. Evangelisation |
| 3. Verständnis der Kultgemeinschaften | 3. Seelsorge | 3. Zeugnisgeben |
| 4. Bibelstellenlern-programm | 4. Mission | 4. Training für Außeneinsatz |

Abb. 16 Einfache Gliederung der Unterweisung

Ist das Curriculum erst einmal entworfen, können wir es in unsere Nacharbeit einfließen lassen. Das führt uns zu dem dritten Schritt, den wir in diesem Kapitel betrachten.

## Die Einteilung der Unterrichtsstunden – eine Anleitung

Befiehl dem Herrn deine Werke, so werden deine Vorhaben gelingen (Spr. 16,3).

Wir müssen auf die gesetzten Ziele hinarbeiten und den schon erreichten Fortschritt abschätzen. Dabei ist es wichtig, die Ausbildung des Jungbekehrten in den diversen Bereichen sinnvoll einzuteilen sowie genaue Aufzeichnungen über seinen Fortschritt zu machen.

Persönliche Nacharbeit geschieht nicht einfach wie von selbst, sie muß geplant werden. Wir werden niemals positive Resultate aus unserer Arbeit entspringen sehen, wenn wir oberflächlich vorgehen und die Wahl unserer Methoden dem Zufall überlassen.

In 1. Korinther 14, 33 heißt es: „Denn Gott ist nicht ein Gott der Unordnung, sondern des Friedens." Wenn unsere persönliche Nacharbeit unorganisiert und planlos verläuft, folgen wir nicht wahrhaft dem Beispiel unseres Herrn.

Eine Planung der Nacharbeit und eine Beurteilung ihres Erfolges kann am besten durch zwei Planungshilfen erreicht werden. Die erste ist ein langfristiger Planungsbogen für die Nacharbeit, die zweite ein Merkblatt über die in der Nacharbeit erzielten Fortschritte. Wollen wir den Gebrauch dieser Hilfen etwas ausführlicher beschreiben.

Der langfristige Planungsbogen dient der Einteilung und Planung eines umfassenden Programms der Nacharbeit. Diese Anleitung schließt sowohl die Themen ein, die auf persönlicher Ebene abgehandelt werden, als auch die, welche in Gruppenunterweisung oder Eigenstudium erarbeitet werden.

Es ist wichtig, einen Überblick über den Komplex der angestrebten Ziele zu behalten, denn ohne diesen wird es schwerfallen, die nötigen Prioritäten zu setzen. Ebenso leicht kann es geschehen, daß wichtige Instruktionen ausgelassen werden und dann im Programm der Nacharbeit fehlen.

Haben wir einmal einen Plan für unser Vorgehen in der Nacharbeit entworfen, wird dieser wohl für alle, mit denen wir arbeiten, ähnlich bleiben. Dieser Plan wird ausgearbeitet auf der Grundlage dessen, was wir über den Jungbekehrten und über seine Nöte wissen.

Der langfristige Planungsbogen erstreckt sich über einen Zeitraum von einem Jahr und gliedert sich in sechs zweimonatige Phasen. Abbildung 17 vermittelt eine gewisse Vorstellung des Planes, den ich meiner eigenen Nacharbeit zugrundelege. Ich hoffe, daß er dazu beiträgt, den Einsatz und den Gebrauch dieses Werkzeugs in der persönlichen Nacharbeit deutlich zu machen.

| Monate | Persönliche Unterweisung | Gruppenunterweisung | Privatstudium |
|---|---|---|---|
| 1–2 | 1. Treffen im Rahmen der Nacharbeit<br>(Anhang 1) | 1. Seminar für Neubekehrte<br>2. Einführung in die Bibel und Auslegung | 1. Andacht<br>2. Bücher über Heilsgewißheit |
| 3–4 | 1. Treffen im Rahmen der Nacharbeit (Anhang 1)<br>2. Ausbildung im Evangelisieren<br>3. Programm zum Einprägen von Bibelstellen | 1. Seminar über grundlegende Bibellehre<br>2. Einführung in die Bibel und Auslegung | 1. Andacht<br>2. Bücher über Wachstum<br>3. Bibelstellen auswendig lernen |
| 5–6 | 1. Ausbildung im Evangelisieren<br>2. Ein Zeugnis verfassen<br>3. Induktives Bibelstudium | 1. Seminar über grundlegende Bibellehre<br>2. Einführung in die Bibel und Auslegung | 1. Andacht<br>2. Bücher über biblische Lehre<br>3. Bibelstellen auswendig lernen |
| 7–8 | 1. Unterweisung in der Nacharbeit<br>2. Seelsorge je nach Notwendigkeit | 1. Einführung in die Bibel und Auslegung<br>2. Evangelisationstraining | 1. Andacht<br>2. Induktives Bibelstudium<br>3. Bibelstellen lernen<br>4. Bücher über Zeugnisgeben |
| 9–10 | 1. Seelsorge je nach Notwendigkeit | 1. Einführung in die Bibel und Auslegung<br>2. Ausbildung in Seelsorge | 1. Andacht<br>2. Induktives Studium<br>3. Bibelverse einprägen<br>4. Bücher über Apologetik |
| 11–12 | 1. Seelsorge je nach Notwendigkeit | 1. Einführung in die Bibel und Auslegung<br>2. Ausbildung in Seelsorge | 1. Andacht<br>2. Induktives Studium<br>3. Bibelverse einprägen<br>4. Bücher über gemischte Themenkreise |

**Abb. 17 Langfristiger Planungsbogen der Nacharbeit**

Das Merkblatt über den erzielten Fortschritt ist das Instrument, das den langfristigen Planungsbogen in Aktion setzt. Dieses Merkblatt hält die Spur der Termine fest, zu denen bestimmte Instruktionen gegeben wurden und die Wendepunkte im geistlichen Wachstum darstellten, zum anderen kommentiert es die Fortschritte im Leben des Jungbekehrten. Dieses Merkblatt ist besonders wichtig für die ersten sechs Monate des neuen Lebens in Christus.

Wenn während jener kritischen Zeit gut für eine Person gesorgt wird, ist die Chance, bleibende Frucht und Vervielfältigung zu sehen, groß. Es liegt in unserer Verantwortung, jederzeit um den Stand der Beziehung zu wissen, die zwischen dem Neubekehrten und Christus besteht.

Ein Beispiel für die Form dieses Merkblattes gibt Abbildung 18. Im Verlauf unserer Nacharbeit werden wir bald herausfinden, daß mehrere dieser Blätter benötigt werden, um die geistliche Wachstumskurve festzuhalten. Es ist ratsam und angebracht, daß wir für jeden, dem wir nachgehen, ein separates Ringbuch anlegen und es möglichst auf neuestem Stand halten. Alle sechs Wochen sollte es überarbeitet werden, auch dann, wenn wir schon über die Stufe beständiger, fortlaufender Nacharbeit hinausgeschritten sind. So sollte unser Ziel auch hier sein, gut organisiert in unserer Nacharbeit vorzugehen.

*Zusammenfassung*

In diesem Kapitel wurde eine Fülle von Begriffen erwähnt und ich hoffe, daß sich dies nicht als allzu verwirrend erwiesen hat. Es ist nun einmal wichtig, für die Nacharbeit Ziele zu setzen. Wenn wir nichts gezielt anstreben, werden wir auch nur wenig erreichen. Darum müssen unsere Ziele spezifisch sein.

Ebenso wesentlich ist es, die inhaltliche Seite unserer Nacharbeit zu bestimmen. Wir sollten uns klar darüber werden, was wir im Leben eines Jungbekehrten bewirken wollen, und wir sollten uns auch klar über seine tatsächlichen Nöte sein.

Die verbleibenden Kapitel dieses Buches werden sich einerseits mit den Problemen auseinandersetzen, die bei der Ausführung wirkungsvoller Nacharbeit auftreten, zum anderen auf die Frage eingehen, wie man aus Jungbekehrten Multiplikatoren macht.

## MERKBLATT ÜBER DEN FORTSCHRITT DER NACHARBEIT

NAME ________________________________ ALTER ________

ADRESSE ________________________ TELEFON ____________

| THEMA | DATUM DES TREFFENS | KOMMENTARE |
|---|---|---|
| | | |
| | | |
| | | |
| | | |
| | | |
| | | |
| | | |
| | | |
| | | |
| | | |
| | | |
| | | |

(diese äußere Form auf der Rückseite beibehalten)

### SCHLÜSSELEREIGNISSE UND -DATEN

___1. Gewißheit ___/___/___

___2. Beständige Andacht ___/___/___

___3. In Gemeindeleben einbezogen ___

___4. Zeugnis gegeben ___/___

___5. Beständiges Zeugnis ___/___/___

___6. Aktiv in Nacharbeit ___/___

___7. Frucht gesehen ___/___

___8. Sich selbst vervielfältigt ___/___

Abb. 18 Merkblatt über den Fortschritt der Nacharbeit

## Anmerkungen

1 Dieser Lernkurs, der von den Navigatoren angeboten wird, ist eine große Hilfe bei dem Versuch, einem Jungbekehrten beim Bibelstellen auswendig lernen, zu helfen. Er ist erhältlich und zu bestellen bei den „Navigatoren", Hausdorffstr. 130, D-5300 Bonn.

2 Ein ausgezeichnetes Buch über Methoden des Bibelstudiums ist: A. W. Pink, *Bibellesen mit Gewinn,* Bundes Verlag 1977.

3 Bill Bright, *How to Experience God's Love and Forgiveness* (Arrowhead Springs, CA: Campus Crusade for Christ, 1971).

4 Hebräer 12 vermittelt uns wertvolle Einsichten in Gottes Erziehungsmethode. Dieses Kapitel lehrt uns, daß (1) Gott uns züchtigt; (2) Gottes Züchtigung Beweis seiner Liebe und unserer Sohnschaft ist; (3) wir nicht gegen sie aufbegehren sollen; (4) sie Wachstum in unserem Leben bewirken wird.

Ebenso wichtig ist es, einige der Methoden zu verstehen, die Gott anwendet, wenn er uns züchtigt. Die Bibel lehrt uns, daß Gott die folgenden gebraucht, um uns zur Buße zu führen: (a) ein schuldbeflecktes Gewissen – Überführung (2. Tim. 3,6; Joh. 16,8); (b) Schwere Schuldgefühle und Verlust des Friedens – Depression (Ps. 32; 38); (c) psychosomatische Krankheit (Ps. 32; 38); (d) körperliche Krankheit (Jak. 5,16; 1. Kor. 11,30). Diese Liste ist nicht erschöpfend; und c und d sind nicht immer das Ergebnis von Gottes Züchtigung. Mehr und eingehender müßte noch über dieses Thema gearbeitet werden.

5 Jay Adams, *Godliness Through Discipline* (Nutley, NJ: Presbyterian and Reformed Publishing Co., 1971).

6 Ein hilfreiches Buch zum Thema „Zeiteinteilung" ist: T. Engstrom/A. Mackenzie, *Ab heute mehr Zeit,* Aussaat Verlag 1975

*Kapitel 5*

# Allgemeine Probleme der Nacharbeit

Nachdem wir nun den Gehalt der persönlichen Nacharbeit untersucht und daran anschließend erörtert haben, wie die Übertragung dieses Lehrprogramms in das Leben des Jungbekehrten geplant werden kann, wenden wir uns einigen praktischen Überlegungen zu.

Unabhängig davon, wie gut wir uns auf die Nacharbeit vorbereitet haben und wie sehr wir die möglicherweise auftretenden Probleme zu vermeiden suchen, wir werden ihnen immer im Rahmen unserer Nacharbeit ausgesetzt sein. So wird nicht ein jeder positiv auf unser geistliches Ernährungsprogramm reagieren.

Wie werden wir die Schwierigkeiten überwinden, die uns in der Nacharbeit selbst entgegentreten? Werden wir versuchen, über sie hinwegzusehen, oder werden wir ihnen jeweils so begegnen, wie wir uns in dem Moment geleitet wissen? Solltest Du eine dieser Möglichkeiten bejahen, bist Du nahe daran, Zeiten der Enttäuschung in Deiner Nacharbeit entgegenzusehen. Du wirst nämlich herausfinden, daß keine von beiden einen befriedigenden Lösungsweg bietet.

Wir können nicht einfach über die Probleme hinwegsehen und hoffen, daß sie wie von selbst verschwinden. Anstatt sich aufzulösen, wachsen sie gewöhnlich und nehmen ominöse Formen an. Wenn wir damit warten, Wege der Problembewältigung zu durchdenken, bis die Probleme tatsächlich auftreten, werden wir die schmerzliche Erfahrung machen, daß wir nur sehr begrenzt in der Lage sind, biblisch orientierte Seelsorge zu geben.

Die beste Lösung ist, sich im voraus gut darauf vorzubereiten, möglichst jeder potentiellen Schwierigkeit begegnen zu können. Das wird uns nicht nur besser für unsere persönliche Nacharbeit ausrüsten, sondern auch die Zuversicht in unsere Bemühungen stark anwachsen lassen.

Die Frage, die an diesem Punkt auftauchen kann, ist, woher wir die Antworten erhalten, um den Problemen zu begegnen. Das ist eine legitime Frage. Als ich mit der persönlichen

Nacharbeit begann, stand ich vor derselben Schwierigkeit. Ich wußte keinen Ort, wohin ich mich um Antworten wenden konnte, was mich am Ende zu eigenen Lösungsversuchen mittels des Trial-and-Error-Verfahrens führte, was sicher nicht der beste Weg einer Betätigung auf dem Gebiet der persönlichen Nacharbeit ist.

Die schlechten Erfahrungen jener Zeit führten mich dahin, Vorsichtsmaßnahmen gegen eine Wiederholung derselben Schwierigkeiten im Leben und im Dienst anderer zu treffen. Während der vergangenen Jahre habe ich viel Zeit in Diskussionen mit Mitarbeitern verbracht, um herauszufinden, welche Schwierigkeiten am häufigsten auftreten und welches der beste Weg zu ihrer Bewältigung ist. Das vorliegende Kapitel ist aus diesen Bemühungen erwachsen.

Die Probleme, die angesprochen werden, sind weniger solche der Lebensbewältigung, als vielmehr Hindernisse des geistlichen Wachstums. Ich hoffe, daß ihre Behandlung in diesem Kapitel manches Kopfzerbrechen und manche Frustration in der Zukunft überflüssig machen wird. Aus Platzmangel werde ich meine Ausführungen stark einschränken, vertraue jedoch darauf, daß eine Anwendung des Gesagten auf die jeweilige Situation in der persönlichen Nacharbeit gewährleistet ist.

Wie vorher erwähnt, führten Gespräche mit meinem Team, befreundeten Reichsgottesarbeitern und aktiven theologischen Laien zur Identifikation bestimmter, häufig auftretender Schwierigkeiten. So habe ich gemäß der Häufigkeit ihres Auftretens eine Problemliste erstellt. Diese ist nicht das letzte Wort, das zu diesem Thema gesprochen wird, sie spiegelt lediglich die Erfahrung derer wider, mit denen ich Kontakt hatte.

Vielleicht ist der eine oder andere völlig andersgearteten Problemen als den hier genannten ebenso häufig begegnet, vielleicht würde er auch die Reihenfolge umkehren, in der sie angeführt werden, was letztlich aber keinen Mangel an Übereinstimmung signalisiert als vielmehr nur eine unterschiedliche Erfahrung. An diesem Punkt bin ich völlig offen für weitere Gespräche. Es folgt eine Aufzählung allgemein auftretender Probleme in der Reihenfolge ihrer Häufigkeit.

Der jungbekehrte Christ:

1. ist nicht interessiert, sich mit Dir im Rahmen eines Programms der Nacharbeit zu treffen;
2. kann keine Heilsgewißheit finden;

3. hat fortdauernde Schuldprobleme in seinem Leben;
4. führt kein diszipliniertes Leben im Bereich der persönlichen Andacht;
5. hat Furcht, sich öffentlich zu Christus zu bekennen;
6. gehört einer geistlich schwachen oder theologisch liberal gesinnten Gemeinde an;
7. ist schweren Angriffen seitens der Familie und des Freundeskreises ausgesetzt;
8. glaubt nicht, daß die Person, die die Nacharbeit mit ihm plant, vertrauenswürdig ist;
9. sieht sich starken intellektuellen Schwierigkeiten ausgesetzt;
10. verfällt in Extreme, was schwierige Lehrgrundsätze und Aspekte des christlichen Lebens betrifft.

Der restliche Teil dieses Kapitels wird sich auf praktische Anleitungen zur Bewältigung der genannten Probleme konzentrieren. Es ist wichtig, Einsicht in die aufgezählten Schwierigkeiten zu bekommen. Da es unmöglich scheint, auf jede Ursache jeder möglichen Schwierigkeit einzugehen, werden sich meine Ausführungen auf die geläufigsten Ursachen beziehen. Das übrige sei der Leitung des Heiligen Geistes in unserem Leben überlassen sowie unserer eigenen praktischen Erfahrung, die wir im Rahmen unserer Nacharbeit mit den Menschen machen, die mit den genannten Problemen zu tun haben.

*Problem 1: Mangelnde Bereitschaft, sich zu treffen*

Dies wird eins der größten Probleme sein, denen wir in der Nacharbeit begegnen. Viele, die eine Entscheidung für Christus getroffen haben, sei es in einer Versammlung oder einer persönlichen Unterredung, reagieren seltsamerweise nicht auf unsere Bemühungen, eine persönliche Nacharbeit aufzubauen. Diese Schwierigkeit taucht nicht immer gleich zu Beginn der Nacharbeit auf, sondern mitunter in ihrem Verlauf.

Ich möchte an dieser Stelle Einsicht in die Ursache sowie Vorschläge zur Lösung dieses Problems weitergeben, wobei ich aber zugeben muß, daß es viele Situationen gibt, die mit Hilfe der von mir angebotenen Analyse nicht erfaßt werden. Betrachten wir zuerst die möglichen Ursachen dieses Problems.

Wieder ist es die Erfahrung der vergangenen Jahre, die mir gezeigt hat, daß eine der Hauptursachen für die mangelnde

Bereitschaft, sich im Rahmen eines Programms der Nacharbeit zu treffen, eine unvollkommene und nicht ganz so gemeinte Entscheidung zur Nachfolge ist. Um das Ganze klarer auszudrücken, können wir auch sagen, daß die Person möglicherweise noch gar nicht richtig Christ ist.

Ihre Entscheidung kann aus verschiedenen Gründen unvollkommen sein. Vielleicht hat sie bei einem evangelistischen Einzelkontakt Christus nur deshalb in einem abschließenden Gebet angenommen, um die Person, die ihr gegenüber Christus bezeugte, endlich loszuwerden. Ich habe herausgefunden, daß dies oft in der Nacharbeit derer geschieht, die noch nicht jene Sensitivität entwickelt haben, die ein erfahrener Christ bei seiner evangelistischen Tätigkeit erhält.

Mitunter war eine Entscheidung für Christus, die während eines evangelistischen Gottesdienstes oder einer Filmveranstaltung getroffen wurde, eine rein emotionale Reaktion, ohne daß Wille und Intellekt miteinbezogen waren. In solch einem Fall hat die Person nicht wahrhaft Buße getan und Jesus Christus als Erlöser angenommen.

Eine umfassende Betrachtung über das, was eine echte Bekehrung beinhaltet, findet sich in dem Abschnitt, der die Not derer behandelt, die Heilsgewißheit vermissen lassen. Sicher gibt es noch weitere Gründe für eine unaufrichtige, das heißt nicht ganz ernst gemeinte Bekehrung. Jedoch liegt hier eine der Ursachen vor, die für eine mangelnde Bereitschaft, sich im Rahmen der Nacharbeit zu treffen, verantwortlich sind.

Eine weitere Ursache könnte in satanischem Widerstand liegen, da ein Jungbekehrter gerade in dieser frühen Phase seines geistlichen Lebens leichter verwundbar gegenüber Satans Angriffen ist als zu irgend einem späteren Zeitpunkt. Es ist leicht, alle Arten von Zweifel in die Gedanken eines Neubekehrten hineinzulegen. Satan wird versuchen, ihm den Gedanken einzugeben, er habe etwas sehr Törichtes begangen. Er wird die Gültigkeit seines Glaubens in Frage stellen und versuchen, ihn davon abzuhalten, daß er seine Entscheidung öffentlich kundtut. Viele andere irreführende Anschläge wird er unternehmen, um das geistliche Vorwärtsschreiten des jungen Gläubigen zu hindern.

Da also eine satanische Opposition die Ursache für den Unwillen sein kann, sich im Rahmen der Nacharbeit zu treffen, sollten wir darauf vorbereitet sein, ihr zu begegnen. Erinnern wir uns an das warnende Wort aus 1. Petrus 5,8: „Seid nüchtern, wacht! Euer Widersacher, der Teufel, geht umher wie ein brüllender Löwe und sucht, wen er verschlingen könne." Der Dir anvertraute Neubekehrte wäre eine prächtige Mahlzeit für ihn. Darum mußt Du ihn beschützen. Denke dabei an die Verheißung aus Jakobus 4,7: „Widersteht aber dem Teufel, und er wird von euch fliehen."

Von seiten der Verwandten ausgeübter Druck kann ebenso mitspielen, wenn ein Jungbekehrter die Zusammenkünfte meidet. Sobald sich eine Person Jesus Christus zuwendet, werden Freunde und Verwandte versuchen, ihr geistliches Wachstum aufzuhalten. Sie wollen ja schließlich gar nicht, daß der Betreffende sich verändert. Sie werden sich bemühen, seine Zeit zu monopolisieren, so daß für persönliche Stille und gottesdienstliche Versammlungen kein Raum mehr bleibt. Sie werden ihn lächerlich machen und ihn herunterputzen, falls er in der Nachfolge fortfährt. Solcher und ähnlicher Druck kann dazu beitragen, daß ein Neubekehrter seine Übergabe des Lebens an Christus als den Herrn nochmals überdenkt und von daher auch der seelsorgerlichen Nacharbeit ausweicht.

Mitunter liegt der Grund für die angeschnittene Schwierigkeit auch einfach nur in mangelndem Verständnis über Zweck und Notwendigkeit der persönlichen Nacharbeit. Der junge Gläubige versteht einfach nicht, warum er sich mit Dir treffen sollte. Oft genug in seinem Leben ist er von Menschen betrogen worden, die irgendwelche Hintergedanken verfolgten, als sie seine Freundschaft suchten. Gebrannte Kinder scheuen das Feuer. Das Leben hat ihn gelehrt, keinem Menschen mehr völlig zu vertrauen. Wenn er sich nun über Sinn und Zweck der Nacharbeit nicht im klaren ist, wird er verurteilt sein, hinsichtlich Deiner Bemühungen um ihn ein gewisses Maß an Verdacht zu hegen. Dieser hält ihn dann davon ab, auf Deinen Vorschlag, sich zu treffen, einzugehen.

Obwohl noch andere Ursachen geltend gemacht werden können, bilden die hier angedeuteten einen guten Ausgangspunkt, um zu einer rechten Einschätzung des vorliegenden Problems zu gelangen. Wollen wir nun zu den Lösungsmöglichkeiten übergehen.

Der Ausgangspunkt ist Gebet, denn das Gebet ist das beste Werkzeug bei der Lösung von Problemen. In die Briefe des Paulus sind an verschiedener Stelle Gebete für die Neubekehrten eingestreut. Beständige Fürbitte wird eine Wandlung der Einstellung des Jungbekehrten zur Folge haben. Dies ist eine grundlegende Wahrheit, die sich ebenso auf die anderen in der Nacharbeit auftretenden Probleme anwenden läßt.

Eine zweite Möglichkeit der Problemlösung ist, immer wieder darauf hinzuweisen, wie wichtig das geistliche Wachstum im Leben eines Christen ist. Viele Menschen durfte ich kennenlernen, die fälschlicherweise meinten, alles, was ein Leben als Christ ausmacht, sei, Christus angenommen zu haben.

Hier muß klargelegt werden, daß es ebenso notwendig ist, in Christus zu wachsen. Erkläre dem Neubekehrten, daß er, solange er in geistlicher Hinsicht ein Säugling ist, jemanden benötigt, der eine Art Elternfunktion ausübt, das heißt ihn stärkt, schützt und solange versorgt, bis er selbst stark genug geworden ist, um auf eigenen Beinen stehen zu können. Eine derartige Erläuterung wird die falschen Vorstellungen beseitigen, die darüber bestehen könnten, warum Du Dich mit ihm treffen willst.

Für die, von denen Du vermutest, daß sie noch nicht wahrhaft bekehrt sind, ist es wichtig, daß der Aspekt von Wille, Intellekt und Gefühl berücksichtigt wird, ein Thema, auf das der folgende Oberabschnitt eingehen wird.

Der entscheidende Punkt bei all dem ist, daß wir den Jungbekehrten auf eine Ebene mit uns bringen, daß er offen aussprechen kann, warum er keine seelsorgerliche Nacharbeit wünscht. Es wird uns nicht immer gleich gelingen, seine Zustimmung zur Nacharbeit in jedem Punkt zu erhalten, doch mit etwas Verständnis von dem, was auf diesen Seiten ausgeführt wurde, werden wir einen überdurchschnittlichen Erfolg verzeichnen. Bemühe Dich weiterhin, daß es zu einem Treffen kommt und laß Dich durch ein, zwei oder drei Fehlschläge nicht entmutigen. Sollte es nach mehreren wiederholten Versuchen immer noch nicht gelungen sein, den Neubekehrten zu einem Treffen zu bewegen, dann laß die Tür für zukünftige Kontakte offenstehen, wende Dich jedoch einer anderen Person zu.

Wenn der Jungbekehrte schon nicht zu einer persönlichen Weiterarbeit bereit ist, so versuche als das Mindeste zu erreichen, daß er Gemeinschaft in einer Gruppe von Gläubigen hat.

### *Problem 2: Fehlende Heilsgewißheit*

Das zweite Problem, das wir nennen, spricht von der Zahl derer, die unfähig scheinen, zur Heilsgewißheit durchzudringen.

Es betrifft in erster Linie die, die keinerlei Gewißheit über ihre Errettung bekommen haben, selbst nachdem die diesbezüglichen Bibelverse mit ihnen durchgegangen wurden. Indem ich dies sage, treffe ich eine Unterscheidung, um all die aus der Betrachtung auszuklammern, deren fehlende Heilsgewißheit auf fehlender Erkenntnis beruht. Die Mehrzahl derer, die Heilsgewißheit vermissen lassen, finden sie in Kürze während des normalen Verlaufs der Nacharbeit, nämlich dann, wenn sie zu einem tiefergehenden Verständnis der Verheißungen Gottes gelangen. Bleibt diese normale Entwicklung zur Heilsgewißheit hin aus, liegt ein ernsthaftes Problem vor. Was tun wir, wenn es uns in unserer Nacharbeit begegnet?

Der am meisten wahrscheinliche Grund dafür, daß ein Mensch Heilsgewißheit vermißt, ist der, daß er gar nicht errettet worden ist und gar nichts hat, dessen er sich gewiß werden sollte. Dies läßt sich herausfinden, wenn wir mit dieser Person die Grundkomponenten genuiner Bekehrung herausarbeiten. Echte Bekehrung ist ein Zusammenwirken von Buße und rettendem Glauben. Sowohl Buße als auch rettender Glaube schließen das Element des Willens, des Intellekts und des Gefühls ein.

Es ist unsere Aufgabe, eine schlichte Erläuterung dieser komplexen theologischen Wahrheit zu geben. Um den Sachverhalt gut darlegen zu können, ist man am besten selbst eng mit diesem vertraut, was der Grund dafür ist, daß ich eine sich auf dieses Thema konzentrierende Lektüre empfehle[1]. Es folgt eine kurze Zusammenfassung der genannten biblischen Konzepte sowie die Beschreibung einer einfachen Methode zur Vermittlung derselben an eine Person, die noch keine Heilsgewißheit gefunden hat.

1. *Buße.* Buße ist ein essentieller Bestandteil der echten Bekehrung. In der Evangelisationspraxis einiger Zeitgenossen scheint sie *unterbetont* zu werden. Wir wissen um die Wichtigkeit der Buße aufgrund folgender Schriftverse:

> Nachdem Gott nun die Zeiten der Unwissenheit übersehen hat, gebietet er jetzt den Menschen, daß sie alle überall Buße tun sollen (Apg. 17,30).
>
> So steht geschrieben, und so mußte der Christus leiden und am dritten Tag auferstehen aus den Toten und in seinem Namen *Buße* und Vergebung der Sünden gepredigt werden allen Nationen, anfangend von Jerusalem (Luk. 24,46.47).

Aus diesen und anderen Bibelstellen wird deutlich, daß Buße zur Errettung notwendig ist. Es stellt sich in diesem Zusammenhang die Frage: Was ist Buße eigentlich? Eine einfache Definition würde sie als Umwendung oder Umkehr beschreiben, die Intellekt, Emotionen und Willen einschließt.

Vom Intellektuellen her gesehen beinhaltet Buße ein verändertes Verständnis über die Sünde, das Selbst und Gott. Nun versteht die Person, daß Sünde wahrhaft schlecht ist und daß sie vor einem heiligen Gott geschieht. Viele Menschen geben zu, daß sie sündigen, glauben aber, das spiele letztlich keine besonders große Rolle, da Gott ja auch gekrümmte Wege gehe.

Wenn echte Buße geschieht, erkennt sich der Mensch als schuldig vor Gott. Er erkennt ferner, daß Gott gerecht ist, wenn er die Sünde und den, der Sünde tut, schuldig spricht und verurteilt. Diese Veränderungen im Denken gehen bei einer genuinen Bekehrung im intellektuellen Bereich vor sich und werden in folgenden Bibelstellen reflektiert: Psalm 51, 3–5; Hiob 42,5.6; Lukas 17,18.19.

Was den gefühlsmäßigen Bereich angeht, ist Buße eine Veränderung unserer inneren Einstellung und unserer Emotionen. Echte Bekehrung schließt hier Reue und Traurigkeit über die begangenen Sünden *und* den Wunsch nach Vergebung ein. Psalm 51, 3–4; 2. Korinther 7, 9–10; Psalm 38, 19 bringen dies deutlich zum Ausdruck.

Die Veränderung des Willens, die eine echte Buße mit sich bringt, äußert sich in einem bewußten Abwenden von der Sünde. Dieser Aspekt bei der Bekehrung, der im Innern des Menschen vor sich geht, ist außerordentlich wichtig, da das äußerlich sichtbare Abwenden von der Sünde letztlich Ergebnis der inneren Erneuerung ist.

Die äußere Abkehr von der Sünde als Bedingung der Errettung anstatt als ihre Folge zu sehen, birgt die Gefahr in sich, daß die Erlösung von Werken abhängig gemacht wird.

Diese den Willen betreffende Seite der Bekehrung wird im Griechischen treffend beschrieben mit dem Wort *metanoia,* das eine Wandlung der Gesinnung und nicht der Handlungen meint.

2. *Rettender Glaube.* Buße allein macht noch keine Bekehrung aus. Der rettende Glaube tritt mit gleicher Wichtigkeit hinzu. Die Bibel spricht ausgiebig davon, wie folgende Schriftstellen anzeigen:

Da wir nun gerechtfertigt worden sind aus *Glauben*, so haben wir Frieden mit Gott durch unseren Herrn Jesus Christus (Röm. 5,1).

Denn aus Gnade seid ihr errettet durch *Glauben*, und das nicht aus euch, Gottes Gabe ist es (Eph. 2,8).

Dies sind nur zwei von vielen Bibelstellen, die von der Notwendigkeit des Glaubens sprechen. Was ist nun aber rettender Glaube? Eine einfache Definition bezeichnet rettenden Glauben als Überführtwerden von der Wahrheit, das sich auf den Intellekt, den gefühlsmäßigen Bereich und den Willen auswirkt.

Vom intellektuellen her ist der rettende Glaube ein Glaube an die Wahrheit des Wortes Gottes, wo es Aussagen über die Errettung macht. An diesem Punkt überführt der Heilige Geist einen Menschen von der Wahrheit. Römer 10,14.17 impliziert, daß der Mensch die Aussagen Gottes über Sünde und über Erlösung glauben muß. So gesehen gründet der rettende Glaube auf *Tatsachen*, den Tatsachen des Wortes Gottes, und hat nicht viel gemeinsam mit einem gefühlsmäßigen Sprung ins Ungewisse.

Im gefühlsmäßigen Bereich äußert sich der rettende Glaube als eine Art Wachwerden der Seele. Es entsteht ein Verlangen, errettet zu werden und sich der Wahrheit des Evangeliums auszuliefern. Dies wird klar gesagt in Psalm 106,12 und Matthäus 13,20. Bei diesem Wachwerden für die biblischen Wahrheiten handelt es sich jedoch nur um ein Grundelement des rettenden Glaubens. Zwar werden die Gefühle im Menschen häufiger und leichter angesprochen als sein Intellekt, sie allein werden aber keine Bekehrung bewirken. Die Tatsachen des Evangeliums müssen ebenso verstanden sein.

Hinsichtlich des menschlichen Willens stellt sich der errettende Glaube als ein persönliches Vertrauen auf Christus dar. Dieses zeigt sich darin, daß (1) auf Christus als Erretter vertraut wird, (2) eine Abwendung vom selbstregierten Leben erfolgt, und (3) der Entschluß gefaßt wird, Christus als dem Herrn in Gehorsam nachzufolgen (vgl. Joh. 1,12 und Offb. 3, 20).

Wir haben gesehen, wie eine echte Bekehrung das Ergebnis eines Zusammenwirkens von Buße und rettendem Glauben ist. Die Frage, wie wir dem Jungbekehrten diese Wahrheit am besten weitergeben, bleibt bestehen. Die vorangegangene Erläuterung der genannten Konzepte ist für einen Jungbekehrten offensichtlich schwer zu erfassen. Aus diesem Grund habe ich ein Diagramm entworfen, das bei der Erklärung der Begriffe helfen soll. Wenn ich in der Nacharbeit diese Abbildung gebrauche, so erkläre ich dem Jungbekehrten für gewöhnlich die Prinzipien, die in ihr enthalten sind. Oft gebraucht der Heilige Geist gerade diese Augenblicke, um das Evangelium klarwerden zu lassen.

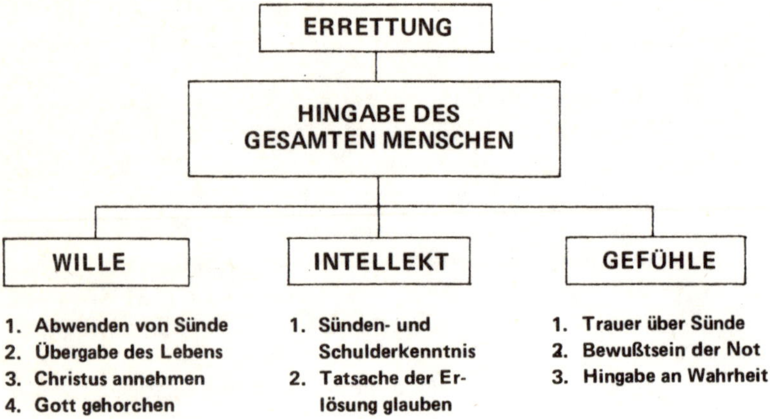


**Abb. 19 Bekehrungs-Diagramm**

Mit Hilfe dieser Abbildung kann ich die Wahrheit der Frohen Botschaft vermitteln, ohne schwerverständliche Begriffe verwenden zu müssen. Viele durften diese Methode schon als hilfreich in ihrer Nacharbeit erfahren.

Kann es neben der Tatsache, daß eine Person noch nicht errettet worden ist, andere Ursachen für das Fehlen von Heilsgewißheit geben? Aus der Erfahrung weiß ich um weitere Gründe. Ich nenne dieselben, ohne sie aber näher auszuführen. Die Mehrzahl der Fälle, in denen keine Heilsgewißheit gefunden wird, gehört dem oben beschriebenen Typ an. Es folgt eine Liste möglicher Ursachen, mit Bibelstellen als Hinweise zum weiteren Studium:

1. Der Jungbekehrte ist nicht bereit, Wiedergutmachung zu leisten (4. Mose 5,6.7).
2. Der Jungbekehrte ist nicht bereit, von einer bestimmten schweren Sünde zu lassen (Spr. 28,13).

3. Der Jungbekehrte ist nicht bereit, seine Bitterkeit gegenüber Eltern/Familie aufzugeben (Hebr. 12,15; Eph. 6, 1.2).
4. Der Jungbekehrte hat ernste seelsorgerliche Nöte.

*Problem 3: Schuld*

Oftmals werden wir in der Nacharbeit Menschen begegnen, die ein Schuldproblem mit sich herumtragen. Ihnen fällt es schwer, tatsächlich Vergebung zu erfahren. Diese Not nimmt unterschiedliche Ausmaße an. In einigen Fällen ist die Lösung recht einfach, in anderen erfordert sie eine angemessene seelsorgerliche Beratung. Wenn letzteres notwendig wird, so hoffe ich, daß Du einen guten Kontakt zu einem kompetenten und befähigten Seelsorger hast. Ich gelange mehr und mehr zu der Überzeugung, daß ergänzend zur persönlichen Nacharbeit qualifizierte, biblisch orientierte Seelsorge nötig ist.

Der erste Schritt zur Bewältigung dieser Schwierigkeit ist, den Jungbekehrten über das zu unterrichten, was das Wort Gottes über das Bekennen der Sünde sagt. Anhang 1 enthält wertvolle Hinweise zu diesem Punkt. Zwei Dinge muß der junge Gläubige erkennen: Anfechtung ist nicht gleich Sünde; Gott hat Vergebung und Reinigung zugesagt. Viele Neubekehrte leiden an Schuldgefühlen, die auf einer falschen Einschätzung der Anfechtungen beruhen.

Irrtümlicherweise wird die Anfechtung mit der Sünde identifiziert. In solch einem Fall muß dargelegt werden, daß die Sünde nicht gleich Anfechtung ist, daß damit gerechnet werden muß, Anfechtungen ausgesetzt zu sein, daß Sieg über die Versuchung in 1. Korinther 10,13 verheißen ist.

Wird diese Wahrheit erst einmal verstanden, ist das Schuldproblem oft schon gelöst. Ein gesundes Verständnis der umfassenden Reinigung, die uns in 1. Johannes 1,9 zugesagt wird, wird den Neubekehrten davor bewahren, sich zu sehr mit sich selbst zu beschäftigen.

Mitunter ist ein fortdauerndes Schuldproblem ein Anzeichen dafür, daß keine Wiedergutmachung geleistet wurde, als Gott darauf hindrängte. Wiedergutmachung beinhaltet nicht nur ein Zurückgeben von unrechtmäßig Erworbenem, sondern auch Versöhnung. In unseren Gesprächen mit Jungbekehrten sollten wir versuchen, herauszufinden, ob es da Personen in ihrem Leben gibt, mit denen sie sich aussöhnen sollten. Matthäus 18,15 betont die Wichtigkeit dieses Schrittes, soll es im Leben des Gläubigen zu echtem geistlichem Wachstum kommen.

Für eine eingehendere Erörterung dieser Wahrheit und ihre Beziehung zu einer effektiven Seelsorge bei Schuldproblemen sei auf das „Handbuch für Seelsorge“ von Jay Adams verwiesen[2].

Schuldprobleme im Leben des Neubekehrten können ebenso Zeichen unvollkommener Buße sein. Vielleicht weigert sich der Jungbekehrte im Verborgenen, eine bestimmte Sünde zu lassen. Dem Betreffenden ist klar zu sagen, daß das Bekennen von Sünde keine Spielerei ist. Es ist hingegen ein geeigneter Weg zur Bewältigung der Sünde, wenn eine echte Abwendung von ihr erfolgt. In Jesaja 55,7 heißt es:

> Der Gottlose verlasse seinen Weg und der auf Frevel Bedachte seine Gedanken und kehre zum Herrn zurück, daß er sich seiner erbarme, und zu unserem Gott, denn er übt reichlich Vergebung.

Sollte das Schuldproblem immer noch fortbestehen, selbst nachdem die vorgeschlagenen Schritte unternommen worden sind, muß der Fall an einen kompetenten Seelsorger weitergeleitet werden. Du hast getan, was Du tun konntest.

Obwohl ich diese Überweisung zur seelsorgerlichen Beratung empfehle, möchte ich doch darauf hinweisen, daß die Schuld, mit der wir hier zu tun haben, eine verführerische Lüge des Satans sein kann, der den jungen Gläubigen dahin bringen möchte, daß er Gottes Liebe und Vergebungsbereitschaft anzweifelt.

### *Problem 4: Mangelnde Disziplin im Bereich der persönlichen Andacht*

Beständigkeit in der persönlichen Andacht ist einer der wichtigsten Bausteine zum geistlichen Wachstum. Durch die stille Zeit erfährt der Jungbekehrte, was es bedeutet, täglich in persönlicher Gemeinschaft mit dem Herrn zu stehen. Mangelnde Beständigkeit in der persönlichen Andacht ist im allgemeinen die direkte oder indirekte Ursache manch einer geistlichen Ineffektivität. Ein solcher Zustand darf nicht über zu lange Zeit fortbestehen. Beständigkeit in Gebet und Bibelstudium muß im Leben des Jungbekehrten sichtbar werden.

Verschiedene Gründe können für die angesprochene Schwierigkeit verantwortlich sein. Da mag zum einen die Motivation zum Bibelstudium fehlen. Vielleicht ist sich der Jungbekehrte auch der Notwendigkeit der persönlichen Stille nicht bewußt. Ihm fehlt das Verständnis für die Rolle des Wortes Gottes, was echtes geistliches Wachstum betrifft. Er hat nie 1. Petrus 2,2 gelesen, wo es heißt: „Und seid wie neugeborene Kinder begierig nach der vernünftigen unverfälschten Milch, damit ihr durch sie wachset zur Errettung."

Echte Motivation ist nicht so sehr Produkt eines „Was" als eines „Warum". Der Jungbekehrte muß erkennen, „warum" die Bibel für sein Wachstum so wichtig ist. 2. Timotheus 3, 16.17 erklärt das „Warum" des Bibelstudiums:

> Alle Schrift ist von Gott eingegeben und nütze zur Lehre, zur Überführung, zur Zurechtweisung, zur Unterweisung in der Gerechtigkeit, damit der Mensch Gottes vollkommen sei, zu jedem guten Werk zugerüstet.

Diese Schriftstelle arbeitet unterschiedliche Anwendungen des Bibelstudiums heraus: Lehre, Überführung, Zurechtweisung, Übung[3]. Die Bibel belehrt uns über den Willen Gottes für unser Leben. Sie weist uns auch zurecht, wenn wir falsch handeln. Nie jedoch bleibt sie im Negativen stehen, sie schreitet vielmehr fort zum Positiven und lehrt uns, wie wir verkehrte Handlungsweisen korrigieren können. Darüber hinaus zeigt sie uns auf allgemeine Weise, was wir tun müssen, damit die Korrektur zur „Unterweisung in der Gerechtigkeit" beiträgt. Wenn ein Jungbekehrter das „Warum" der persönlichen Andacht zu verstehen beginnt, benötigt er oft keine weiteren Ermutigungen zur Beständigkeit.

Auch kann das Fehlen einer Anleitung zur persönlichen Andacht der Grund für mangelnde Beständigkeit auf diesem Gebiet sein. Vielen jungen Christen fehlt ganz einfach das Wissen, wie man eine Zeit der persönlichen Stille einplant. In solch einem Fall wird es kaum nützen, mit Ermahnungen fortzufahren, wenn nicht auch zugleich konkrete Anleitungen gegeben werden. Einige praktische Hinweise, wie das geschehen kann, finden sich in Anhang 1.

Im Rahmen unserer Nacharbeit werden wir jedoch auch Menschen begegnen, die mehr benötigen als Informationen darüber, welche Fragen an einen biblischen Text gestellt werden können und wie man über ihn nachdenkt. Sie zu einem effektiven Bibelstudium anzuleiten macht eine zusätzliche

Hilfestellung durch ein vorgeplantes Studienprogramm, wie es zum Beispiel in Andachtsbüchern und fortlaufendem Bibellesen zu finden ist, nötig.

Ein weiterer Grund für das in diesem Abschnitt angesprochene Problem liegt in mangelnder Selbstdisziplin. Wenn der Jungbekehrte, dem wir nachgehen, sich selbst kaum zum Studium bewegen kann, so ist es wichtig, daß wir feststellen, ob sich dieser Mangel an Selbstdisziplin nur auf die persönliche Andacht erstreckt oder auch weitere Lebensbereiche betrifft.

Tritt er nur bei der persönlichen Andacht auf, kann er verhältnismäßig leicht beseitigt werden, indem man ihn von der Motivation her angeht und der betreffenden Person ein leicht faßbares Andachtsbüchlein gibt, um einer Entmutigung vorzubeugen.

Tritt der Mangel an Selbstdisziplin jedoch auch in anderen Lebensbereichen auf, haben wir es mit einem schwerwiegenderen Problem zu tun, da nun alles darauf hinweist, daß wir es mit gewöhnlicher Faulheit zu tun haben. Obwohl sich der junge Christ nach einer Zeit der persönlichen Andacht sehnt, wird er doch durch seine Faulheit und Trägheit immer wieder davon abgehalten, sie durchzuführen.

In solch einem Fall helfen wir am besten damit, daß wir die Selbstdisziplin nicht nur hinsichtlich des Bereiches der Andacht, sondern auch der übrigen Lebensbereiche zu stärken suchen. Wir haben hier mit einem Problem zu tun, das schwieriger ist und weit mehr Zeit erfordert, als jedes andere, das in Zusammenhang mit der persönlichen Andacht steht[4].

### *Problem 5: Angst vor dem Zeugnisgeben*

Dieses Problem ist ein recht weitverbreitetes. Viele junge Christen und vielleicht auch ebenso viele ältere haben Angst, sich öffentlich zu Christus zu bekennen. Häufig äußert sich diese Angst in einer Angst davor, ein Zeugnis zu geben, denn Zeugnisgeben ist in einem Land, wo so etwas wie Christenverfolgung an sich ungewöhnlich ist, so ungefähr der einzige Weg, auf dem sich eine Person öffentlich zu Christus bekennt.

Es ist wichtig, dieses Problem zu einem frühen Zeitpunkt in der Nacharbeit anzugehen. Der beste Weg ist dabei auch hier, die mögliche Ursache aufzudecken, um dann die biblische Lösung aufzuzeigen.

Bei vielen Jungbekehrten handelt es sich bei ihrer Furcht vor dem Zeugnisgeben um nicht mehr als eine ganz normale Furcht vor dem Gespräch mit einem Fremden. Diese Art von Furcht ist natürlich, besonders dann, wenn jemand von Natur aus schüchtern ist. Selbst Paulus bekannte sie, wie 1. Korinther 2, 3 erkennen läßt: „Und ich war bei euch in Schwachheit und mit Furcht und in vielem Zittern." Mancher kann sich mit genau diesem Gefühl identifizieren.

Die Lösung zu diesem Problem liegt ganz einfach darin, daß wir darauf hinweisen, daß es sich um ein allgemeines Problem handelt, und daß wir betonen, daß Gott denen seine Stärke verleiht, die sie benötigen, um ihm dienen zu können.

Zuzeiten entspringt Furcht vor dem Zeugnisgeben einem Mangel an Anleitung. Viele Christen, junge und alte im Glauben, sind sich nicht sicher, was sie eigentlich sagen sollten. Alles, was in einem solchen Fall getan werden muß, ist, praktische Anleitung zu geben. Gerade für diesen Bereich sind eine Reihe guter Übungsprogramme erhältlich. Verschiedene Bücher über Evangelisation werden in Anhang 2 angeführt.

In einigen Fällen wurzelt die angesprochene Angst vor einem öffentlichen Bekennen zu Christus in einem unbeständigen Lebenswandel, um den auch andere Personen wissen. Hier haben wir es mit dem alten Problem der Heuchelei zu tun, auf das auch der Apostel Paulus in Philipper 1,27 eingeht: „Wandelt nur würdig des Evangeliums des Christus." Beständigkeit im Lebenswandel wird diese Schwierigkeit in den meisten Fällen auflösen.

Gelegentlich kann es auch zu einer echten Angst vor Verfolgung wegen des Bekenntnisses zu Jesus kommen. In solchen Fällen sollten wir uns in dem Gespräch mit dem Gläubigen darauf konzentrieren, daß wir immer wieder betonen, daß die Furcht keinen Raum mehr in unserem Leben hat, wenn Gott auf unserer Seite steht. „Vor Menschen sich scheuen, bringt zu Fall; wer sich aber auf den Herrn verläßt, wird beschützt" (Spr. 29,25). Gott kann den Gläubigen im Angesicht der Verfolgung stärken. Verfolgung kann niemals eine Entschuldigung dafür bieten, daß wir uns in dieser Welt nicht mit Christus identifizieren. Gott kann seinen vollkommenen Willen verwirklichen, selbst inmitten widriger Umstände (vgl. 2. Tim. 2,12; Matth. 10,32.33).

*Problem 6: Zugehörigkeit zu einer geistlich schwachen Gemeinde*

Wenn wir mit der Nacharbeit an einem Jungbekehrten beginnen, entdecken wir oft, daß er schon irgendeiner Lokalgemeinde zugehört. Manches Mal ist diese theologisch liberal, geistlich abgestorben und kalt, also eine schlechte Umgebung für ein „Baby" in Christus. Du stehst dem Dilemma gegenüber, ihn taktvoll in eine neue Gemeinde zu bewegen. Der erste Schritt muß dabei sein, daß wir ihn über die Funktion unterrichten, die der Lokalgemeinde beim geistlichen Wachstum des einzelnen Gläubigen zukommt. In Anhang 1 wird auch auf diesen Punkt näher eingegangen. Oft ist es gerade ein Verstehen von Sinn und Ziel Gottes mit der Gemeinde, das den Jungbekehrten motiviert, in geistlicher Hinsicht bessere Gemeinschaft zu suchen.

Darüber hinaus erweist es sich als gut, herauszufinden, ob der jungbekehrte Gläubige die Fähigkeit besitzt, zur Veränderung einer Gemeinde beizutragen. Was die Jugendarbeit betrifft, verweigern es Eltern ihren Kindern oft, eine andere Gemeinde zu besuchen. Ist dies der Fall in unserer Nacharbeit, sollten wir nicht zum Ungehorsam ermutigen. Wir können versuchen, den Jugendlichen in einen guten Bibelkreis einzubeziehen, der sich außerhalb der Gemeinde trifft. Das ist zwar nicht so gut wie eine direkte Beteiligung am Gemeindeleben, doch immerhin entscheidend besser als überhaupt keine Gemeinschaft und schriftgemäße Unterweisung.

Wenn ein Erwachsener seine Gemeinde nur ungern wechseln möchte, sollten wir nicht hartnäckig darauf drängen, da ihn unser Verhalten sonst leicht in eine Position der Verteidigung hineinmanövrieren könnte, was unsere gesamte Nacharbeit stark beeinträchtigen kann. Das ganze Thema der Gemeindezugehörigkeit ist eine heikle Angelegenheit. Wenn wir nicht vorsichtig und taktvoll vorgehen, kann es geschehen, daß unsere Gemeinde als „Schafdieb" in Verruf gerät.

Obwohl ich davon überzeugt bin, daß es Gottes Wille für einen Jungbekehrten ist, in einer geistlich gesunden Umgebung beheimatet zu sein, so ist doch nicht immer ebenso deutlich, wo sich diese neue Gemeinde befindet. Sicher gilt es als dringendes Gebot, einem Jungbekehrten ernstlich nahezulegen, eine Kultgemeinschaft, Sekte oder auch eine eindeutig liberale Kirche zu verlassen.

Wenn er einem Kult oder einer Sekte den Rücken kehrt, kann er, ohne daß Schwierigkeiten mit anderen Kirchen auftreten, der eigenen Heimatgemeinde zugeführt werden. Versuchen wir, ihn von einer liberalen Kirche wegzuführen, hat es sich als das Günstigste erwiesen, ihn mit einer evangeliumstreuen Gemeinde der eigenen Denomination in Kontakt zu bringen, vorausgesetzt, eine solche ist am Ort vorhanden. Gebrauche Unterscheidungsvermögen und erinnere Dich, daß das Wichtigste letzten Endes das Wachstum des Neubekehrten ist. Wenn das Konflikte mit sich bringt, sollten wir darum keine Schuldgefühle haben.

Erreiche die Veränderung, die Du anstrebst, Schritt für Schritt. Beginne damit, daß Du den Neubekehrten zu solchen Veranstaltungen Deiner Gemeinde einlädst, die nicht mit den regelmäßigen Aktivitäten seiner Gemeinde kollidieren. Wie er mehr und mehr mit einbezogen wird, erkennt er mehr und mehr den Unterschied zwischen guter christlicher Gemeinschaft und dem, was er in seiner eigenen Gemeinde erfährt. Dies wird ihm helfen, den Übertritt zu vollziehen.

Auf gar keinen Fall darf in dieser Sache etwas erzwungen werden. Überlassen wir es doch dem überführenden Dienst des Heiligen Geistes, diesen Bereich der Gemeindezugehörigkeit im Leben des Neubekehrten zu ordnen.

Ich setze voraus, daß der, der in der persönlichen Nacharbeit engagiert ist, selbst einer geistlich gesunden Gemeinde angehört. Ist das nicht der Fall, solltest Du sorgfältig überlegen und analysieren, warum Du eine Gemeinde besuchst, in die Du einen neubekehrten Christen nur ungern einladen würdest.

### *Problem 7: Widerstand seitens der Familie und Freunde*

Einige jungbekehrte Gläubige sehen sich einem aktiven Widerstand gegen ihre Entscheidung seitens der Familie und des Freundeskreises ausgesetzt. Ich habe das schon kurz angesprochen im Kontext des Problems der Verfolgung aufgrund von Zeugnisgeben. Es gibt tatsächlich Menschen, die einer extrem starken Opposition von seiten der ihnen am engsten verbundenen Menschen begegnen, was sie oftmals wieder davon abbringt, Christus nachzufolgen. Wenn die Schwierigkeit an diesem Punkt liegt, muß der Neubekehrte unverzüglich über den Stellenwert unterrichtet werden, den es hat, Christus zu kennen. Beginne, mit ihm die folgenden Schriftstellen zu betrachten:

Aber was irgend mir Gewinn war, das habe ich um Christi willen für Verlust geachtet; ja wirklich, ich achte auch alles für Verlust um der unübertrefflichen Größe der Erkenntnis Christi Jesu, meines Herrn, willen, um dessentwillen ich alles eingebüßt habe und es für Dreck achte, damit ich Christus gewinne (Phil. 3,7.8).

Und ein jeder, der Häuser oder Brüder oder Schwestern oder Vater oder Mutter oder Frau oder Kinder oder Äcker um meines Namens willen verlassen hat, wird hundertfältig empfangen und ewiges Leben erben (Matth. 19,29).

Ist die Quelle des Widerstandes allzu eng mit dem Jungbekehrten verbunden, wird es um so wichtiger, ein freundschaftliches Verhältnis zu ihm aufzubauen und ihn darüber hinaus in Gemeinschaft mit anderen christlichen Freunden zu bringen. Nur so wird die Chance groß genug sein, daß er die Verbindung zu den alten Freunden abbricht.

Das Gebot Gottes, die Eltern zu ehren und zu lieben, gilt für alle Zeiten. Nur dann, wenn Eltern versuchen, ihr Kind dahin zu bringen, daß es den Glauben verleugnet, steht es nicht länger unter der Verpflichtung zum Gehorsam im Blick auf diesen Punkt.

Wenn sich die Tür zur Familie verschließt, sollte das niemals von dem gläubigen Teil ausgehen. Dies würde nur die Wirkungsmöglichkeiten des Evangeliums an den Herzen der restlichen Familienmitglieder einschränken. Halte Dich eng zu dem, der dieser Art von Widerstand ausgesetzt ist, denn er benötigt soviel persönliche Zuwendung und Aufmerksamkeit wie möglich. Bete viel hinsichtlich dieser Schwierigkeit.

### *Problem 8: Glaubwürdigkeit*

Manchmal besteht zwischen dem Jungbekehrten und dem, der ihm im Rahmen der persönlichen Nacharbeit nachgeht, eine Kluft, ein Mangel an Glaubwürdigkeit. Das bedeutet, daß der Jungbekehrte das nicht glaubt und nicht darauf vertraut, was Du ihm sagst. Hier liegt ein schwerwiegendes Problem vor, denn der junge Gläubige muß Dich als Autoritätsperson akzeptieren, damit er die rechte Motivation haben kann, um das anzunehmen und anzuwenden, was Du ihm vermittelst.

Es gibt keine pauschale Antwort auf diese Schwierigkeit, ich habe vielmehr festgestellt, daß mehrere Aspekte zu berücksichtigen sind. Es ist schon schwer genug, zu entdecken, warum jemandem Glaubwürdigkeit fehlt, wieviel schwieriger aber ist es, zu sagen, wie man Glaubwürdigkeit erlangen kann.

In einem geplanten Buch über die Heranbildung von Leiterpersönlichkeiten hoffe ich die Frage der Vertrauenswürdigkeit eingehender zu erörtern. An dieser Stelle will ich lediglich zehn der geläufigsten Faktoren nennen, die zu einem Vorhandensein von Glaubwürdigkeit beitragen. Diese Liste wurde aus Gesprächen mit Vertretern aller Altersgruppen in der Hoffnung erstellt, daß sie unser Nachdenken über diesen wichtigen Bereich anregt.

*Faktoren, die zum Vorhandensein von Glaubwürdigkeit beitragen:*

1. Gute Vorbereitung der Treffen im Rahmen der Nacharbeit.
2. Kenntnis darüber, wo in der Bibel Antworten auf Fragen zu finden sind.
3. Offenheit.
4. Wissen, was Du glaubst und warum Du es glaubst.
5. In der Lage sein, aus der Erfahrung heraus zu antworten und nicht nur aus der Theorie.
6. Frucht bringen im evangelistischen Einsatz.
7. Begeisterung und Freude im Dienst.
8. Sich an das erinnern können, was beim vorangegangenen Treffen besprochen wurde.
9. Beständigkeit im Lebenswandel.
10. Ein vorbildliches Zuhause und gehorsame Kinder.

### *Problem 9: Intellektuelle Nöte*

Ein junger Gläubiger wird manches Mal in der Schulklasse oder in einer Diskussion einem überzeugenden Argument ausgesetzt sein, das sich gegen den einen oder anderen Punkt der christlichen Wahrheit wendet. Angesichts dieses Arguments beginnt er Fragen zu stellen und vielleicht sogar seinen Glauben in Zweifel zu ziehen.

Es ist wichtig, ihm während jener Zeit die nötige Hilfestellung zu geben. Wir dürfen keinesfalls in den Fehler verfallen, seine Fragen oberflächlich zu übergehen, in der Hoffnung, daß er schon selbst damit fertig werden wird.

Als erstes muß einem Neubekehrten eingeprägt werden, daß der christliche Glaube die Fähigkeit hat, jedem Test standzuhalten. Niemand wird dadurch Christ, daß er intellektuellen Selbstmord begeht oder „seinen Verstand an den Nagel hängt".

Der christliche Glaube ist nicht ein „blinder" Sprung ins Unbekannte[5], er gründet vielmehr auf den Tatsachen und der Wahrheit von Gottes Wort. Es gibt logisch gültige Antworten auf fast jede Frage, mit der er nur konfrontiert werden kann. Das sollte dem jungbekehrten Gläubigen unbedingt klar sein.

Zum zweiten ist ihm mitzuteilen, daß sein Glaube kein anderes Fundament haben darf als Christus. Obwohl Antworten auf Fragen wichtig sind, dienen sie doch nur der Verstärkung und Bestätigung jenes wahren Fundamentes, für das sie keinen Ersatz bieten können.

Ist dies erst einmal abgeklärt, wird der Jungbekehrte seinen Glauben auf die Offenbarungswahrheiten des Wortes Gottes gründen, nicht auf philosophische Spekulationen, wie überzeugend diese auch immer klingen mögen.

Weiter ist zu sagen, daß es an sich nicht falsch ist, Fragen zu stellen. Oft sind Fragen sogar Zeichen eines Hungers und Durstes nach Erkenntnis der Wahrheit Gottes. Vermittle dem Jungbekehrten niemals den Eindruck, er dürfe keine Fragen stellen. Das würde sein Wachstum erheblich behindern. Fragen stellen ist an sich nicht falsch. Falsch ist es vielmehr, wenn wir es den Fragen gestatten, Zweifel in unseren Gedanken auszubrüten, Zweifel, die uns schließlich zur Sünde veranlassen. Wir sollen und dürfen Fragen stellen, dabei jedoch immer einen Standpunkt einnehmen, der versucht, eine Bestätigung des Glaubens zu erwarten und ein genauer bestimmbares Bild von ihm zu entwickeln. Gehe sicher, daß der Neubekehrte das verstanden hat.

Der beste Weg zur Beantwortung ernster Fragen ist das Empfehlen einer bestimmten Lektüre und eine sich daran orientierende Diskussion. Zahlreiche hervorragende Bücher zu fast allen Bereichen christlicher Apologetik sind erhältlich. Sie können zu Deiner eigenen Erbauung und zu der des Jungbekehrten beitragen. Anhang 2 gibt eine Liste einiger apologetischer Literatur unterschiedlicher Kategorie.

*Problem 10: Schwierigkeiten betreffs der Lehrgrundsätze*

Einige Jungbekehrte geraten in extreme Auffassungen über bestimmte Bereiche biblischer Lehre und des christlichen Lebens. Dieses Problem kann wegen der geistlichen Unreife des Neubekehrten auftreten. Ein junger Christ ist eine Art Säugling in Gott und existiert wie alle anderen Neugeborenen fast ausschließlich auf emotionaler Ebene. Sein Glaube weist noch wenig an intellektuellem Gehalt auf, was einen idealen Nährgrund für fragwürdige Extrempositionen darstellt.

Der erste Schritt zur Lösung hierbei ist, daß wir den Jungbekehrten in starke biblische Unterweisung einbeziehen. So kommt er zu solider Bibelkenntnis. Das Gelernte wird alsdann zu seiner Festigung beitragen. Gehe mit ihm auch all das durch, was es an unterschiedlichen Lehrmeinungen unter Christen gibt, zum Beispiel was die Auffassungen über Taufe, Kirchenpolitik u. a. betrifft.

Er sollte erkennen können, daß Du nicht so engstirnig bist, um keine Meinungsunterschiede zuzulassen, auf der anderen Seite jedoch, was bestimmte Hauptlehren und Hauptaussagen der Bibel betrifft, die die Grundlage für eine legitime Dogmatik bilden, unwandelbar feststehst. Die Grundlehren des Glaubens benötigen der Verteidigung und die Wahrheiten eines überfließenden Lebens im Glauben müssen gegen außerbiblische Anhängsel geschützt werden.

Rate ihm zur Vorsicht vor dem Besuch von Versammlungen, die außerhalb festgegründeter evangelikaler Gruppen stattfinden. All dies sollte eine Lösung der Schwierigkeiten möglich machen.

*Zusammenfassung*

In diesem Kapitel haben wir eine Reihe von Grundproblemen behandelt. Ich hoffe, daß es ein gewisses Gespür für das vermitteln konnte, was uns in der persönlichen Nacharbeit begegnen kann. Die dargelegten Gedanken sollen die eigene Nachforschung anregen, nicht etwa ersetzen und zur Stagnation beitragen. Wegen des Platzmangels wurden einige kleinere Probleme bewußt ausgelassen. Die beschriebene Methode der Problemlösung soll ganz einfach einige Richtlinien zum Aufdecken eigener Lösungswege geben.

Anmerkungen

1 Zu einem Studium dieser Glaubenslehren ist die Lektüre entsprechender Auszüge aus nachstehenden Werken zu empfehlen:
B. Graham, *Wiedergeburt – wie geschieht das?*, TELOS-Paperback 1977
H. Jochums, *Heilsgewißheit – Kann ich wissen, daß ich in den Himmel komme?*, TELOS-Taschenbuch 1973

2 Jay Adams, *Handbuch für Seelsorge* (Giessen: Brunnen Verlag 1976), S. 59–66; und ders., *Befreiende Seelsorge* (Giessen: Brunnen Verlag, 4. Aufl. 1977), S. 91–108. Enthält die am meisten praktisch orientierte Behandlung dieses Themas, die ich derzeit gefunden habe.

3 Adams, *Befreiende Seelsorge* (Giessen: Brunnen Verlag, 4. Aufl. 1977). Dr. Adams gibt eine gesunde Auslegung von 2. Timotheus 3,16.17 und baut darauf gründend ein System der Seelsorge auf.

4 Vergleiche die Darstellung dieses Themas in: Adams, *Handbuch für Seelsorge*; und ders., *Befreiende Seelsorge*.

5 Eine gute Diskussion darüber, warum viele Menschen das Christentum für einen „Sprung“ blinden Glaubens halten, findet sich bei: Francis Schaeffer, *Preisgabe der Vernunft*, Brockhaus Verlag 1973.

*Kapitel 6*

# Wie man in einem Jungbekehrten das Verlangen nach geistlichem Wachstum weckt

Nachdem wir untersucht haben, wie die in der persönlichen Nacharbeit auftretenden Probleme gelöst werden können, gehen wir nun über zu einer Erörterung der Frage, wie wir bewirken können, daß der jungbekehrte Christ in geistlicher Hinsicht wächst. Die Motivation dafür zu wecken, ist sicherlich der wichtigste Aspekt einer umfassenden Nacharbeit. Der beste Plan der Welt für die persönliche Nacharbeit ist zum Scheitern verurteilt, wenn der junge Christ nicht dazu bewegt werden kann, ihn zu befolgen.

Den Jungbekehrten motivieren zu können, zeichnet eine gute geistliche Führung aus. Wir müssen es schaffen, Menschen dahingehend zu bewegen, daß sie uns nachfolgen, wenn wir mehr als nur dem Namen nach ein Leiter sein wollen.

Dieses Kapitel ist kein erschöpfendes Studium von Beweggründen, sondern eine Erörterung von Faktoren, deren Bedeutung mir klar geworden ist, als ich versuchte und manchmal dabei versagte, Neubekehrte zum geistlichen Wachstum anzuregen.

*Faktor 1: Bete für sie*

Wahre Motivation beginnt mit einer stärkeren Ausrichtung auf die vertikale Ebene als auf die horizontale. Nur Gott kann das Verlangen wecken, in Christus zu wachsen. Durch den überführenden und überzeugenden Dienst des Heiligen Geistes wird ein Mensch am stärksten bewegt, in geistlicher Hinsicht wachsen zu wollen. Die Dynamik dieses inneren Antriebs wird durch unsere Fürbitte in Gang gesetzt. Die Schrift weist eine Fülle von Beispielen für diese Wahrheit auf.

Eine Untersuchung der Evangeliumsberichte läßt erkennen, daß das Gebet eine entscheidende Rolle im irdischen Dienst Jesu gespielt hat. Das beste Beispiel, das uns zugänglich ist und das uns Einblick in den Inhalt seines Gebetslebens gewährt, findet sich im sogenannten hohenpriesterlichen Gebet Jesu aus Johannes 17. Wir erkennen die spezifischen Merkmale einer Fürbitte, die das Ziel verfolgt, den anderen zu motivieren, wenn wir sehen, wie Jesus für das geistliche Wachstum der Jünger, ihre Heiligung und Einheit betete. Dies läßt erkennen, welchen Einsatz das Gebet bei unserem Bemühen findet, in dem Jungbekehrten den Wunsch nach Wachstum in der Beziehung zu Christus zu wecken.

Paulus gibt uns ein weiteres Beispiel für Gebet mit dem Ziel, den Jungbekehrten zum Fortschreiten im geistlichen Bereich zu motivieren. In Kolosser 1,9 lesen wir:

> Deshalb hören auch wir nicht auf, von dem Tag an, da wir es gehört haben, für euch zu beten und zu bitten, daß ihr mit der Erkenntnis seines Willens erfüllt werdet in aller Weisheit und geistlichem Verständnis.

Und in 1. Thessalonicher 3,10 sagt Paulus:

> ... wobei wir Nacht und Tag aufs inständigste bitten, euer Angesicht zu sehen und das zu vollenden, was an eurem Glauben mangelt.

Ein weiteres Beispiel für diese Wahrheit findet sich in 2. Thessalonicher 1,11:

> Deshalb beten wir auch allezeit für euch, daß unser Gott euch würdig erachte der Berufung und alles Wohlgefallen an der Güte und das Werk des Glaubens in Kraft erfülle.

Die Schrift ist voll von Beispielen, die die wichtige Rolle, die das Gebet bei der Motivierung spielt, unterstreichen. Ein Grund dafür ist die Wichtigkeit, das Wirken des Heiligen Geistes zu erbitten. Darüber hinaus läßt die Fürbitte unsere innere Last für den Neubekehrten wachsen.

In den Jahren meines Dienstes habe ich herausgefunden, daß die Person, für die ich beständig betete, die war, für die ich auch am stärksten eine Last verspürte. Ich betete aus Glauben und Gehorsam dem Wort Gottes gegenüber, und während ich dies tat, entwickelte sich eine Bürde für ihr Leben. Diese Last für die Person, um die wir uns im Rahmen der persönlichen Nacharbeit bemühen, spielt eine entscheidende Rolle für die anderen Faktoren, die eine Motivation in ihrem Leben hervorrufen und die wir betrachten wollen.

Unser Gebet und unsere Fürbitte lassen es nämlich nicht nur im Leben des jungen Gläubigen zu einem inneren Antrieb kommen, sondern lassen auch in uns selbst eine Last für den anderen entstehen. Erinnern wir uns an Jakobus 5,16: „Viel vermag eines Gerechten Gebet in seiner Wirkung."

*Faktor 2: Liebe sie*

Liebe ist ein weiteres grundlegendes Werkzeug, mit dessen Hilfe eine Motivation für geistliches Wachstum im Leben des Jungbekehrten bewirkt werden kann. Die überaus wichtige Rolle, die die Liebe in der Nacharbeit spielt, wurde schon bei der Untersuchung ihrer Beziehung zu den anderen Aspekten der persönlichen Nacharbeit betont. Ebenso trägt sie entscheidend zur Motivierung bei, insofern sie sich auf fast jeden der Faktoren auswirkt, die eine Motivation hervorrufen.

Die Art von Liebe, die Menschen motivieren wird, ist am anderen interessierte, selbstlose Liebe. Philipper 1,8–10 stellt die gedankliche Verbindung zu der von Paulus stark betonten Wichtigkeit von Liebe bei der Motivierung zu geistlichem Wachstum her:

> Denn Gott ist mein Zeuge, wie ich mich nach euch allen sehne mit der herzlichen Liebe Jesu. Und um dieses bete ich, daß eure Liebe noch mehr und mehr überströme in Erkenntnis und aller Einsicht, damit ihr prüft, was das Vorzügliche sei, damit ihr lauter und unanstößig seid auf den Tag Christi, erfüllt mit Frucht der Gerechtigkeit, die durch Jesus Christus gewirkt wird, zur Herrlichkeit und zum Lobpreis Gottes.

Beachte, daß diese Liebe zwei Dimensionen aufweist, die beide von Paulus erwähnt werden. Da ist als erstes die persönliche Dimension. Gott muß uns eine Liebe für den Jungbekehrten schenken. Die Quelle dieser Liebe ist in Gott, was Schriftstellen wie Römer 5,5 und Galater 5,22 deutlich lehren.

Das Ziel, nach dem wir uns ausstrecken, sollte sein, mit Paulus sagen zu können, daß wir uns „nach euch allen sehnen mit der herzlichen Liebe Christi Jesu". Dieser Art von Liebe begegnen wir in den Berichten der Evangelien über Jesu Leben. In 1. Korinther 13,4–8 wird sie ausführlich in ihren Attributen beschrieben. Es ist die *Agape* – Liebe, die allein von Gott kommt.

Die zweite Dimension dieser Liebe ist die wechselseitige Liebe, zu der es zwischen den Jungbekehrten und uns kommt. Paulus betet, daß „eure Liebe noch mehr und mehr überströme". Wahre motivierende Liebe ist am besten an ihrer Fähigkeit, zurückzuwirken, die sie entfaltet, zu erkennen. Unsere Liebe sollte von dem Neubekehrten aufgenommen und erwidert werden. Nicht jeder wird auf die gleiche Weise auf unsere Liebe reagieren. Wenn jedoch die Erwiderung von Liebe überhaupt ausbleibt, sollten wir so weise sein, unser Leben zu untersuchen und zu prüfen, ob wir an irgendeinem Punkt im Unrecht oder einem Fehler verfallen sind.

Diese interessierte, selbstlose und Motivation im Leben des Jungbekehrten hervorzubringende Liebe kann sich auf verschiedene praktische Weisen zeigen. Zum einen wird sie uns davor bewahren, einen Jungbekehrten vorschnell aufzugeben – oder den Eindruck zu erwecken, daß wir dies tun –, wenn er Probleme hat. Sehr wahrscheinlich war Jesus während seines Dienstes oft über die Zwölf entmutigt, doch hat er sie niemals aufgegeben.

Ein Neubekehrter benötigt Ermutigung statt Entmutigung. Um erfolgreich darin zu sein, ihn zu geistlichem Wachstum zu motivieren, ist es nötig, die Frucht der Geduld und Langmut zu entwickeln. Ein Kind läuft noch nicht gleich beim ersten Versuch oder ohne Übung. Auf die gleiche Weise ist das Wachstum des jungen Gläubigen durch hin und wieder auftretendes Stolpern charakterisiert.

Zum anderen wird man die selbstlose Liebe daran erkennen, daß sie dem Jungbekehrten das Recht zugesteht, Fehler zu machen. Vielleicht hast Du in Deinem Leben manchen Fehler begangen, räume ihm dieselbe Freiheit ein. Ich mache nicht den Vorschlag, seine Fehler zu übersehen, sondern ihnen gegenüber nicht aufzugeben. Lerne, Dich in Liebe mit ihnen auseinanderzusetzen.

Es bringt wenig Gutes, ärgerlich über den Jungbekehrten zu werden. Mit Freundlichkeit und Strenge zurechtweisen ist der Schlüssel zum Erfolg. Eine Wahrheit, die Paulus in 1. Thessalonicher 2,7 beschreibt: „. . . sondern wir sind in eurer Mitte zart gewesen, wie eine stillende Mutter ihre Kinder pflegt."

Die Wichtigkeit einer strengen Korrektur verbunden mit Liebe wird auch aus 2. Timotheus 2,24–26 ersehen. Jesus räumte den Jüngern das Recht ein, Fehler zu begehen, doch wies er sie auch immer zurecht und lehrte sie, ein wiederholtes Auftreten der Schwierigkeit zu vermeiden. Dies war echte Demonstration einer Liebe, die zur Motivation beiträgt.

Ein weiterer praktischer Weg, auf dem wir unsere Liebe ausdrücken können, findet sich in einem guten Kennenlernen des Jungbekehrten. Dies ist aus zwei Gründen wichtig. Zum einen werden wir viel intelligenter hinsichtlich seiner Nöte beten können, zum anderen beweist unser Wunsch, ihn besser kennenzulernen, unser aufrichtiges Interesse an seiner Person, das, wie in Kapitel 3 ausgeführt wurde, der entscheidendste Punkt beim Aufbau einer Beziehung ist. Erinnern wir uns an 1. Johannes 4,19: „Wir lieben, weil er uns zuerst geliebt hat."

### *Faktor 3: Sei ein Beispiel in der Beständigkeit*

Ein weiterer Motivation erweckender Faktor ist eine Beständigkeit in der Lebensführung auf seiten der Person, die die Nacharbeit durchführt. In Kapitel 2 und 3 haben wir schon die Bedeutung des Beispiels und seinen Beitrag zur Erbauung des Neubekehrten untersucht. Darum können wir darauf verzichten, diesen Aspekt weiter herauszuarbeiten. Hinsichtlich der erstrebten Motivation spielt die Beständigkeit des Lebens wegen der Wirkung des Identifikationsvorganges eine große Rolle.

Der jungbekehrte Gläubige wird sich natürlicherweise mit Dir zu identifizieren suchen in vergangenen und gegenwärtigen Erfahrungen. Wenn Dein Leben Beständigkeit zeigt, gibt es dem Jungbekehrten echte Hoffnung. Wenn er dem Kampf begegnet, das alte Wesen und seine Gewohnheiten abzulegen und das neue mit seinen veränderten Einstellungen und Verhaltensweisen anzunehmen, ist es wichtig, daß er Hoffnung auf Umgestaltung haben kann. Hoffnung ist ein Schlüssel zum Wachstum des Christen, da sie die Geduld und Ausdauer bewirkt, die für eine länger andauernde Auseinandersetzung erfordert ist[1]. In diesem Fall wird die Hoffnung dadurch geweckt, daß der Jungbekehrte sieht, wie Du in Deinem Leben den Sieg über ein bestimmtes Verhalten oder eine Einstellung erhalten hast. Das gibt ihm Hoffnung auf einen Sieg auch in seinem Leben.

Wenn der Neubekehrte erkennt, wie Du im Glauben gereift bist und welchen Weg er noch vor sich hat, wird ihn die Beständigkeit Deines Lebens motivieren, die Disziplin zu bewahren, die notwendig ist, damit es auch in seinem Leben zu einer echten Umgestaltung kommt.

Dies ist keineswegs, was ich herauszufinden erwartet hatte. Vielmehr war ich früher der Meinung, daß es zu einer Entmutigung führt, wenn ihm angesichts des von mir erreichten Standes geistlicher Reife bewußt wird, welch langer Weg ihm noch bevorsteht. Das war offensichtlich nicht der Fall und wie ich glaube, aus zwei Gründen. Zum einen habe ich nie einen Stand geistlicher Reife erlangt, der andere aus Scheu oder Ehrfurcht versagen ließ – oder war dies irgendwann bei irgend jemandem der Fall? Zum anderen ist es tatsächlich so, daß geistliche Reife Motivation wachruft.

Aus eigener Erfahrung kann ich sagen, daß die Zeit, die ich mit echten Glaubensheiligen verbringen durfte, die Zeit war, die mich am stärksten motivierte, auch in meinem Leben einen Stand geistlicher Reife zu erreichen. Erinnern wir uns an 1. Timotheus 4,15.16 und schenken wir der Beziehung zwischen Beständigkeit und dem, was sie im Leben anderer für Resultate bringt, unsere besondere Aufmerksamkeit:

> Bedenke dies *sorgfältig; lebe darin,* damit *deine Fortschritte allen offenbar seien. Habe acht* auf dich selbst und auf die Lehre; beharre in diesen Dingen; denn wenn du dies tust, so *wirst du sowohl dich selbst erretten als auch die, die dich hören.* (Kursivierungen vom Autor.)

### *Faktor 4: Schenke Anerkennung*

Anerkennung spielt ebenfalls eine Rolle bei der Motivierung des Neubekehrten. Ich möchte an dieser Stelle praktische Wege aufzeigen, wie dies geschehen kann.

Um damit anzufangen, gib Dir Mühe, den Neubekehrten beständig in seinen geistlichen Aktivitäten zu ermutigen. So solltest Du ihn zum Beispiel wissen lassen, wenn er ein gutes Zeugnis gegeben hat. Laß ihn wissen, daß Du Dir des Fortschritts bewußt bist, den er in seinen evangelistischen Einsätzen macht.

Dies wird der Neubekehrte schätzen lernen, es wird ihm mehr Vertrauen geben und ihn zu weiteren und größeren Engagements ermutigen. Die Zuversicht, die so erlangt wird, ist wichtig. Wieder ist es die Erfahrung, die mich gelehrt hat, daß ein Mangel an Zuversicht für viele Christen eine echte Barriere sein kann, beständig in evangelistische Einsätze einbezogen zu werden.

Anerkennung muß zweidimensional sein. Damit meine ich, daß wir nicht nur eine Anerkennung für die positiven Dinge zeigen, sondern den Jungbekehrten auch mit den Problembereichen seines Lebens konfrontieren sollten. Wir dürfen keine Angst haben, ihm mitzuteilen, daß er bessere Arbeit hätte leisten können. Doch ein Wort sei zur Vorsicht angefügt. Wann immer Du einen Neubekehrten mit Negativem konfrontierst, füge auch einen konkreten Rat zur Lösung seiner Schwierigkeit hinzu.

Ein zweiter Weg, auf dem Anerkennung gezeigt werden kann, ist der, daß wir deutlich auf das reagieren, was der Jungbekehrte im Wort Gottes entdeckt hat, selbst, wenn Du diese spezielle Wahrheit schon kennst. Diese Art von Anerkennung wird weitgehend dahin wirken, daß der jungbekehrte Gläubige in seiner persönlichen Andacht beständig wird.

Das Schlimmste, was Du tun könntest, wäre, daß Du auf seine Entdeckung antwortest, Du seist froh, daß er diese Wahrheit, die Dir ja schon seit Jahren vertraut sei, endlich auch erkannt habe. Wenn Du so antwortest, wirst Du tatsächlich jegliche Motivation zum Bibelstudium auslöschen. Er wird den Eindruck gewinnen, es sei besser, alles von Dir zu erlernen, als die Zeit mit eigenständigem Bibelstudium zu verbringen.

Doch Du kannst *in Wahrheit* begeistert auf das reagieren, was Dir der Neubekehrte mitteilt, denn es ist ein Zeichen dafür, daß er die Bibel selber zu studieren begonnen hat.

Eine dritte Möglichkeit, Anerkennung als Mittel zu gebrauchen, um Verlangen nach geistlichem Wachstum hervorzurufen, besteht darin, ihn wissen zu lassen, daß Du weißt, was er macht. Nichts motiviert einen Menschen mehr als das Wissen, daß ein anderer genau weiß, wo er sich befindet und was er macht. Dies gilt insbesondere im geistlichen Bereich.

Hierin lag auch das Geniale der sogenannten „Class Meeting" der Wesleyanischen Erweckung in England. Jedes Mitglied würde den anderen kontrollieren, um einander auf einer Linie zu bewahren. Dies geschah nicht aus fleischlichen Motiven heraus, sondern weil jedes Mitglied erkannt hatte, daß dies dabei helfen würde, in Christus zu wachsen, und wünschten es von daher. Paulus legte Wert darauf, darüber informiert zu sein, was in den verschiedenen Gemeinden vor sich ging, und er ließ die Glaubensgeschwister wiederum wissen, daß er es wußte. Seine Briefe zeugen davon.

Noch eins muß in bezug auf die Anerkennung gesagt werden. Sie hat nichts mit Schmeichelei zu tun, die als ein nicht zu rechtfertigendes, ungerechtfertigtes und unwahrhaftiges Lob definiert werden kann. Schmeichelei trägt nie zur Erbauung des Neubekehrten bei, befriedigt vielmehr seine sündhafte Selbstgefälligkeit. Schmeichelei ist Sünde, das wird klar aus Psalm 12,2.3; Sprüche 28,23; 29,5. Schmeichelei motiviert zu nichts anderem als zur Sünde. Bedenke die Worte aus Kolosser 2,5:

> Denn wenn ich auch dem Leib nach abwesend bin, so bin ich doch im Geist bei euch, freue mich und sehe eure Ordnung und die Festigkeit eures Glaubens an Christus.

*Faktor 5: Gib Zurechtweisung, wenn es nötig ist*

Die negative Dimension der Anerkennung wurde eben schon angesprochen. Ich würde die Rolle der Zurechtweisung gern in ihren Einzelheiten untersuchen, denn des öfteren werden wir in unserer Nacharbeit das geistliche Messer ansetzen müssen (Hebr. 4,12).

Ein Jungbekehrter wird dadurch zurechtgewiesen, daß man ihn anhand der Bibel überzeugt, daß seine Einstellung oder Handlung falsch ist. Dieser direkten Konfrontation folgt eine ausführliche Darlegung der Wichtigkeit der Buße, der Wichtigkeit, sich von der Sünde abzuwenden, sie zu lassen und zu bekennen. Für eine eingehendere Betrachtung dieser seelsorgerlichen Praxis sei auf das „Handbuch zur Seelsorge" von Jay Adams verwiesen[2]. Sie in diesem Zusammenhang weiter auszuführen, würde den Rahmen dieses Kapitels sprengen.

Es ist wichtig, sich zu vergegenwärtigen, daß es schmerzlich sein kann, die Person zurechtzuweisen, die wir in unserer Nacharbeit betreuen. Doch wenn diese Konfrontation auch schwerfällt, auf lange Sicht wird sie für eine echte Umwandlung unumgänglich sein.

Ich habe entdeckt, daß man leicht vergessen kann, daß geistliches Wachstum Disziplin erforderlich macht. Doch die Bibel macht eindeutige Aussagen hinsichtlich dieses Punktes (vgl. Röm. 15,14; Kol. 3,16; 2. Thess. 3,16; etc.).

Wenn wir zurechtweisen, so schwer es uns auch fällt, beweisen wir unsere Bereitschaft, auch schwierige Dinge auf uns zu nehmen, um dem Jungbekehrten im Wachstum als Christ weiterzuhelfen. Hebräer 12, 11 deutet darauf hin, daß uns alle

Züchtigung für die Gegenwart nicht Freude, sondern Traurigkeit zu sein scheint. „Nachher aber gibt sie denen, die durch sie geübt sind, die friedsame Frucht der Gerechtigkeit."

*Faktor 6: Strebe nach effektiver Kommunikation*

Gute Ausbildungs- und Übungsverfahren liefern einen lebendigen Beitrag zur Motivierung des Neubekehrten. Ich beabsichtige nicht, all das auszuarbeiten, was zur Methodologie einer effektiven Ausbildung gehört. Ich möchte nur einige praktische Hilfen nennen, die zu einem mehr motivierenden, lehrhafteren Dienst in unserer Nacharbeit beitragen. Wenn auch diese Punkte wiederum nicht erschöpfend sind, so stimmt es doch, daß sich die hier genannten im Rahmen meiner persönlichen Jüngerschaftsarbeit mit Menschen aller Altersgruppen als wichtig erwiesen haben.

*1. Bereite Dich sorgfältig auf das vor, was Du lehren willst.* Dies betrifft im wesentlichen die Phase thematisch durchstrukturierter Nacharbeit, die in Kapitel 7 genannt wird. Eine Grundregel zur Vorbereitung lautet: verbringe drei Stunden im Studium und sei in der Lage, fast doppelt so viel an Informationen mitzuteilen, wie Du für ein dreißigminütiges Treffen weiterzugeben geplant hast. Das wird Selbstvertrauen in Dir wecken hinsichtlich Deiner Fähigkeit, die Fragen, die möglicherweise auftauchen, zu beantworten.

Ein Problem, das sich während meiner Übungsstunden beständig ergibt, betrifft das Fragenstellen. Die in Anhang 1 gegebenen Ausarbeitungen zu den einzelnen Treffen im Rahmen der Nacharbeit wurden so verfaßt, daß Du mehr über eine gewisse Wahrheit kennen als über sie weitergeben wirst. Dies wird 90% der Schwierigkeiten auflösen.

Die Erfahrung wird weitere 9 % lösen, und einige Fragen wird es immer geben, die Du nicht beantworten kannst.

Durch eine gute Vorbereitung wirst Du für den Neubekehrten glaubwürdig werden. Die damit verbundenen Vorteile und positiven Auswirkungen sind offensichtlich (vgl. die Darstellung der Glaubwürdigkeit in Kapitel 5).

*2. Laß Deine Belehrung persönlich anwendbar sein.* Dies kostet einige Anstrengung, wird jedoch die Möglichkeit bleibender Veränderung im Leben des Neubekehrten vergrößern. Es ist normalerweise leicht, allgemeine Wahrheiten und Prinzipien Gottes aufzuwerfen, wenn wir die Bibel studieren. Es wird schon etwas schwieriger, diese auf das eigene Leben anzuwenden. Extrem schwer wird es jedoch, Vorschläge für ihre Anwendung im Leben der Person zu machen, der wir nachgehen.

Nur dann, wenn wir den Betreffenden wirklich gut kennenlernen, werden wir vertraut genug mit seiner Not sein, um unsere Belehrung persönlich anwendbar werden zu lassen. Jakobus 1,22 fügt sich hier gut ein: „Seid aber Täter des Wortes und nicht allein Hörer, die sich selbst betrügen." Suche zu vermeiden, daß Gottes Wort keine Anwendung im Leben des Neubekehrten findet. Erinnern wir uns an Hebräer 5,11–14:

> Darüber haben wir viel zu sagen, und es läßt sich schwer darlegen, weil ihr im Hören träge geworden seid. Und während ihr der Zeit nach Lehrer sein solltet, habt ihr wieder nötig, daß man euch lehre, was die Anfangsgründe der Aussprüche Gottes sind; und ihr seid solche geworden, die Milch nötig haben und nicht feste Speise. Denn jeder, der noch Milch genießt, ist richtiger Rede unkundig, denn er ist ein Unmündiger; die feste Speise aber ist für Erwachsene, die infolge der Gewöhnung geübte Sinne haben zur Unterscheidung des Guten wie auch des Bösen.

*3. Lerne verbale und nichtverbale Rückwirkung zu unterscheiden,* zu der es während eines Treffens im Rahmen der Nacharbeit kommt. Hierzu ist es wichtig, ein guter Zuhörer zu sein. Die verbale Rückwirkung liefert einen guten Anhaltspunkt, wie der neubekehrte Christ das verstanden hat, was Du ihn gelehrt hast.

Stellt er klärende Fragen über die geistlichen Wahrheiten, die Du ihm mitteilst? Scheint er enttäuscht von den Anwendungen, die Du vorgeschlagen hast? Verrät er eine Unfähigkeit, einige der grundlegenden Glaubenswahrheiten zu verstehen?

Diese und andere Hinweise gelangen zu Dir in Form von Äußerungen während eines Gesprächs. Die von ihm vorgebrachten Fragen sollten Dich aufmerksam werden lassen auf Bereiche, in denen Deine Belehrung das gewünschte Resultat vermissen läßt.

Die nichtverbalen Anhaltspunkte bieten Einblick in die Problembereiche des Neubekehrten. Entrüstung, Nervosität, Erröten, Spannungsmomente, Ausflüchte, Themenwechsel etc. werden klar die Zentralbereiche Deiner Seelsorge erkennen lassen. Als Ergebnis dieser Sensitivität kannst Du dann bei dem Grundproblem und den Mißverständnissen selbst ansetzen. Deine Fähigkeit auf diesem Gebiet wird Deine Vertrauenswürdigkeit erhöhen und Dich dem Ziel, den Jungbekehrten in seinem Wunsch nach geistlichem Wachstum zu verstärken, um einen weiten Schritt näherbringen.

*4. Gib spezifische und brauchbare Anweisungen.* Nichts kann so frustrierend, niederdrückend und lähmend für einen Neubekehrten sein als Schwierigkeiten bei der Anwendung Deiner Anweisungen. Das gilt besonders dann, wenn sich Deine Nacharbeit darauf konzentriert, dem Jungbekehrten Anweisungen hinsichtlich des persönlichen Studiums zu geben.

Spezifische Anweisungen zu geben und diese schriftlich niederzulegen ist ein Schlüssel zum Vermeiden von Mißverständnissen. Das wird sich jedoch als nicht so leicht erweisen, ist es doch auch viel einfacher, allgemeine Anweisungen zu geben.

Ferner ist darauf zu achten, daß die Ratschläge, die wir geben, durchführbar sind. Ein Jungbekehrter wird entmutigt werden, wenn er fortwährend nicht fähig ist, das auszuführen, was Du ihm zu tun geraten hast. Sei gewiß, daß Du die Variablen der Unreife, der mangelnden Disziplin und Motivation mit in Betracht gezogen hast, bevor Du Handlungsanweisungen in der Nacharbeit gibst. Und vor allem, sei realistisch!

### *Faktor 7: Erwarte Ergebnisse*

Es ist wichtig, eine Atmosphäre der Erwartung hinsichtlich der Motivation zu schaffen. Dabei wird unsere innere Einstellung entscheidend zum Schaffen dieser Atmosphäre beitragen. Erwartest Du wirklich, daß der Neubekehrte beginnen wird, in Christus zu wachsen und ein wirksames Glied im Reich Gottes zu werden? Deine innere Haltung wird viel dazu beitragen, sein Wachstum anzuregen.

Wenn Du gar nicht richtig erwartest, daß er erwachsen wird und sein Leben Frucht bringt, dann sind die Chancen groß, daß dies in seinem Leben nicht geschieht. Beachte die Haltung der Erwartung, die Paulus in Römer 15,14 ausdrückt: „Ich bin aber, meine Brüder, auch selbst im Blick auf euch überzeugt, daß auch ihr selbst voll Güte seid, erfüllt mit aller Erkenntnis, fähig, einander zu ermahnen."

Jesus erwartete einen fruchtbaren Dienst seitens seiner Jünger. In dieser Erwartung ging er soweit, daß er die Zukunft der Kirche von ihrer Treue abhängig machte. In Matthäus 4, 19 sagt er: „Kommt mir nach, und ich *werde* euch zu Menschenfischern machen." Und in Johannes 15, 16 weist er darauf hin: „Ihr habt nicht mich erwählt, sondern ich habe euch erwählt und euch gesetzt, daß ihr hingeht und Frucht bringt und eure Frucht bleibe."

Es ist entscheidend, daß wir in unserer Nacharbeit Ergebnisse erwarten. Laß diese Erwartung mehr als eine innere Einstellung werden und in Handlungen übergehen, zum Beispiel indem Du dem Neubekehrten Verantwortung überträgst.

Gib ihm Verantwortung, die ihn im Glauben herausfordert und ihn zwingt, sich an Gott um Hilfe zu wenden. Ich habe herausgefunden, daß die beste Verfahrensweise in der Nacharbeit die ist, jemanden so *weit* und so *schnell* wie möglich nach vorn zu drängen. Eine Fehleinschätzung, bei der man zuviel Verantwortung überträgt, ist besser als eine, in der man zuwenig Verantwortung überträgt.

Die Weitergabe von Verantwortung fördert die Entwicklung eines belehrbaren Geistes im Jungbekehrten. Ein Beispiel soll die Wahrheit hiervon verdeutlichen.

Während meiner Arbeit mit „Campus für Christus" entdeckte ich einen Trick, der von den linksgerichteten Gruppen auf dem Campus angewandt wurde. Wenn eine neue Person ihrer Organisation beitreten wollte, wurde sie zuerst einem Test unterzogen. Dieser bestand darin, daß der Betreffende mit Verteilschriften in einen bestimmten Stadtteil geschickt wurde. Was dieser Person dabei verschwiegen wurde, war die Tatsache, daß es sich bei jenem Stadtbezirk um den Lieblingstreffpunkt extrem rechtsgerichteter Studentengruppen handelte. Es braucht nicht weiter gesagt zu werden, daß der Mitgliedsanwärter dieser linken Gruppe dort sozusagen zu Brei geschlagen wurde. Wenn er dann, zerschlagen und zerschunden, zu den linksgerichteten Führern zurückkehrte, dann war er *sehr* leicht belehrbar. Nach einer solchen Erfahrung war er erst recht bereit, das zu hören und zu befolgen, was sie sagen würden, wie bei solchen Angelegenheiten in Zukunft zu verfahren sei.

Ich schicke neubekehrte Christen oft hinaus, damit sie mit Worten „geschlagen" werden und mit einem belehrbaren Geist zurückkehren. Selten hat dieser Vorgang bisher entmutigt, er hat vielmehr motiviert, mehr zu lernen! Bilde sie aus, sende sie aus und erwarte Ergebnisse.

*Faktor 8: Entwickle klare Zielvorstellungen*

Viele beginnen die Nacharbeit ohne eine klare Vorstellung von dem, was sie im Leben des Jungbekehrten zu erreichen suchen. Es ist aber wichtig, in der Nacharbeit spezielle Ziele zu verfolgen. Denn nur so können wir unsere Energien auf ein Programm zum Erreichen derselben konzentrieren. Kapitel 4 hat davon gesprochen.

Diese angesprochenen Zielvorstellungen sollen keine Zwangsjacke für die Nacharbeit sein, noch betrüben oder löschen sie die Leitung des Heiligen Geistes. Sie sollen zu einer größeren Freiheit beitragen, denn mit ihnen und durch sie wissen wir, was wir wollen. Mit klaren Zielvorstellungen können wir auch besser unterscheiden, was im Leben des Neubekehrten eine Umwandlung erfahren muß, damit es zu echter geistlicher Reife kommt.

Klar abgesteckte Ziele geben Dir Gelegenheit, systematisch bei der Mitteilung geistlicher Wahrheiten vorzugehen. Ein systematisiertes, gut vorausgeplantes Programm der Nacharbeit wird weitaus größere Effektivität bei der Stabilisierung eines jungen Christenlebens beweisen als eines, das aus dem Stegreif gewonnen wird und womöglich grundlegende Wahrheiten übersieht und unberücksichtigt läßt.

Ziele festsetzen und Planen sind zwei Grundelemente von Führungsrolle und Leiterschaft. Webster definiert Leiterschaft als ein „Aufzeigen des Weges", als das „Führen und Leiten der Schritte eines anderen". Diese Definition beinhaltet einige Prinzipien für die geistliche Leiterschaft in der persönlichen Nacharbeit.

Als erstes schließt sie Belehrung als einen Teil des Aufzeigens, Führens und Leitens mit ein. Zum zweiten beinhaltet diese Definition, daß Du weißt, wo sich jemand befindet und wohin Du ihn bewegen willst, was ein klarer Hinweis auf das Festlegen von Zielen und den Aufbau einer persönlichen Beziehung ist. Drittens beinhaltet die Definition, daß Dir bewußt ist, wo Du stehst und in welche Richtung Du Dich bewegst. Ein Grundfaktor bei der Zielsetzung für andere ist, daß dieselben Ziele schon für unser eigenes Leben gesetzt worden sind.

Wir müssen zuerst für uns selbst die Ziele klar umrissen haben und dann in der Lage sein, sie anderen mitzuteilen. Dies ist der alleinige Weg, um sicher zu gehen, daß sich andere in der Richtung entwickeln, die wir für die richtige halten.

Die Grundfrage, die Du beantworten mußt, ist folgende: „Was sind meine Ziele, meine persönlichen und die in meinem Dienst der Nacharbeit?“ Es ist entscheidend, daß Deine Ziele biblisch sind. Ein Studium der Ziele des Paulus mag an dieser Stelle hilfreich sein. Er arbeitet sie in Kolosser 1,28.29 heraus:

> Ihn verkündigen wir, indem wir jeden Menschen ermahnen und jeden Menschen in aller Weisheit lehren, um jeden Menschen vollkommen in Christus darzustellen; wozu ich mich auch bemühe und kämpfend ringe gemäß seiner Wirksamkeit, die in mir wirkt in Kraft.

Und in Kolosser 2,2.3 werden praktische Ziele angesprochen:

> . . . damit ihre Herzen getröstet werden, vereinigt in Liebe und zu allem Reichtum an Gewißheit des Verständnisses zur Erkenntnis des Geheimnis Gottes, das ist Christus, in dem alle Schätze der Weisheit und Erkenntnis verborgen sind.

*Faktor 9: Teilhabe*

Teilhabe ist ein Faktor bei der Motivation, der so offensichtlich ist, daß ich zögere, ihn hier mitzuteilen. Doch der Vollständigkeit halber will ich es tun. Teilhabe ist tatsächlich ein stark motivierender Faktor. Die säkulare Gesellschaft bietet dafür viele Beispiele. Ist zum Beispiel ein Armeeoffizier bei seiner Truppe im Kampf, verstärkt das ihre Motivation zum Kämpfen entscheidend. Während betriebsamer Stunden im Geschäft wird ein Abteilungsleiter, der bei der Arbeit mit einspringt, entdecken, daß seine Mitarbeiter eher motiviert sind, ohne Widerstreben härter und länger zu arbeiten.

Paulus gebrauchte Teilhabe und Teilnahme als grundlegendes Mittel, um die Christen, mit denen er arbeitete und denen er diente, dahingehend zu bewegen, die Dinge zu tun, wovon er glaubte, daß es richtig sei. Dies berührt noch einmal den Punkt des Beispiels, zeigt jedoch einen etwas unterschiedlichen und mehr praktischen Aspekt. In 2. Timotheus 3,10.11 sagt Paulus, als er Timotheus zu motivieren suchte, aggressiv und offensiv als Christ zu sein: „Du aber bist genau meiner Lehre gefolgt, meinem Lebenswandel, meinem Vorsatz, meinem Glauben, meiner Langmut, meiner Liebe, meinem Ausharren, meinen Verfolgungen, meinen Leiden, die mir in Antiochien, in Ikonium, in Lystra widerfahren sind. Diese Verfolgungen ertrug ich, und aus allen hat der Herr mich gerettet." Philipper 4,9 weist ebenso klar auf diese Wahrheit hin: „Was ihr auch gelernt und empfangen und gehört und an mir gesehen habt, das tut, und der Gott des Friedens wird mit euch sein."

Tu selbst das, was Du den Jungbekehrten zu tun bittest. Eine Liste könnte an diesem Punkt von Nutzen sein. Die nachfolgende nennt eine Reihe von Handlungen und Einstellungen, die im Leben des Neubekehrten wichtig sind – und ebenso in unserem eigenen.

| Handlungen | Einstellungen |
|---|---|
| 1. Zeugnisgeben | 1. Last für die Verlorenen |
| 2. Andacht | 2. Liebe |
| 3. Gemeinschaft | 3. Glaube |
| 4. Haushalterschaft | 4. Hoffnung |
| 5. Gehorsam | 5. Geduld |
| 6. usw. | 6. usw. |

*Faktor 10: Begeisterung*

Die Äußerung unserer Begeisterung als ein Element, das Motivation bewirkt, geschieht oft mehr durch das Vorbild als durch die Ermahnung. Die Motivation, die unsere Begeisterung über das Leben als Christ bewirkt, ist ein Ergebnis dessen, wie sehr wir persönlich von unserem Glauben begeistert sind. Welch unglückliche Wahrheit für viele von uns, denen es doch schwerfällt, so begeistert über unseren Glauben zu sein wie wir sollten.

Bist Du begierig, Gottes Botschafter zu sein? Teilst Du das anderen mit? Wie ist es mit Deinem Bibellesen? Hast Du wirklich persönlichen Gewinn aus Deinem Bibelstudium? Weckt es eine frohe Erwartung in Dir? Teilst Du Deine echte Begeisterung über die Gemeinschaft untereinander anderen Christen mit? Die Liste der Fragen geht weiter und weiter, nur um zu einem einzigen Punkt zu gelangen: Gibt es da eine echte Begeisterung in Deinem Leben über die Tatsache des Christseins?

Paulus legte Nachdruck darauf, begeistert über seinen eigenen Dienst zu sein. Hinsichtlich der Bereiche der Gemeinschaft und der Verkündigung wird seine Position in Römer 1, 11.12.15 deutlich ausgedrückt:

> Denn *mich verlangt sehr,* euch zu sehen, damit ich euch etwas geistlicher Gnadengabe mitteile, um euch zu befestigen, das heißt aber, um bei euch mitgetröstet zu werden, *ein jeder durch den Glauben, der in dem anderen ist,* ... Dementsprechend bin ich, soviel an mir ist, *willig,* auch euch, die ihr in Rom seid, das Evangelium zu verkündigen.

Beachte neben weiteren Schriftstellen auch 1. Thessalonicher 2, 8–12. Gott kann in Dir eine echte Begeisterung wecken, die sichtbar wird und entscheidend dazu beiträgt, einen Jungbekehrten zu motivieren.

*Faktor 11: Sei Du selbst*

Dieser letzte Faktor betrifft die Notwendigkeit einer Transparenz und Durchsichtigkeit unseres Lebens. Dies meint ganz einfach, daß wir nicht länger versuchen, uns anderen gegenüber hinter einer Maske zu verbergen, sondern uns als der zu zeigen, der wir in Wahrheit sind. Versuche in der persönlichen Nacharbeit nicht, etwas vorzutäuschen, was Du nicht bist. Es gibt diesen subtilen Druck, der dies erreichen möchte.

Vielleicht ist Dir bekannt geworden, daß ein gewisser Christ sehr erfolgreich in seiner Nacharbeit ist, daß die Menschen von seiner Persönlichkeit und seinem Dienst beeindruckt sind und von ihm angezogen werden. Dieses Wissen beginnt ganz unterschwellig dahingehend zu wirken, daß Du verleitet wirst, wie diese Person zu handeln und Dir vorzustellen, daß Du auf dieselbe Weise lehrst und lebst.

Nun, es ist nicht immer falsch, den Lebensstil eines anderen anzunehmen, besonders wenn er ein gereifter Christ ist. Das Problem entsteht dann, wenn wir über den geistlichen Bereich hinaus versuchen, Konformität der Persönlichkeiten zu erreichen. Das wird zu Heuchelei führen und unsere Effektivität in der Nacharbeit stark einschränken.

Es ist wichtig, sich daran zu erinnern, daß Gott Dein Leben und Deine Persönlichkeit zu etwas formen kann, das der Vermittlung und der Nachahmung wert ist. Es gibt keinen Grund, etwas vorzutäuschen, was wir nicht sind.

Den stärksten Beitrag zur Motivation des Jungbekehrten, den Du leisten kannst, ist das Zeugnis eines veränderten und ständig sich verändernden Lebens. Laß Gott seinen Plan in Deinem Leben vollkommen ausführen und Ihn dieses Werkzeug ganz und gar einsetzen. In 1. Thessalonicher 2, 8 sagt Paulus:

So, in Liebe zu euch hingezogen, waren wir willig, euch nicht allein das Evangelium Gottes, sondern auch unser eigenes Leben mitzuteilen, weil ihr uns liebgeworden wart.

## Anmerkungen

[1] Eine hervorragende Darstellung der Rolle der Hoffnung und der Umgestaltung im Leben des Christen enthält: Jay Adams, *Befreiende Seelsorge,* S. 163 ff.; und ders., *Handbuch für Seelsorge,* S. 39 ff.

[2] Adams, *Handbuch für Seelsorge.*

# Kapitel 7

# Wir fassen zusammen

Eine Grundfrage, die in jeder Diskussion über die Nacharbeit auftritt, ist die nach den Grenzen dieses persönlichen Dienstes. Diese Frage nimmt verschiedene Formen an, von denen einige etwa so lauten:

Behandeln wir in unserer Nacharbeit jeden gleich?

Berücksichtigen wir bei unserer Entscheidung, bis zu welchem Maß wir in das Leben des Neubekehrten einbezogen werden, irgendein objektives Kriterium?

Wie lange müssen wir mit einem Jungbekehrten arbeiten, bis er einen Stand geistlicher Reife erreicht hat?

Wie finden wir heraus, mit wem wir unsere Zeit vorrangig verbringen, wenn es unmöglich wird, mit einem jeden zu arbeiten?

Diese und ähnliche Fragen bilden die Grundlage für die Erörterung in diesem Kapitel und stellen zugleich eine Zusammenfassung dieses Buches über persönliche Nacharbeit dar.

## *Definitionen*

In Kapitel 1 haben wir den Begriff der Multiplikation eingeführt, der eine Wahrheit von fundamentaler Wichtigkeit beinhaltet, die dazu führte, daß dieses Buch geschrieben wurde. Ein Teil des Kapitels beschäftigte sich mit Definitionen und es wird hilfreich sein, diese hier noch einmal zusammenfassend wiederzugeben:

*Nacharbeit* ist das geistliche Bemühen um das im Glauben Festgegründetsein eines Neubekehrten.

*Persönliche Nacharbeit* ist das Aufnehmen einer Beziehung zwischen einem gereiften Gläubigen und einem Jungbekehrten mit dem Ziel, das Wachstum des jungbekehrten Christen zu fördern.

*Jünger* sind Christen, die zur Ebenbildlichkeit Jesu Christi heranwachsen, Frucht in der Evangelisation hervorbringen und diese Frucht durch die persönliche Nacharbeit bewahren.

*Jüngerschaftsschulung* ist die geistliche Tätigkeit, die geistliche Reife und Vervielfältigung eines Christen bewirkt.

*Multiplikator* ist der Jünger, der seine geistlichen Kinder anleitet, sich selbst zu reproduzieren.

*Multiplikation* ist Jüngerschaftsschulung in der dritten Generation.

Um die Antworten auf die eingangs gestellten Fragen auf sinnvolle Weise diskutieren zu können, müssen wir einige grundlegende definitorische Schwierigkeiten lösen. Warum betonen wir die Wichtigkeit von Definitionen? Als Antwort darauf möchte ich zurückfragen: Ist es ein Unterschied, ob jemand ein Jünger oder ein Multiplikator ist? Offensichtlich muß dies der Fall sein, zumindest den Begriffen nach geurteilt.

Ist es möglich, ein Jünger zu sein und doch kein Multiplikator? Was ist ein Jünger? Ergänzend zur vorhergehenden Definition wollen wir einige Kriterien anführen, um einen Jünger zu identifizieren.

1. Ein Jünger ist jemand, der Jesus nachfolgt und in der Kraft des Heiligen Geistes durch Wort und Leben von ihm Zeugnis gibt.
2. Ein Jünger ist jemand, der seine Gebote hält.
3. Ein Jünger ist jemand, der in das Ebenbild Jesu hineinverwandelt wird.
4. Ein Jünger ist ein Lernender.
5. Ein Jünger verleugnet sich selbst.
6. Ein Jünger steht Gott zur Verfügung.

Dies ist sicher keine erschöpfende Liste, doch eine recht bestimmende. Wieder aber möchte ich meine Frage stellen. Kannst Du ein Jünger sein, ohne dabei auch ein Vermehrer zu sein? Ist das Hervorbringen von Frucht immer Zeichen von Multiplikation?

Der entscheidende Punkt bei diesen Fragen ist der, daß sie darauf hinweisen, wie es möglich sein kann, daß ein reifer Christ, dessen Dienst Frucht hervorbringt, das heißt Menschen für Jesus Christus gewinnt, doch kein Multiplikator ist. Dies darum, weil Multiplikation weniger eine Frage geistlichen Wachstums oder geistlicher Reife ist als vielmehr eine Frage von Ausbildung und Methode.

Du mußt ein Jünger sein, bevor Du ein Multiplikator sein kannst. Es besteht ein Unterschied zwischen diesen beiden. Der Terminus *Jünger* betrifft in erster Linie einen Stand geistlicher Reife, wohingegen sich *Multiplikator* auf die Vervielfältigung von Frucht bezieht. Hierin liegt der Unterschied und, ich glaube, auch der Grund, warum wir in der Vergangenheit so wenig Multiplikation gesehen haben. Nicht etwa darum, weil die Gemeinde Jesu keine hingegebenen oder geistlich gereiften Persönlichkeiten gekannt hätte – denn jede Generation kann auf geistliche Gottesmänner und -frauen zurückblicken, unter denen auch einige sogenannte Multiplikatoren waren.

Doch im allgemeinen haben wir diese Art der persönlichen Nacharbeit, die eine Jüngerschaft in der dritten Generation hervorbringt, nicht gesehen. So ist es möglich, Jünger zu sein und doch nicht Multiplikator. Der Grund, weshalb ich auf diesen Punkt eingehe, ist der, daß wir Klarheit darüber gewinnen müssen, bevor wir die zu Beginn ausgesprochenen Grundfragen beantworten können. Ohne daß Klarheit über diesen Punkt erlangt wird, wird nicht ersichtlich sein, wann ich eine methodische Schwierigkeit diskutiere oder eine solche, die die geistliche Reife betrifft.

Wenn ich den Ausdruck *Jüngerschaftsschulung* gebrauche, dann beinhaltet das immer das Hervorbringen von Multiplikatoren, denn die Definition von Multiplikation ist ja „Jüngerschaftsschulung in der dritten Generation". Es ist dabei jedoch wichtig zu begreifen, daß ein Jünger nicht notwendig ein Multiplikator sein muß, obwohl er potentiell ein Multiplikator werden kann und hoffentlich auch wird. Was nämlich genau dann geschieht, wenn wir beständig und konzentriert auf das Ziel hinarbeiten, daß er effektive Nacharbeit an anderen beginnt.

So kann also jemand ein hingegebener und gereifter Gläubiger sein und doch kein Multiplikator. Ein klares Beispiel dafür bietet Dawson Trotman, der Gründer der Navigatoren. In seinem Buch „Born to Reproduce" beschreibt er, wie er in Christus wuchs und doch nicht im Bereich der Nacharbeit wirksam wurde[1]. Dawson Trotman war ein Jünger, was seine Nachfolge Gottes betraf, doch er war kein Multiplikator, bis er begann, sich selbst dahingehend zu üben, einer zu werden.

Genau das möchte ich, daß es der Leser erfaßt. Es ist möglich, daß Du ein gereifter Christ bist und doch noch kein wirksamer Multiplikator. Es ist möglich, daß Du ein gereifter Nachfolger Jesu bist, und doch noch nicht aktiv im Bereich persönlicher Nacharbeit. Es ist auch möglich, daß Du ein im

Glauben gegründeter Christ bist und nicht mit meinen Ausführungen übereinstimmst, ihnen nicht zustimmen kannst.

Falls dies der Fall sein sollte, würde ich gerne von Dir hören, hoffe aber ansonsten, daß die vorausgegangene Diskussion ein wenig dabei geholfen hat, das Nachdenken über meine grundlegenden Ausführungen abzuklären. Ist dies der Fall, können wir weitergehen.

*Ebenen der Jüngerschaftsschulung*

Wie lange müssen wir uns der Nacharbeit an einem Jungbekehrten widmen? Eine schnelle Antwort könnte lauten, daß wir, solange wir können, mit ihm arbeiten. Was in der Tat eine sehr schnelle Antwort ist und eine ebenso bedeutungslose. Es sei denn, daß Ziele und Gegenstände der Nacharbeit klar vor Augen stehen, wird es sinnlos sein, eine Zeitgrenze zum Realisieren derselben festzusetzen.

Kapitel 4 hat die Ziele eingehender erörtert, doch eine Grundfrage unbeantwortet gelassen: Wie weit gehe ich persönlich mit dem Jungbekehrten beim Erreichen dieser Ziele, oder: wie weit bringe ich mich persönlich in das Leben des Jungbekehrten ein? Die Antwort auf diese Frage liegt in der Unterscheidung von grundlegender Nacharbeit und Jüngerschaftsschulung.

Obwohl ich den Ausdruck Nacharbeit oft in einem allgemeinen Sinn gebrauche und damit die Stärkung und Auferbauung eines Christen meine, wird dieser Begriff doch in diesem Kapitel in einem engeren Sinn verwendet. Hier beinhaltet das, was wir als grundlegende Nacharbeit bezeichnet haben, ein geistliches Bemühen um das Festgegründetsein des Neubekehrten im Glauben.

In diesem Sinn sollte grundlegende Nacharbeit jedem zuteil werden, der der Botschaft des Evangeliums folgt. Die Zeitdauer der grundlegenden Nacharbeit beträgt etwa sechs bis zehn Wochen. Wie in der Erörterung der Ziele der Nacharbeit angesprochen, beinhaltet sie, daß folgende Punkte im Leben des Jungbekehrten erreicht werden:

1. Heilsgewißheit
2. Lehre über das Wachsen in Christus
3. Beständigkeit im Bereich der persönlichen Andacht
4. Gemeindezugehörigkeit
5. Öffentliches Bekennes des Glaubens
6. usw.

Die Hinweise und Anleitungen in Anhang 1 wurden gegeben, um das Erreichen dieser Ziele zu erleichtern. Aus den vorangegangenen Begriffsbestimmungen sollte deutlich geworden sein, daß die grundlegende Nacharbeit von sich selbst aus weder einen Jünger noch einen Multiplikator hervorbringen wird. Es gibt jedoch eine weitere Ebene im allumfassenden Bereich der persönlichen Nacharbeit, wo dies geschieht, nämlich in der Phase der Jüngerschaftsschulung.

Jüngerschaftsschulung, wie wir sie dargelegt haben, beinhaltet das Bemühen um einen Jungbekehrten mit dem Ziel, daß es in seinem Leben zu geistlicher Reife und Reproduktion und hoffentlich auch zu Multiplikation kommt. Das ist eine weitaus größere Aufgabe als die der grundlegenden Nacharbeit. Jüngerschaftsschulung unterscheidet sich von der grundlegenden Nacharbeit darin, daß sie nicht mit jedem ausgeführt wird. Nur einige wenige werden dieses Ausbildungsprogramm durchlaufen. Gründe für diese Auswahl und Einsichtnahme, wie sie vorgenommen wird, finden sich an späterer Stelle in diesem Kapitel. Die biblische Grundlage für solch selektive Ausbildung bilden Jesus und Paulus. Jesus wählte sich eine kleine Schar aus den vielen, die ihm nachfolgten, um mit diesen wenigen enger zusammenzuarbeiten:

> Und es geschah in diesen Tagen, daß er auf den Berg hinausging, um zu beten; und er verbrachte die Nacht im Gebet zu Gott. Und als es Tag wurde, rief er seine Jünger herzu und erwählte aus ihnen zwölf, die er auch Apostel nannte (Luk. 6,12.13).

Aus anderen Teilen der Evangelien scheint deutlich zu werden, daß Jesus neben seiner konzentrierten Arbeit mit den Zwölfen mit drei von ihnen einen besonders engen Kontakt pflegte: Petrus, Jakobus und Johannes[2]. Ebenso sehen wir Paulus seine Energie auf einige wenige Männer wie Timotheus, Lukas, Titus und andere konzentrieren.

Das Auswahlkriterium für die Entscheidung, wen wir zum Jünger heranbilden oder nicht, ist gewöhnlich nicht eine Frage von gut oder schlecht, von schwarz oder weiß. Es ist in Wahrheit eine Wahl zwischen dem Guten und dem Besten. Solch eine Entscheidung kann nur mittels göttlicher Einsicht getroffen werden, wie das Beispiel Christi zeigt, der viel Zeit im Gebet verbrachte, bevor er sich in seiner Entscheidung festlegte. In Kürze wird im einzelnen über das Vorgehen bei der Auswahl diskutiert werden.

Vor uns liegt die Aufgabe, klarzulegen, was wir mit Jüngerschaftsschulung meinen. Wie schon erwähnt, ist die Jüngerschaft eine Ausbildung zur Multiplikation. Der Gedanke, der hinter diesem Konzept steht, ist der, daß Dein Leben in einer anderen Person vervielfältigt werden soll. Der Fortschritt dieses Prozesses wird nach einer Entwicklung beurteilt, die eine Reihe von Ebenen durchläuft, bis es zur echten Vervielfältigung unseres Lebens und Dienstes kommt. Das nachfolgende Diagramm illustriert diese Stufen.

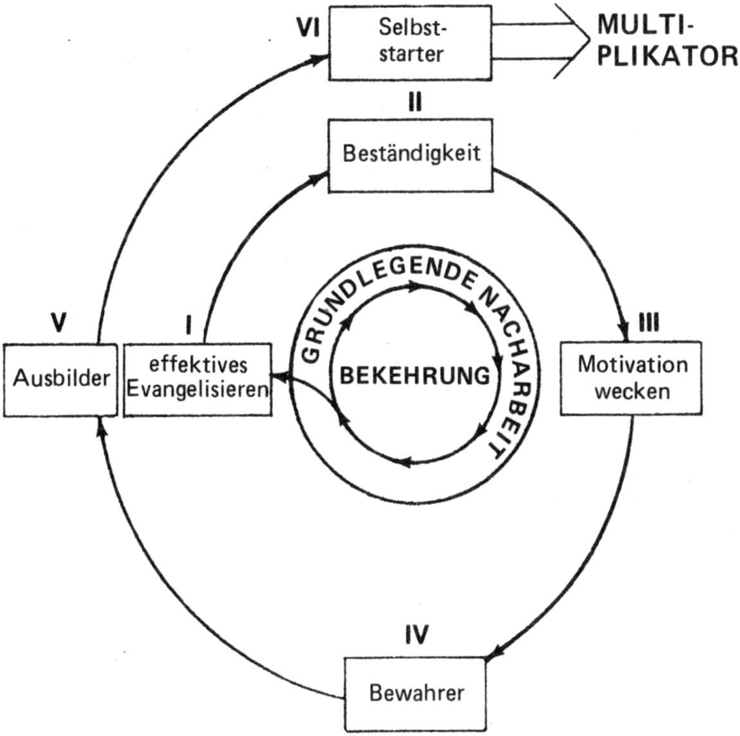


**Abb. 20 Stufen der Jüngerschaftsschulung**

Wollen wir uns diesen Ebenen eingehender zuwenden. Die Ebenen bauen aufeinander auf und zu einem gewissen Grad, wenn auch nicht völlig, erfordert die höhere Stufe das Erreichen der vorhergenannten und setzt diese voraus.

*Stufe 1* ist dadurch gekennzeichnet, daß es zu einer evangelistischen Wirksamkeit im Leben des heranwachsenden Christen kommt. Ein im Glauben heranwachsender Gläubiger sollte in fruchtbringendem Außeneinsatz stehen. Dieser ist das Resultat von Ausbildung und eigener Erfahrung. Eine Reihe effektiver evangelistischer Trainingsprogramme wurde an anderer Stelle vorgeschlagen.

Daß der Jungbekehrte Erfahrungen in der Evangelisationsarbeit macht, liegt in Deiner Verantwortung. So wie Du den Jungbekehrten in Deine evangelistischen Einsätze einbeziehst und fortfährst, ihn dem Zeugnisgeben auszusetzen, wird diese Erfahrung wachsen.

*Stufe 2* ist erreicht, wenn es zu beständigem Wachstum im Leben des Neubekehrten gekommen ist. Hier liegt eine sehr entscheidende Stufe in der Entwicklung vor. Der Jungbekehrte muß in seinem Wachstum beständig werden, um wahrhaft effektiv im Werk des Herrn arbeiten zu können. Beständigkeit ist nicht dasselbe wie Perfektion. Beständigkeit meint allgemeines Wachstum im Leben des Christen, das trotz eines hin und wieder vorkommenden Strauchelns sichtbar wird.

Die Frage, die beantwortet werden muß, ist die, ob der neue Christ sich beständig auf ein christusähnliches Leben hinentwickelt. Beständigkeit wird erlangt werden, sobald der jungbekehrte Gläubige die Wahrheiten des geisterfüllten Lebens, der Bewältigung von Sünde, des Gehorsams, des Vertrauens, der Gemeinschaft und des evangelistischen Einsatzes verstehen und anwenden lernt.

Es ist wichtig, an diesem Punkt festzuhalten, daß die Ebenen 1 und 2 ebenso Ziele sind, die im Rahmen der grundlegenden Nacharbeit angestrebt werden. Wirkungsvoller evangelistischer Einsatz und stetiges Wachstum in Christus sind Ziele, die es für das Leben eines jeden zu erreichen gilt, dem wir uns in der Nacharbeit widmen. Ich habe sie unter zwei Stufen der Jüngerschaftsschulung angeführt, um zu zeigen, daß es eine Überlappung der grundlegenden Nacharbeit und der Jüngerschaftsschulung gibt. Ich habe sie auch darum angeführt, um darauf hinzuweisen, daß die Reichweite der Jüngerschaftsschulung weit ist und daß es notwendig ist, daß ein gewisses Grundfundament im Leben des Gläubigen gelegt sein muß, bevor es zur Multiplikation kommt.

*Stufe 3* setzt ein, wenn im Leben der Person, die wir zum Jünger ausbilden, ein echt motivierender Faktor in Erscheinung tritt. Dies ist ein entscheidender Schritt beim Ausbilden eines Multiplikators. Auf dieser Stufe erweist sich der Christ als dem evangelistischen Auftrag hingegeben, daß sowohl seine Worte als auch sein Leben andere motivieren, selbst an evangelistischen Einsätzen teilzunehmen.

Dies ist der erste Schritt über die Ebene hinaus, auf der die Ziele der grundlegenden Nacharbeit verwirklicht werden, der erste Schritt hin auf ein wahrhaft multiplizierendes Leben. Es gibt kaum etwas neben unserem persönlichen Beispiel, was wir tun können, um eine Person zu dieser Stufe zu führen.

*Stufe 4* ist die erste Stufe der Vervielfältigung. Die Person, um die wir uns bemüht haben, wird ausgebildet, selber mit einem Jungbekehrten zu arbeiten. Sie ist nun in der Lage, ein Programm grundlegender Nacharbeit mit einem Neubekehrten zu durchlaufen und hat dies auch unter unserer Aufsicht erfolgreich getan. Hiermit ist ein entscheidender Punkt in der Entwicklung erreicht und das erste Anzeichen für eine Multiplikation Deines Lebens in dem Leben des anderen gegeben.

Durch persönliche Anleitung und Gruppenunterweisung wurde die betreffende Person gelehrt und hat diese Belehrung praktisch angewandt. Die Anwendung des Gelernten ist das entscheidende Element auf dieser Stufe.

Offensichtlich kann man sie nicht herbeizwingen, eine Tatsache, die uns deutlich darauf hinweist, daß das Beste, was wir in der Jüngerschaftsschulung tun können, das ist, daß wir die richtige Umgebung zum Wachstum bereitstellen. Probieren geht über Studieren in diesem Bereich. Dies steht wiederum in echtem Kontrast zur grundlegenden Nacharbeit, wo das Gegenteil der Fall ist.

*Stufe 5* ist erreicht, wenn es zu einer Übertragbarkeit im Dienst dessen kommt, mit dem wir uns intensiv beschäftigt haben. Er ist an den Punkt gelangt, wo er sich nicht nur anderen Neubekehrten widmet, sondern auch weitere Christen ausbildet, im Feld der Nacharbeit tätig zu werden. Diese anderen Christen mögen nun Personen sein, die er selbst zu Christus geführt hat oder auch nicht. Diese Phase ist eine der Hauptphasen im Multiplikationsprozeß.

Zum ersten Mal siehst Du nicht nur, wie die von Dir gegebene Unterweisung angewendet, sondern auch wie sie übertragen wird. Diese Stufe ist nicht leicht zu erreichen. Wie sich bei der Betrachtung der Stufe 4 schon angedeutet hat, wird vieles von dem, was diese Stufen der Jüngerschaftsschulung betrifft, mehr gekonnt als gelehrt.

Dies beinhaltet, daß eine Person nur dann Stufe 5 erreicht, wenn sie beständig in der persönlichen Nacharbeit an anderen geworden ist. Jedoch hängt das Erreichen von Stufe 5 nicht allein von einer angemessenen Unterweisung ab, eine Tatsache, die wiederum nicht implizieren soll, daß Ausbildung nicht nötig sei. Genau das Gegenteil ist der Fall. Die Notwendigkeit einer Unterweisung auf diesem Gebiet gab ja die Veranlassung, dieses Buch zu schreiben.

*Stufe 6* ist die Endstufe, in der es zur tatsächlichen Multiplikation kommt. Auf dieser sechsten Ebene wird ein Neuanfang gesetzt, der Christ, mit dem wir eine Jüngerschaftsschule durchlaufen haben, wird ein Selbststarter, das heißt, er ist völlig unabhängig von Dir und völlig abhängig von Gott geworden. Der Betreffende reproduziert zuverlässig Deine Ausbildung und Unterweisung im Leben anderer.

Das Element der *Treue* ist an diesem Punkt äußerst wichtig. Wenn die Person, die Du zum Jünger zu machen suchst, in der Wiederholung und Reproduktion Deiner Bemühungen nicht treu ist, hast Du die Multiplikation Deines Lebens nicht erreicht. Es ist tatsächlich so, daß Du Deine Produktivität in das Leben der Person hineinlegst, die Du zum Jünger heranbildest.

Wenn sie sich als unzuverlässig erweist, hast Du eine Enttäuschung erlebt hinsichtlich der Fruchtbarkeit Deines Dienstes. Darum legte Paulus solchen Wert darauf, verläßliche Männer zu finden, die sozusagen die Voraussetzung für effektive Jüngerschaftsschulung bilden.

Lesen wir noch einmal 2. Timotheus 2,2: „Und was du von mir in Gegenwart vieler Zeugen gehört hast, das vertraue *treuen* Menschen an, die tüchtig sein werden, auch andere zu lehren." Die Notwendigkeit von Zuverlässigkeit wird in diesem klassischen Bibelvers über Jüngerschaftsschulung mit Nachdruck betont und folgerichtig im Vokabular der Vervielfältigung ausgedrückt. Hüten wir uns davor, den Fehler zu begehen, die in diesem Vers ausgesprochene Warnung nicht zu beachten.

Wie lange wird es dauern, bis all diese Stufen durchlaufen sind? Darauf weiß ich keine Antwort. Es gibt so viele Veränderungen, die bei der Jüngerschaftsschulung mitwirken, die es unmöglich werden lassen, eine allgemeine Aussage über die in der Regel erforderliche Zeit aufzustellen. An einer späteren Stelle in diesem Kapitel werden wir dieser Frage weiter nachgehen.

Eine andere Frage, die sich aufdrängt, betrifft die Methoden. Welche Kenntnisse muß ich zur Verfügung haben, um einer Person helfen zu können, echte Vervielfältigung zu erreichen? Vieles von dem, was in diesem Buch schon gesagt worden ist, läßt sich darauf anwenden, doch wird noch mehr erfordert. Kenntnisse in der Glaubenslehre, der Seelsorge, dem Wort Gottes, Lehrtechniken und anderes mehr werden erfordert, damit wahrhaft effektive Arbeit geleistet werden kann.

Wollen wir uns nun dem zuwenden, wie wir treue und zuverlässige Jünger auswählen, um unser Leben in sie hineinzulegen.

*Der Filterprozeß in der Jüngerschaftsschulung*

Einzelne auszuwählen, um in ihnen unser Leben zu vervielfältigen, ist eine der schwierigsten und kritischsten Entscheidungen, die uns im Verlauf der Jüngerschaftsschulung begegnen. Das Ergebnis Deiner Entscheidung wird bestimmen, ob Du ein Multiplikator wirst oder nicht. Sie wird den Ewigkeitswert der in Deinem Dienst hervorgebrachten Frucht beeinflussen, in dem Sinn, daß Menschen im Rahmen einer Kettenreaktion zu Christus geführt werden, die in Gang gesetzt wird dadurch, daß wir Multiplikatoren heranbilden.

Beginne niemals eine Jüngerschaftsschulung mit jemandem aus Verzweiflung heraus oder aufgrund von Enttäuschungen. Es sei denn, daß sich der Betreffende als treu erweist, werden wir nichts erreichen. Es ist viel besser, nie mit jemandem über die grundlegende Nacharbeit hinauszuschreiten, es sei denn, er ist lernbereit und zuverlässig. Die Frage, die vor uns liegt, ist die, wie wir wissen, herauszufinden und entscheiden können, wer verläßlich sein wird und wer nicht. Ich möchte einige Richtlinien vorschlagen, die wir beim Treffen unserer Wahl befolgen sollten.

*1. Gebet.* Die Frage, wen wir in unserer Jüngerschaftsschulung ausbilden, ist eine solch wichtige Entscheidung, daß sie niemals auf der Grundlage menschlicher Weisheit allein gefällt werden darf. Jesus selbst gab uns in Lukas 6,12.13 das Beispiel, wie über solch eine Entscheidung vorher zu beten ist. Obwohl in dieser Schriftstelle nur ausgesagt wird, daß Jesus die Nacht im Gebet zubrachte wegen der bevorstehenden Entscheidung, kannst Du doch sicher darin sein, daß er auch vorher schon manche Zeit über diesem Anliegen gebetet hatte. Es ging um eine so entscheidende Festlegung, daß eine Fehlentscheidung verheerende Folgen mit sich gebracht hätte. Das gilt nicht weniger auch für Dein Leben.

*2. Erkenntnisse, die während der grundlegenden Nacharbeit erlangt wurden.* Die Nacharbeit selbst zeigt die Tendenz, die Unverläßlichen herauszufiltern. Jeder, der einmal Nacharbeit durchgeführt hat, ist sich dessen bewußt, daß viele beginnen, die später „auf der Strecke" zu bleiben scheinen. Sie beginnen einzelne Treffen und Verabredungen zu versäumen und bald schon stehen sie nicht mehr in dieser engen persönlichen Beziehung zu Dir.

In Kapitel 5 bin ich darauf eingegangen, wie dieses Problem zu handhaben ist. Der Verweis auf diese Wahrheit an dieser Stelle soll verdeutlichen, daß die Nacharbeit selbst schon manche Entscheidung für Dich treffen wird.

*3. Ein Hunger nach geistlichen Dingen.* Jemand, der echten Hunger nach geistlichem Wachstum aufweist, ist gewöhnlich ein guter Anwärter für ein Jüngerschaftsprogramm. Solche Person ist für gewöhnlich treu in ihrer persönlichen Andacht und zuverlässig, was die Verabredungen im Rahmen der Nacharbeit betrifft. Wenn dieser Hunger während der gesamten Zeit der grundlegenden Nacharbeit fortbesteht, so könnte diese Person eine von denen sein, von der Gott möchte, daß Dein Leben in ihr vervielfältigt wird.

*4. Ein klares Verständnis von dem, was ihm widerfahren ist.* Es ist ein gutes Zeichen, wenn ein Jungbekehrter das versteht, was in seinem Leben geschehen ist. Normalerweise ist dies das Kennzeichen eines suchenden und glaubenden Herzens. Eine Person, die Klarheit über ihren Stand besitzt und wie sie diesen erlangt hat, scheint tauglich, im Mittelpunkt des Willens Gottes zu bleiben.

*5. Bereitschaft zum gemeinschaftlichen und persönlichen Treffen.* Der Wunsch nach Gemeinschaft sowohl mit Dir als auch mit der Gruppe ist Anzeichen dafür, daß es tatsächlich zu einer Veränderung im Leben dieses Menschen gekommen ist. Treue und Beständigkeit hinsichtlich des Besuchs der Versammlungen, der Studienzeiten und der Treffen im Rahmen der Nacharbeit sind Hinweise darauf, wie verläßlich ein Mensch sich erweisen wird.

*6. Gute verbale Rückwirkung.* Jemand, der aufmerksam und fragend ist, besitzt ein gutes Potential, Teilnehmer eines

Jüngerprogramms zu werden. Notwendig ist es, die innere Einstellung hinter den Fragen zu unterscheiden, doch an und für sich sind sie die Kennzeichen eines suchenden Geistes. Ist dies wahr, wird es ihm helfen, in seiner Schrifterkenntnis und in der Lehre zu wachsen.

Eine gesunde Bewertung dieser Richtlinien und Sensitivität hinsichtlich der Führung des Heiligen Geistes sollten Dich in die Lage versetzen, die Personen auszuwählen, mit denen eine Jüngerschaftsschulung zu beginnen ist. Es kann Zeiten geben, zu denen niemand die Kriterien zu erfüllen scheint. Ist dies so, dann fang' nicht einfach an, mit irgend jemandem zu arbeiten, sondern warte Deine Zeit ab. Widme Dich anderen Aktivitäten wie Zeugnisgeben o. ä., bis die richtige Person auftaucht. Wieder gilt die Warnung, nicht aus Enttäuschung heraus Jünger heranzubilden.

Der nächste Punkt, den wir untersuchen müssen, betrifft die Art der Tätigkeit, die wir mit dem Jungbekehrten beginnen, wenn wir uns entschlossen haben, mit ihm die Jüngerschaftsschulung einzuleiten.

*Arten von Ausbildungsbeziehungen*

Eine Frage taucht oft auf, die die Arten von Beziehungen betrifft, die wir mit dem Jungbekehrten eingehen. Es ist offensichtlich, daß unsere Beziehung zu dem Jungbekehrten sich hinsichtlich der Art der Unterweisung und Übungsprogramme entsprechend seinem Wachstum verändert. Ist die Menge an benötigter Zeit während des Verlaufs der persönlichen Nacharbeit Variationen unterworfen? Verändert sich auch die Art der Beziehung?

Es bestehen vier Grundtypen von Beziehungen während unseres Ausbildungsprogramms, in denen wir uns wiederfinden werden, wenn wir ein Programm grundlegender Nacharbeit und ein Programm der Jüngerschaftsschulung mit einem Neubekehrten durchlaufen. Sie alle sind Beziehungen von einer Person zu einer anderen Person. Zweck und Struktur einer jeden ist verschieden. Diese vier Arten sind folgende:

1. Persönliche Beziehung
2. Seelsorgerliche Beziehung
3. Inhaltlich strukturierte Beziehung
4. Partnerschaftliche Beziehung.

Wir wollen dieselben ausführlicher betrachten.

*1. Die persönliche Beziehung.* Der Zweck dieser Beziehung zeigt sich in ihrer Bezeichnung. Diese Art von Beziehung beinhaltet all das, was Du tust, um eine zwischenmenschliche Beziehung zu dem Jungbekehrten aufzubauen. Kapitel 3 führte eingehender aus, wie solch eine Beziehung aufgebaut werden kann, denn es muß eine Beziehung zu dem Jungbekehrten entwickelt werden, wenn die Nacharbeit erfolgreich sein soll.

Der Inhalt dieser Art von Beziehung im Rahmen der Nacharbeit ist unstrukturiert und noch nicht einmal notwendig geistlicher Natur. Du bist in erster Linie darauf ausgerichtet, Zeit mit dem Jungbekehrten zu verbringen und diese so sinnvoll wie möglich zu nutzen. In Kapitel 3 haben wir aufgezeigt, wie dies geschehen kann. Es folgt eine knappe Wiedergabe der Vorschläge:

1. Sportveranstaltungen
2. Gemeinsames Abendessen/Kaffeetrinken
3. Gemeinsames Treffen, um auszugehen
4. Einkaufsbummel

Zweck bei all dem ist, eine Beziehung zu dem anderen aufzubauen. Du versuchst keine geistliche Einsicht zu vermitteln, als nur allein das Vorbild des Christseins in allen Aspekten des Lebens zu geben.

*2. Die seelsorgerliche Beziehung.* Zweck dieser Beziehung ist die Charakterformung. Diese geschieht dadurch, daß wir mit einer Person zusammen sind, um die Bereiche in ihrem Leben aufzudecken, die eine Veränderung erfahren müssen, wenn es zu stetigem geistlichen Wachstum in ihrem Leben kommen soll. Dabei handelt es sich um eine der schwierigsten Aufgaben, die uns in unserem Dienst begegnen, wenn nicht sogar um die schwerste überhaupt. Sie läßt uns den Druck erfahren, den es mit sich bringt, unterscheidungsvermögend und auffassungsbereit genug zu sein, um Probleme im Leben des Neubekehrten zu entdecken und dann das biblische Wissen bereitzustellen, diesen Nöten zu begegnen.

Doch ist Seelsorge an sich nicht das einzige, was in dieser Art von Beziehung angestrebt wird. Ebenso suchen wir, das beständige geistliche Wachstum im Leben des Jungbekehrten zu fördern.

Um dies zu erreichen, werden wir die Person dahingehend disziplinieren müssen, daß sie jene geistlichen Gewohnheiten zu praktizieren beginnt, die zu einem beständigen Fortschreiten im geistlichen Leben führen. Andacht, Zeugnisgeben, Gebet, Bibelverse auswendiglernen sind einige der Bereiche, die eine von Dir ausgehende Disziplinierung und Unterweisung erforderlich machen, damit es zu einer bleibenden Anwendung im Leben des Neubekehrten kommt. Dies nimmt Zeit in Anspruch.

Es handelt sich um eine Entwicklung, die dadurch geschieht, daß man sich einmal wöchentlich trifft, um sich auszutauschen und auszusprechen sowie Antworten auf Fragen zu finden und Probleme anzugehen.

*3. Die strukturierte Beziehung.* Ihr Zweck liegt darin, im Leben des Jungbekehrten einen soliden Grund an biblischer Lehre zu legen. Dieser Aspekt unseres Dienstes wird gemeinhin angesprochen, wenn von Nacharbeit überhaupt die Rede ist. Diese Beziehung schließt ein wöchentliches Treffen mit dem jungen Gläubigen im Rahmen der Nacharbeit mit ein. Anhang 1 enthält auch Beispiele für Treffen dieser Art. Es ist notwendig, daß die durch diese Beziehung repräsentierte Arbeit geschieht, jedoch schließt auch sie nicht die anderen Typen aus. Die strukturierte Beziehung scheidet aus Deiner persönlichen Nacharbeit aus, sobald die regulär eingeplanten Treffen beendet sind. Drei Grundwahrheiten sind es vor allem, die hier vermittelt werden:

1. Grundlegende Glaubenslehre
2. Wie man in Christus wächst
3. Wie man evangelistische Arbeit macht

Gewöhnlich ist es so, daß mit Beendigung dieser persönlich strukturierten Beziehung Gruppenunterweisung oder die Bibelstunde oder die Gemeindebibelschule der Lokalgemeinde an ihre Stelle tritt.

*4. Die partnerschaftliche Beziehung.* Diese Art von Beziehung sucht die Beständigkeit des Lebens und die Multiplikation zu sichern. Wir nennen sie auch Partnerschaft, da sie zu einem späteren Zeitpunkt in der Entwicklung des Neubekehrten auftritt, der die sechs Ebenen der Jüngerschaftsschulung durchläuft.

Mit dieser Beziehung ist der Punkt erreicht, an dem eine Person dahingehend gefördert wurde, daß sie selbst einen Anfang setzen und unabhängig sein kann. Jetzt enthält unsere Beziehung das Element gegenseitiger Erbauung. So erfordert diese Beziehung weniger Zeit als die anderen und kann oft mit einer anderen Art von Aktivität kombiniert werden. Sie ist charakterisiert durch gegenseitige Gebetsunterstützung und Bibelstudium, gegenseitiges Mitteilen und Ratgeben. Es handelt sich um eine unstrukturierte Art von Beziehung, die aber für eine fortwährende Vervielfältigung notwendig ist.

Doch da ist noch immer eine Frage, die beantwortet werden muß. Zu welchem Zeitpunkt der Jüngerschaftsschulung finden wir den jeweiligen Typ von Ausbildungsbeziehung vor? Um hierauf eine Antwort geben zu können, müssen wir als erstes die Wachstumsstufen im Leben eines heranwachsenden Christen untersuchen, denen wir dann die verschiedenen Arten von Beziehungen zuordnen.

*Stadien des Wachstums*

Im ersten Brief des Johannes finden wir einige Wachstumsstufen des christlichen Lebens gut gekennzeichnet: „Ich schreibe euch, Kinder, weil euch die Sünden vergeben sind um seinen Namens willen. Ich schreibe euch, ihr Väter, weil ihr den erkannt habt, der von Anfang an ist. Ich schreibe euch, ihr jungen Männer, weil ihr den Bösen überwunden habt" (1. Joh. 2,12.13). In diesen Versen beschreibt Johannes drei Kategorien von christlichen Wachstumsstufen: Kinder, junge Männer, Väter. Wenden wir uns diesen im einzelnen zu.

Die Kinder oder Säuglinge sind die Jungbekehrten. Zwei Hauptziele gilt es während dieser Periode des christlichen Lebens zu erreichen. Das erste ist die Gemeinschaft des Neubekehrten mit Gott. Er muß es lernen, diese wichtigste aller Beziehungen zu pflegen. Das zweite ist der Aufbau einer engen Beziehung zu anderen Christen. Es ist diese Gemeinschaft, durch die ein Neubekehrter in Zeiten der Glaubensschwäche Ermutigung und Schutz erfährt.

Die jungen Männer sind die heranwachsenden, relativ jungen Gläubigen. Ihre Probleme sind anderer Art als die der Neubekehrten. Zu den genannten Zielen des Neubekehrten, die auch für den jungen Christen gelten, treten zwei weitere hinzu. Das Ausbilden von Beständigkeit im Leben, ein entscheidender Faktor, wenn jemand wahrhaft für den Herrn wirken möchte, sowie als zweites Ziel das Hervorbringen von mehr Frucht im Dienst.

Die Väter sind gereifte Christen, die schon einige Zeit im Glauben stehen. Sie werden unter einer anderen Kategorie angeführt, denn sie sind die einzigen von den drei genannten

Gruppen, die sich selbst vervielfältigen können. Ihre Schwierigkeiten unterscheiden sich dementsprechend.

Drei Hauptziele bestehen für den Gläubigen auf dieser Stufe. Das erste ist, daß die geistliche Führungsrolle angenommen und durchgeführt wird. Das heißt, daß Verantwortung für die persönliche Nacharbeit an Jungbekehrten übernommen wird. Das zweite Ziel betrifft das Hervorbringen von Multiplikatoren. Die Väter sollten in der Lage sein, eines Tages auf geistliche Kinder, Enkel, Urenkel, Ururenkel etc. verweisen zu können.

Das dritte Ziel ist fortgesetzte Beständigkeit im Leben. Ein Vater sollte in zunehmendem Maß Christus widerspiegeln bei allem, was er tut. Nun kann die Frage beantwortet werden, welche Arten von Beziehungen zu welchen Stufen des Wachstums in Beziehung zu setzen sind. Da die Ziele im Leben des Säuglingschristen Gemeinschaft mit Gott und Mitchristen sind, sollten wir uns darauf konzentrieren, diese Ziele zu erreichen. Zu Beginn des neuen Lebens braucht der junge Gläubige mehr denn alles andere Informationen, so daß eine strukturierte Beziehung notwendig ist.

Der junge Mann benötigt sowohl wachsende Beständigkeit im Leben als auch effektive evangelistische Ausrichtung. Um dies zu erreichen, wird eine Mischung verschiedener Beziehungen nötig sein. Die strukturierte Beziehung wird noch benötigt, um weitere Informationen über Lehre, Apologetik, Zeugnisgeben u. a. zu vermitteln.

Die persönliche Beziehung ist wichtig, um fortlaufend die persönliche Gemeinschaft zu vertiefen. Doch läßt sie im Lauf der Zeit etwas nach, da sich die Beziehung zu Gott entwickelt und solide wird.

Die seelsorgerliche Beziehung ist notwendig, weil sie den Weg bietet, daß ein junger Christ die schwachen Stellen in seinem Leben erkennt.

In dem Maß, wie der Christ weiterhin im Glauben heranreift, werden sowohl die strukturierte als auch die persönliche Beziehung an Intensität verlieren, die seelsorgerliche Beziehung dagegen beginnen, den größten Raum der Gesamtbeziehung auszumachen.

Die Väter brauchen wenig strukturierte oder persönliche Beziehungen. Die auf dieser Stufe angestrebten Ziele werden durch gegenseitige Seelsorge erreicht, die später in echte Partnerschaft übergeht. Es ist die damit verbundene gegenseitige

Stärkung, die einem Gläubigen auf dieser Stufe den Nöten begegnen hilft.

Folgende Abbildung wird helfen, die genannten Beziehungen klarzulegen. In das Diagramm eingefügt wurden ebenso die verschiedenen Stufen der Jüngerschaftsschulung in ihrem jeweiligen Verhältnis zu den Wachstumsstufen.

**VERHÄLTNIS DER EBENEN, STUFEN UND ALTERSGRUPPEN IN CHRISTUS ZUEINANDER**

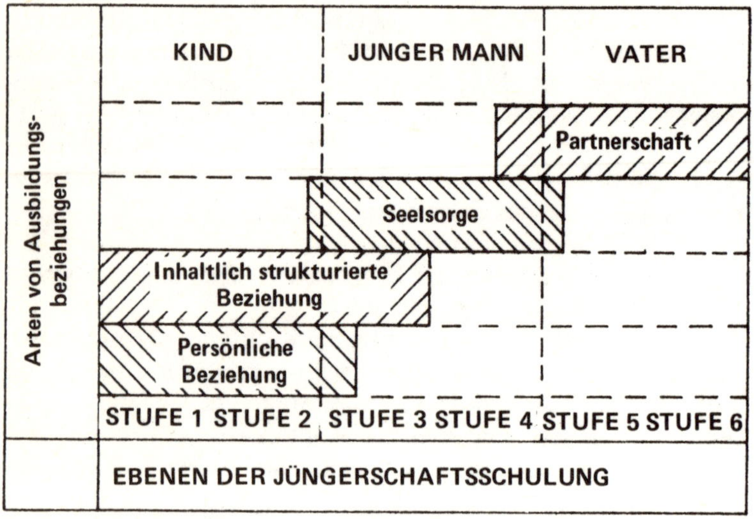


**Abb. 21 Verhältnis der Ebenen, Stufen und Altersgruppen in Christus zueinander**

Wieviel Zeit ist in den verschiedenen Beziehungen erforderlich? Kann auch keine genaue Antwort gegeben werden, so mag doch eine grobe Abschätzung schon recht hilfreich sein. Die persönliche Beziehung erfordert einmal innerhalb von zwei bis drei Wochen ein Treffen, solange, bis eine zwischenmenschliche Beziehung aufgebaut ist.

Die strukturierte Beziehung macht wöchentliche Treffen notwendig. Die seelsorgerliche Beziehung verlangt anfangs wöchentliche Treffen, später ein Treffen alle zwei oder drei Wochen und schließlich nur noch dann, wenn es nötig ist.

Die partnerschaftliche Beziehung ist mit keinen festen zeitlichen Erfordernissen verbunden.

Aus dem sollte deutlich geworden sein, daß die Nacharbeit und die Jüngerschaftsschulung in ihren frühen Phasen viel Zeit beanspruchten, was jedoch im weiteren Verlauf der Arbeit nicht mehr der Fall sein wird.

### *Zusammenfassung*

Viele Gegenstände sind in diesem Kapitel angesprochen worden, die zu einem klareren Verständnis der Nacharbeit beitragen sollen. Definitionen, Ebenen der Jüngerschaft, verschiedene Arten von Beziehungen im Verlauf der Ausbildung zum Jünger, unterschiedliche Wachstumsstufen – werden sie alle in ihrer Beziehung zueinander verstanden, wird das eine wertvolle Hilfe für unsere Planung eines umfassenden Programms der persönlichen Nacharbeit sein.

Ich hoffe in einem späteren nachfolgenden Buch praktische Richtlinien für die Heranbildung von geistlichen Führerpersönlichkeiten während der späteren Stufen der Jüngerschaftsschulung zu geben. Es wird jedoch keinen Sinn haben, weitergehende Belehrung über Jüngerschaftsschulung zu vermitteln, wenn kein Engagement in der persönlichen Nacharbeit besteht.

Aus diesem Grund mußte dieses Buch zuerst geschrieben werden. Und es ist mein Gebet, daß Gott es durch die Multiplikation derer, die sich die in ihm niedergelegten Wahrheiten zu eigen machen und anwenden, zu seiner Ehre und zum Wachstum seines Reiches gebraucht.

### Anmerkungen

1 Trotman, *Born to Reproduce.*
2 Für eine eingehendere Auseinandersetzung mit diesem Punkt vergleiche: Coleman, *Des Meisters Plan der Evangelisation.*

# Ein Plan für zehn Treffen im Rahmen der Nacharbeit

## Der Zweck

Dieser Teil des Buches verfolgt den Zweck, dem, der in der persönlichen Nacharbeit aktiv werden möchte, praktische Hilfestellung zu geben, indem der Inhalt und dessen Darbietung in der Nacharbeit vorgestellt wird. Die in diesem Anhang vorgeschlagenen zehn Treffen im Rahmen eines Programms der Nacharbeit sind als Vorschlag zu verstehen. Sie stellen einfaches Handwerkszeug zur Unterstützung eines jeden dar, der ernstlich daran denkt, mit der persönlichen Nacharbeit an Jungbekehrten zu beginnen. Darüber hinaus werden Literaturvorschläge zur weiteren Förderung der Entwicklung des jungen Gläubigen gegeben.

Die vorgeschlagenen Treffen wurden inhaltlich so gefaßt, daß die jeweiligen Themen auf persönlicher Ebene weitergegeben werden können. Ich habe herausgefunden, daß die Beziehung, die in der Nacharbeit von Person zu Person besteht, den besten Weg der Arbeit an einem Neubekehrten bietet, zugleich aber auch den, der das meiste Wissen erforderlich macht.

Einen wichtigen Raum nimmt in der Nacharbeit die Fähigkeit ein, sich mit der Bibel und einem leeren Blatt hinzusetzen und eine wichtige Wahrheit des Wortes Gottes durchzunehmen und sie für den Jungbekehrten auszuarbeiten.

Die Vorschläge zu den einzelnen Treffen im Rahmen der Nacharbeit wurden geschrieben, um eben diesen Zweck zu erfüllen. Sie können in jeder beliebigen Reihenfolge gegeben werden, gerade so, wie es der Person, die die Nacharbeit durchführt, angebracht erscheint, obwohl der vorgeschlagene „Fahrplan“ wohl der gebräuchlichste zu sein scheint.

Die einzelnen inhaltlichen Treffen wurden alle in einer bestimmten Form geschrieben, um das Lernen zu erleichtern. Jedes der Treffen läßt sich in fünf Punkte aufgliedern.

*I. Gegenstände:* Unter dieser Rubrik wird ausgeführt, was wir in dem bestimmten Treffen zu erreichen suchen, denn es ist ja wichtig, daß wir ein Ziel gesetzt haben, anhand dessen wir die Effektivität unserer Arbeit abmessen können.

*II. Überblick:* Dieser Abschnitt gibt Vorschläge, wie der Fortschritt des neubekehrten Christen im geistlichen Wachstum und hinsichtlich seines Festhaltens an vorangegangener Lehre aufgezeichnet werden kann.

Obwohl Du eine wichtige Wahrheit mitgeteilt haben magst, gibt es keine Garantie, daß sie von Seiten des jungen Gläubigen verstanden und angewendet wird. Darum müssen wir eine Methode zur Bewertung des Fortschritts im Leben des Jungbekehrten finden.

*III. Lektion:* Dieser Teil führt die Belehrung weiter aus, die bei dem jeweiligen Treffen weitergegeben wird. Die eigentliche Lektion für das Treffen gibt die nötige Hintergrundinformation, die für eine effektive Mitteilung der Wahrheit, die im Zentrum eines jeden Treffens steht, und für die Beantwortung von Fragen, die auftauchen könnten, wichtig ist.

*IV. Anweisungen:* Dieser Teil gibt einige Vorschläge zur Wachstumshilfe durch persönliches Studium.

*V. Vorschlag zur Darbietung:* Dieser Teil enthält einen Vorschlag zur Darlegung der inhaltlichen Hauptpunkte eines Treffens sowie Schriftverweise. Es wird aufgezeigt, wie die Wahrheit, die vermittelt werden soll, auf einem Bogen Papier zum Zweck einer zukünftigen Betrachtung durch den neubekehrten Gläubigen ausgeführt werden kann.

Dadurch, daß wir mit der Lektion vertraut werden und uns die auf einer Seite zusammengefaßte Präsentation derselben einprägen, sollten wir eigentlich in der Lage sein, eine effektive persönliche Nacharbeit an einem Jungbekehrten auszuführen. So ist auch dieser Teil nicht als Zwangsjacke, sondern als Vorschlag für eine mögliche Darbietung zu verstehen.

Ich habe herausgefunden, daß das Mitteilen der in diesen Vorschlägen für die Treffen enthaltenen Wahrheiten dazu dient, die Schnelligkeit, mit der der Jungbekehrte sie anwendet und in sein Leben umsetzt, stark beschleunigt wird, selbst wenn er diese Wahrheit vorher schon in diesem Buch gelesen hat. Verdoppelung ist niemals ein Problem in der Nacharbeit, tatsächlich hilft sie bei der Bewahrung von Wissen und Erkenntnis der Wahrheit.

Das Treffen von Person zu Person bietet darüber hinaus eine wertvolle Gelegenheit, den Fortschritt einzuschätzen und Fragen zu beantworten. Diese Vorschläge wurden gegeben, um in dieser überaus wichtigen, leider jedoch vernachlässigten Arbeit zu bestärken.

Dieser Anhang soll grundsätzlich dabei helfen, eine strukturierte Beziehung zu einem Jungbekehrten aufzubauen (s. Kapitel 7). Dieser Anhang deckt nicht vollständig das ab, was bei dieser Art der Nacharbeit abgedeckt werden muß, stellt jedoch ein geeignetes Fundament bereit, auf dem zukünftige Unterweisung aufbauen kann. Ich hoffe, daß das Format dazu beitragen wird, solche Treffen durchzuführen, die alle nötigen Bereiche in dem Leben eines Neubekehrten abdecken. Ich vertraue darauf, daß sich dieser Abschnitt als wertvoll und nutzbringend erweisen wird.

*Vorschlag für einen Plan der Nacharbeit*

| | | |
|---|---|---|
| Treffen | I | Heilsgewißheit |
| Treffen | II | Die persönliche Andacht fördern |
| Treffen | III | Gemeindezugehörigkeit |
| Treffen | IV | Kraft für das Leben als Christ |
| Treffen | V | Gebet |
| Treffen | VI | Leben im Gehorsam |
| Treffen | VII | Bewältigung von Anfechtungen |
| Treffen | VIII | Gottes Führung erkennen |
| Treffen | IX | Ein Zeugnis verfassen |
| Treffen | X | Sieghaftes Leben |

**Treffen 1 im Rahmen der Nacharbeit**

*HEILSGEWISSHEIT*

I. GEGENSTÄNDE

A. Die Echtheit der Entscheidung und Hingabe des Neubekehrten überprüfen.
B. Die biblischen Verheißungen, die zum Erlangen der Heilsgewißheit notwendig sind, mitteilen.
C. Sich mit jeder Frage, die in dem Neubekehrten auftauchen könnte, auseinandersetzen.
D. Beginnen, eine Beziehung zu dem Neubekehrten aufzubauen.

II. ÜBERBLICK

A. Die Hingabe an Christus, die der Neubekehrte vollzogen hat, untersuchen. Stelle ihm folgende Fragen:
   1. Glaubst Du, daß Jesus Christus für Deine Sünden am Kreuz gestorben ist und daß er wieder auferstanden ist?
   2. Hast Du ernsthaft Buße getan und Jesus Christus gebeten, in Dein Leben zu kommen?
   3. Ist er gerade jetzt in Deinem Leben?
   4. Woher weißt Du das? (Weil er gesagt hat, er würde in mein Leben kommen, wenn ich ihn darum bitte [Offb. 3,20].)
B. Einen Überblick über die Evangeliumsbotschaft geben und, wenn notwendig, Nacharbeitsmaterial zu diesem Thema gemeinsam durchgehen.
C. Versuchen, den Neubekehrten dahin zu bewegen, daß er mitteilt, was ihn zu der Übergabe seines Lebens an Christus veranlaßte.

III. LEKTION: GEWISSHEIT ERLANGEN

Es ist wichtig, sich mit dem Neubekehrten innerhalb von 24 bis 48 Stunden nach seiner Bekehrung zu treffen. Er muß einige wichtige Wahrheiten aus Gottes Wort kennenlernen, um in seiner Entscheidung und Hingabe wachsen zu können. Die Hauptwahrheiten, mit denen er vertraut werden muß, sind folgende:

1. Die Verheißung des ewigen Lebens

2. Die Verheißung der Sohnschaft
3. Die Verheißung der Sündenvergebung
4. Die Notwendigkeit, den Glauben auf Tatsachen, nicht auf Gefühle zu gründen
5. Das innere Zeugnis des Heiligen Geistes
6. Die Gewißheit eines veränderten Lebens

Erkläre jeden dieser Punkte im Detail. Die vorgeschlagene Darlegung, die in Teil V gegeben wird, kann eine gewisse Vorstellung davon ermitteln, wie dies erreicht werden kann.

*Wahrheit 1: Ewiges Leben*

Der erste Punkt, der betrachtet werden muß, ist die Gewißheit, die wir über das ewige Leben mit dem Herrn haben. Dies ist eine wunderbare Verheißung Gottes an alle, die dem Evangelium glauben. Ermutige den Jungbekehrten, über die Reichtümer dieser Verheißung nachzudenken. Sie beinhaltet nicht nur unendliches Leben mit Gott, sondern auch echte Gemeinschaft mit ihm, völlige Erfüllung und Glücklichsein für immer. Diese wunderbare Zukunft erwartet alle, die auf das Evangelium eingehen. Es wird hilfreich sein, dem Jungbekehrten folgende Bibelverse mitzuteilen:

> Und dies ist das Zeugnis: daß Gott uns ewiges Leben gegeben hat, und dieses Leben ist in seinem Sohn. Wer den Sohn hat, hat das Leben; wer den Sohn Gottes nicht hat, hat das Leben nicht. Dies habe ich euch geschrieben, damit ihr wißt, daß ihr ewiges Leben habt, die ihr an den Namen des Sohnes Gottes glaubt (1. Joh. 5,11–13).
>
> Denn so sehr hat Gott die Welt geliebt, daß er seinen eingeborenen Sohn gab, damit jeder, der an ihn glaubt, nicht verloren gehe, sondern ewiges Leben habe (Joh. 3,16).
>
> Wer an den Sohn glaubt, hat ewiges Leben; wer aber dem Sohn nicht gehorcht, wird das Leben nicht sehen, sondern der Zorn Gottes bleibt auf ihm (Joh. 3,36).

*Wahrheit 2: Sohnschaft*

Die zweite Wahrheit, die der Neubekehrte kennenlernen sollte, ist die Verheißung der Sohnschaft in der Familie Gottes.

In einem sehr realen Sinn werden wir Miterben Christi hinsichtlich der Verheißungen Gottes. Die Errettung eröffnet uns eine Vater-Sohn-Beziehung zu Gott. Es ist wichtig, daß der Jungbekehrte erkennt, welches Vorrecht und welche Gewißheit sich für ihn damit verbindet. Nenne folgende Schriftstellen:

So viele ihn aber aufnahmen, denen gab er das Recht, Kinder Gottes zu werden (Joh. 1,12).

Denn ihr alle seid Söhne Gottes durch den Glauben an Christus Jesus (Gal. 3,26).

Denn so viele durch den Geist Gottes geleitet werden, die sind Söhne Gottes . . . Wenn aber Kinder, so auch Erben, Erben Gottes und Miterben Christi (Röm. 8,14.17).

*Wahrheit 3: Sündenvergebung*

Eine andere Hauptwahrheit, die dem Jungbekehrten mitgeteilt werden muß, ist die Verheißung der Sündenvergebung, die in Christus geschieht. Sie wird die Last der Schuld und Verzweiflung fortnehmen. Welch eine herrliche Wahrheit ist es doch, daß Gott uns so sehr liebt, daß er Vergebung für uns bereitgestellt hat. Der jungbekehrte Christ muß dahin kommen, diese Tatsache anzunehmen und sich darüber zu freuen.

Es wird gewöhnlich einige Zeit, mitunter Wochen, brauchen, bis diese Wahrheit ihren Weg vom Kopf in das Herz gefunden haben wird. Arbeite hart daran, daß dies geschieht. Teile folgende Schriftstellen mit:

Wenn wir unsere Sünden bekennen, ist er treu und gerecht, daß er uns die Sünden vergibt und uns reinigt von jeder Ungerechtigkeit (1. Joh. 1,9).

Denn dies ist das Blut meines Bundes, das für viele vergossen wird zur Vergebung der Sünden (Matth. 26,28).

Und als ihr tot wart in den Vergehungen und in der Unbeschnittenheit eures Fleisches, hat er euch mit lebendig gemacht mit ihm, indem er uns alle Vergehungen vergeben hat (Kol. 2,13).

*Wahrheit 4: Tatsachen, nicht Gefühle*

Weise mit Nachdruck darauf hin, wie wichtig es ist, Gott zu glauben und ihn bei seinem Wort zu nehmen. Der Neubekehrte muß es lernen, seinen Glauben auf das Wort Gottes zu gründen und nicht auf das, was er fühlt. Gefühle helfen zwar oft, die Wahrheit der Verheißungen Gottes zu unterstützen, doch ist das Problem bei den Gefühlen das, daß sie zu oft durch die Umstände beeinflußt werden.

Unser Glaube sollte auf einem stabilen Felsengrund ruhen, nicht auf dem sinkenden Sand der Gefühle. Der Neubekehrte muß seinen Glauben auf die unveränderbaren Tatsachen des Wortes Gottes gründen, nicht auf der Veränderung unterworfene Umstände.

> Wie ihr nun den Christus Jesus, den Herrn, empfangen habt (im Glauben), so wandelt in ihm (Kol. 2,6).

*Wahrheit 5: Zeugnis des Heiligen Geistes*

Es gibt einen rechtmäßigen Platz für Gefühle bei der Gewißheit, die ein Neubekehrter erfährt. Dieser liegt in der Erfahrung eines inneren Zeugnisses des Heiligen Geistes, einer inneren Bestätigung für die Tatsache der Sohnschaft. Dieses innere Zeugnis ist ein Gefühl von Frieden, Angenommensein und Vergebung und wird von jedem echten Gläubigen erfahren. Es ist das Empfinden, sich im richtigen Verhältnis zu befinden, ein Empfinden, das der Entscheidung eines Menschen Festigkeit verleiht. Es ist mehr ein inneres Fühlen als eine äußere Emotion. Folgende Verse lehren von dieser Wahrheit:

> Hieran erkennen wir, daß wir in ihm bleiben und er in uns, daß er uns von seinem Geist gegeben hat (1. Joh. 4,13).
>
> ... in dem wir rufen: Abba, Vater! Der Geist selbst zeugt mit unserem Geist, daß wir Kinder Gottes sind (Röm. 8, 15,16).

*Wahrheit 6: Verändertes Leben*

Als letztes bei unserem Versuch, dem Neubekehrten Gewißheit nahezubringen, sollten wir seine Aufmerksamkeit auf die unerklärbaren Veränderungen lenken, die in seinem Leben stattgefunden haben, sowohl in seinem Handeln als auch in seiner Gesinnung.

2. Korinther 5, 17 lehrt, daß ein junger Christ eine neue Schöpfung geworden ist. Diese neue Schöpfung führt zu einem veränderten Leben und wird durch verschiedene Anzeichen offensichtlich. Der jungbekehrte Christ kann diese sichtbaren Veränderungen als Richtlinien zur Bewertung der in seinem Leben stattfindenden Umwandlungen nehmen. Das Wort Gottes sagt, daß folgende Veränderungen im Leben des jungen Gläubigen geschehen sollten:

1. Ein wachsender Hunger, Gott und sein Wort kennenzulernen:

Und seid wie neugeborene Kinder begierig nach der geistigen, unverfälschten Milch, damit ihr durch sie wachset zur Errettung (1. Petr. 2,2).

2. Ein echtes Verlangen, Gottes Gebote zu halten und ein verändertes Leben zu führen:
   Und hieran erkennen wir, daß wir ihn erkannt haben: wenn wir seine Gebote halten (1. Joh. 2,3).
3. Eine wachsende Liebe für die Mitchristen und der Wunsch nach Gemeinschaft mit ihnen: Wir wissen, daß wir aus dem Tod in das Leben hinübergegangen sind, weil wir die Brüder lieben (1. Joh. 3,14).
4. Ein Wunsch, anderen von Christus weiterzusagen. Was geschrieben steht: „Ich habe geglaubt, darum habe ich geredet" –, so glauben auch wir, darum reden wir auch (2. Kor. 4,13).
   Denn es ist uns unmöglich, von dem, was wir gesehen und gehört haben, nicht zu reden (Apg. 4,20).

## IV. ANWEISUNGEN

A. Gib dem Neubekehrten einige gute Literatur an die Hand, die ihn über ein beginnendes geistliches Wachstum in Christus unterrichtet. Folgende Vorschläge könnten gemacht werden:
   1. Das Abenteuer des christlichen Lebens, Campus für Christus e. V. 1979
   2. Green Michael: Neues Leben – neuer Lebensstil, Edition C 1978

B. Ermutige den Neubekehrten zum Bibellesen. Falls er keine Bibel besitzt, dann besorge Du ihm eine. Laß ihn damit beginnen, das Johannesevangelium zu lesen, und alle Verheißungen, die er finden kann, unterstreichen.

## V. VORSCHLAG ZUR DARBIETUNG

**NUN, DA DU AN DAS ERLÖSUNGSWERK CHRISTI AM KREUZ GLAUBST UND IHN ALS ERRETTER ANGENOMMEN HAST . . .**

### GOTTES VERHEISSUNGEN FÜR DICH

**EWIGES LEBEN**
1. Johannes 5, 11–13
Johannes 3, 16

**VERGEBUNG**
Kolosser 2, 13
1. Johannes 1, 9

**SOHNSCHAFT**
Galater 3, 26
Johannes 1, 12

### WAS DU WISSEN SOLLTEST

**TATSACHEN, NICHT GEFÜHLE**
Kolosser 2, 6

**INNERES ZEUGNIS**
1. Johannes 4, 13
Römer 8, 16

**NEUE SCHÖPFUNG**
2. Korinther 5, 17

### WAS DU ERFAHREN WIRST

**VERLANGEN NACH DEM STUDIUM DER SCHRIFT**
1. Petrus 2, 2

**WUNSCH NACH GEHEILIGTEM LEBEN**
1. Johannes 2, 3

**LIEBE FÜR ANDERE**
1. Johannes 3, 14

**VERLANGEN, DAS EVANGELIUM WEITERZUSAGEN**
Apostelgeschichte 4, 20

**Treffen 2 im Rahmen der Nacharbeit**

*DIE PERSÖNLICHE ANDACHT FÖRDERN*

I. GEGENSTÄNDE

A. Die Wichtigkeit der Zeit aufzeigen, die allein mit Gott verbracht wird.
B. Vorschläge machen, wie eine solche Zeit in den Tag eingeplant werden kann.
C. Eine Methode des konzentrierten, fruchtbaren Bibelstudiums vermitteln.
D. Diese Methode gemeinsam mit dem Jungbekehrten anwenden.

II. ÜBERBLICK

A. Untersuche das Maß an Gewißheit, das der Neubekehrte erfahren hat. Es kann hilfreich sein, noch einmal die Rolle der Gefühle bei der Gewißheit zu betrachten.
B. Finde heraus, was er von der Literatur, die Du ihm mitgegeben hast, gelesen hat.
C. Gehe mit ihm sein Studium des Johannesevangeliums durch. Laß Dir von ihm die Verheißungen, die er gefunden hat, erklären.
D. Bringe ihn soweit, daß er Dir mitteilt, welche Reaktion er seitens der Familie und der Freunde erfahren hat. Er könnte unter Umständen Ermutigung brauchen.
E. Beantworte, wenn möglich, jede Frage, die er hervorbringt.

III. LEKTION: DIE PERSÖNLICHE ANDACHT EINPLANEN

Es ist wesentlich, daß der junge Christ eine Zeit festsetzt, die er täglich mit Gott allein verbringt. Diese Zeit ist ein Grundbestandteil eines beständigen Lebens mit Gott. In diesen Momenten innigster Gemeinschaft mit Gott lernen wir als Gläubige das meiste über ihn, über seinen Willen für unser Leben, über seine Führung und über sein Wesen.

Männer Gottes stimmen darin überein, daß diese tägliche Zeit der Andacht die entscheidendste Zeit ihres Tages ist. Das Wort Gottes weist an verschiedener Stelle auf die Bedeutung einer Zeit, mit Gott und seinem Wort verbracht, hin.

> Der Morgendämmerung bin ich zuvorgekommen und habe um Hilfe gerufen. Auf deine Worte habe ich gehofft. Meine Augen sind den Nachtwachen zuvorgekommen, um nachzudenken über dein Wort (Ps. 119,147.148).
>
> . . . sondern seine Lust hat am Gesetz des Herrn und über sein Gesetz sinnt Tag und Nacht (Ps. 1,2)!
>
> Und seid wie neugeborene Kinder begierig nach der geistigen, unverfälschten Milch, damit ihr durch sie wachset zur Errettung (1. Petr. 2,2).

Eine Reihe von Dingen, die zu einer effektiven und beständigen Zeit der Andacht beitragen, sollten berücksichtigt werden. Ihnen wenden wir uns jetzt zu.

*Plane die Stille Zeit*

Stelle dem Neubekehrten nachdrücklich vor Augen, wie notwendig es ist, eine Stille Zeit einzuplanen. Eine gute Planung wird viele Schwierigkeiten, die durch Störungen, Unterbrechungen und Konfliktsituationen hervorgerufen werden, ausschalten. Die persönliche Andacht sollte eine Zeit sein, in der dem Herrn die ungeteilte Aufmerksamkeit zugewandt werden kann.

Einige haben herausgefunden, daß für sie die frühen Morgenstunden am besten geeignet sind; andere ziehen die späten Abendstunden vor. Es gibt keine richtige oder falsche Zeit für die Andacht.

Entscheidend ist nur, daß wir eine solche Zeit festsetzen, während der wir wach sind und klar denken können. Plane anfänglich zwanzig bis dreißig Minuten für die Andacht im Leben des Neubekehrten ein. Im Lauf der Zeit wird er möglicherweise entdecken, daß er mehr Zeit benötigt.

*Finde einen geeigneten Ort*

Der Neubekehrte muß einen Platz finden, an dem er seine Stille Zeit frei von Unterbrechung und Ablenkung halten kann. Dies ist wichtig, um sich voll und ganz auf das Wort Gottes konzentrieren zu können. Ermutige den Jungbekehrten, möglichst einen Ort zu finden, an dem er *laut* beten kann.

Manchmal ist es notwendig, zwei Orte zu haben, einen zum Studium, einen anderen zum Gebet.

In Markus 1,35 gibt uns Jesus ein Beispiel von der Wichtigkeit eines ruhigen Ortes: „Und frühmorgens, als es noch sehr dunkel war, stand er auf und ging hinaus und ging fort an einen einsamen Ort und betete dort."

*Durchführung*

Der Neubekehrte benötigt eine Anleitung für das, was er während seiner Andachtszeit tun sollte. Viele verschiedene Andachtsbücher sind erhältlich. Ich habe herausgefunden, daß es für den Neubekehrten am günstigsten ist, nicht eins dieser Büchlein zu benützen, sondern ein unabhängiges Studienprogramm durchzuführen. Studiere jeweils ein Kapitel oder einen Abschnitt aus der Bibel. Lies die Schriftstelle langsam mehrere Male durch und denke darüber nach. Hier sind einige Grundfragen, die an den Text gestellt werden können:

1. Lehrt mich diese Schriftstelle etwas über eine Sünde, von der ich mich abwenden muß?
2. Gilt es Verheißungen in Anspruch zu nehmen?
3. Sind Beispiele zu befolgen?
4. Sind Warnungen zu beachten?
5. Was lehrt mich diese Bibelstelle über den Vater, den Sohn oder über den Heiligen Geist?
6. Enthält sie weitere Wahrheiten?
7. Was soll ich mit diesen anfangen?

Diese Grundfragen werden dazu beitragen, den Neubekehrten in die Wahrheiten des Wortes Gottes einzuführen. Er sollte nicht nur über diese Fragen nachdenken, sondern auch seine Gedanken niederschreiben.

Das führt uns zur Wichtigkeit eines Notizbuches. Der Neubekehrte sollte den Verlauf und die Spur seines täglichen Studiums verfolgen. Dies kann leicht mit Hilfe eines nicht sehr teuren Spiralblocks geschehen. Teile die einzelnen Blätter für jeden Tag so ein, wie die Abbildung auf der nächsten Seite es zeigt.

Beginnt der Neubekehrte dieses Notizbuch zu führen, werden eine Reihe von Dingen eingeleitet. Er ist nun in der Lage, seinen Fortschritt, seine Beständigkeit und Treue an einem objektiven Maßstab zu beurteilen, was dazu beitragen wird, daß er sein Studium diszipliniert. Ferner wird es bewirken, daß sein Lernprozeß eine höhere Ebene erreicht, da Schreiben das Lernen unterstützt.

| |
|---|
| DATUM_____SCHRIFTSTELLE_____ |
| 1. Sünden aufgeben |
| 2. Verheißung |
| 3. Beispiel |
| 4. Warnung |
| 5. Lehre über Gott |
| 6. Andere Wahrheiten |
| 7. Persönliche Anwendung |

**Beispiel für Notizbuch der persönlichen Andacht**

*Gebet*

Ein zweites entscheidendes Element der Stillen Zeit ist das Gebet. Es ist wichtig, daß das Gebet ein natürlicher Bestandteil im Leben des Jungbekehrten wird. Mindestens fünf Minuten seiner Stillen Zeit sollte er im Gebet verbringen.

Im Lauf der Zeit wird sich diese Zeit um vieles vermehren, doch zu Beginn ist diese Zeitspanne richtig, wird sie den Jungbekehrten doch wohl kaum entmutigen. Eine Gebetsliste kann sich als hilfreich erweisen und wird das Gebetsleben des jungen Gläubigen verstärken. Sie könnte auf dem Rückendekkel des Notizblocks angebracht werden. Folgende Form bietet sich beim Aufstellen einer Gebetsliste an.

| DATUM | ANLIEGEN | ERHÖ-RUNG AM |
|---|---|---|
| | | |

**Beispiel einer Gebetsliste**

Ein geeigneter Weg, den Neubekehrten dahin zu bringen, sowohl mit dem Bibelstudium als auch mit dem Gebet zu beginnen, ist der, daß wir ihm ein Notizbuch kaufen, es für ihn einteilen und ihm übergeben. Das wird auch manche Verwirrung vermeiden helfen.

*Praxis*

Es wird dem Neubekehrten helfen, wenn wir die Methode, die der Jungbekehrte in seinem persönlichen Studium anwenden soll, mit ihm gemeinsam während des Treffens praktizieren. Folgende Schriftstellen bieten sich für eine Wortbetrachtung an:

2. Korinther 5,16–21
1. Korinther 13,1–7
Römer 12,9–21
Philipper 4,4–13
Kolosser 3,5–17

IV. ANWEISUNGEN

A. Veranlasse den Neubekehrten zu beginnen, ein Notizbuch über seine Stille Zeit zu führen. Die Reihenfolge beim Studium der neutestamentlichen Bücher bleibt jedem freigestellt. Die folgende Liste ist nur ein Vorschlag für die ersten Bücher.

1. Johannes
2. Philipper

3. Markus
4. 1. Johannes
5. Römer
6. Apostelgeschichte
7. 1. Korinther

B. Empfehle ihm weiterhin die Lektüre der in Treffen 1 vorgeschlagenen Literatur.

## V. VORSCHLAG ZUR DARBIETUNG

**Persönliche Andacht halten**

1. Petrus 2, 2
Psalm 1, 2
2. Timotheus 2, 15
2. Timotheus 3, 16.17
Markus 1, 35

**Durchführung**

1. Lies ein Kapitel oder einen Absatz
2. Sei systematisch: Gehe ein gesamtes Buch durch

**Planung**

1. Ort
2. Zeit

**Stelle Fragen**

1. Sünden aufgeben?
2. Verheißungen beanspruchen?
3. Beispielen folgen?
4. Warnungen beachten?
5. Lehre über Gott?
6. Weitere Hauptwahrheiten?
7. Bedeutung für mich?

**Bete**

1. Stelle eine Liste auf.
2. Beispiel:

| Datum | Anliegen | Antwort |
|---|---|---|
| | 1. | |
| | 2. | |
| | 3. | |
| | 4. | |
| | 5. | |
| | 6. | |

**Notizbuch führen**

**Treffen 3 im Rahmen der Nacharbeit**

*GEMEINDEZUGEHÖRIGKEIT*

I. GEGENSTÄNDE

A. Erklären, was Gemeinde ist.
B. Erklären, warum Gemeinde notwendig ist.
C. Erklären, warum wir die Gemeinde besuchen müssen.
D. Erklären, wie eine Gemeinde auszuwählen ist.

II. ÜBERBLICK

A. Untersuche den Notizblock, den der Jungbekehrte über seine Stille Zeit führt. Prüfe, wie beständig er war. Bitte ihn, Dir einiges von dem mitzuteilen, was er während der vergangenen Woche lernen durfte.
B. Wiederhole die Wichtigkeit eines Gebetslebens und frage ihn, ob er schon eine Gebetsliste aufgestellt hat.
C. Sollte er immer noch Probleme mit der Heilsgewißheit haben, dann betrachte noch einmal Kapitel 5.
D. Beantworte jede Frage, bevor Du zu einer weiteren Belehrung übergehst.

III. LEKTION: GEMEINDEZUGEHÖRIGKEIT

Der Jungbekehrte muß einer geistlich gesunden und guten Gemeinde zugehörig werden. Obwohl die christliche Gemeinschaft, die er im Bibelkreis und anderen Gruppen erfährt, wichtig ist, bietet sie doch keinen Ersatz für eine Gemeindezugehörigkeit. Der beste Weg, um einem Neubekehrten die Notwendigkeit der Gemeinde nahezubringen, ist der, daß wir die ganz allgemeinen Fragen beantworten, die ein Neubekehrter hinsichtlich der Gemeinde haben könnte. Genauso ist der Inhalt zu diesem Treffen aufgebaut.

*Was ist die Gemeinde?*

Das Wort *Gemeinde* wird in der Bibel in zweifacher Hinsicht gebraucht. Zuzeiten bezieht es sich auf die Gesamtheit aller Christen in der Welt, das ist die universale Gemeinde. An anderen Stellen bezieht es sich auf eine spezielle Gruppe von Gläubigen an einem bestimmten Ort, das ist die Lokalgemeinde. Die Gemeinde wird auch des öfteren der „Leib Christi" genannt, was bedeutet, daß alle Gläubigen ein Teil des geistlichen Leibes Christi sind, der seinen Dienst in der Welt von heute ausführt.

1. Korinther 12, 1–27 erläutert diese wichtige Wahrheit und macht deutlich, daß jeder gebraucht wird, wenn der Leib wachsen und funktionieren soll. Ein neuer Gläubiger wird dadurch ein Glied am Leib Christi, daß er durch den Heiligen Geist in diesen Leib hineingetauft wird, was geschieht, wenn er Jesus Christus annimmt. Zu jenem Zeitpunkt, ob er es wußte oder nicht, wurde er ein Teil des Leibes.

*Warum ist Gemeinde notwendig?*

Aus einer Reihe von Gründen ist die Gemeinde notwendig. Diese lassen sich am besten darlegen, indem wir sie nacheinander aufzählen.

1. *Die Gemeinde ist notwendig zur Organisation der Gläubigen.* Unser Gott ist nicht ein Gott der Unordnung (1.Kor. 14,33) und wir können annehmen, daß Verwirrung nicht in seinem Willen liegt. Organisation der Gläubigen ist notwendig, um einer möglichen Verwirrung vorzubeugen. Ebenso sorgt die Gemeinde für geistliche Leiterschaft und verstärkt das Wachstum der Gläubigen. Die Notwendigkeit für Organisation wird in Apostelgeschichte 6 offensichtlich.

2. *Die Gemeinde stellt die Gelegenheit für die Gemeinschaft der Gläubigen bereit.* Die brüderliche Gemeinschaft ist ein Gebot Gottes. „. . . laßt uns . . . unser Zusammenkommen nicht versäumen . . ." (Hebr. 10,25). Es ist außerordentlich wichtig, daß Neubekehrte und überhaupt alle Gläubigen gute Gemeinschaft haben. Die Gemeinde stellt diese bereit. In guter Gemeinschaft erfahren Gläubige gegenseitige Ermutigung (Röm. 1,12), Auferbauung (1. Kor. 12,14–27) und auch ein Teilen der Freuden und der Lasten (Gal. 6,2).

3. *Die Gemeinde sorgt für die Unterweisung der Gläubigen.* Eine gute Gemeinde sorgt für Übungsmöglichkeiten und für Belehrung, so daß Christen in ihrem eigenen geistlichen Leben wachsen und anderen dienen können. Es ist wichtig, mit biblischer Glaubenslehre vertraut zu werden.

4. *Die Gemeinde bietet Gelegenheit zur gemeinsamen Anbetung Gottes.* Gott wünscht und fordert unsere Anbetung. Diese soll sowohl persönlich als auch gemeinschaftlich sein. Gemeinsame Anbetung, gemeinsames Singen und Lobpreis verherrlichen Gott und fördern unser geistliches Wachstum.

5. *Die Gemeinde bietet uns Gelegenheit zum Dienst.* Die Gemeinde ist der Ort, wo wir die Gaben, die Gott uns gegeben hat, einsetzen können. Wir können gemeinsam ein Projekt in Angriff nehmen oder einen gemeinsamen Einsatz durchführen. Wir sind aufgefordert, Werke zu zeigen, die unseren Glauben widerspiegeln.

*Warum sollte ich die Gemeinde besuchen?*

Dies ist eine zulässige Frage, die eine zweifache Antwort erhält. Erstens solltest Du eine Gemeinde besuchen wegen all der genannten Gründe, warum die Gemeinde notwendig ist. Zweitens sollte es Dir unabhängig der dargelegten Punkte genügen, daß Gott Dich zum Besuch der Gemeinde auffordert (Hebr. 10,25).

Wenn Du den Jungbekehrten diesbezüglich unterrichtest, kann es angebracht sein, noch etwas mehr auf diesen Punkt einzugehen. Das Einbezogensein in eine Gruppe hält uns für gewöhnlich vor Extremen zurück. Es kann leicht geschehen, daß ein Neubekehrter in Extreme hinsichtlich der Lehre, Anbetung und Einstellung verfällt. Die Dynamik einer Gruppe hilft, diese Tendenzen auszugleichen. Ebenso bietet die Gemeinde den Vorteil, daß es dort auch erfahrenere Gläubige gibt, die besser in der Lage sind, auf die Probleme zu antworten als Neubekehrte.

> Die feste Speise aber ist für Erwachsene, die infolge der Gewöhnung geübte Sinne haben zur Unterscheidung des Guten wie auch des Bösen (Hebr. 5,14).

*Welcher Gemeinde sollte ich mich anschließen?*

Der Neubekehrte muß nicht nur in eine, sondern in die richtige Gemeinde einbezogen werden. Es gibt eine Reihe von Kriterien, die sich als hilfreich bei der Wahl, welcher Gemeinde er sich anschließen sollte, erweisen. Es sind folgende:

1. Besuche eine solche Gemeinde, die das Evangelium predigt und durch eine warme, freundliche Atmosphäre gekennzeichnet ist.

2. Schließe Dich einer Gemeinde an, die Nachdruck darauf legt, Jesus Christus in einer persönlichen Entscheidung als Herrn und Erlöser anzunehmen.
3. Schließe Dich einer Gemeinde an, deren Glieder das neue Leben in Christus zu verstehen und zu erfahren scheinen.
4. Schließe Dich einer Gemeinde an, die die Mission betont und unterstützt.

In vielen Fällen wird es hilfreich sein, wenn wir den Neubekehrten bei der Wahl seiner Gemeinde leiten. Der bei diesem Treffen behandelte Inhalt wird ihn verstehen lassen, warum Du eine bestimmte Gemeinde vorschlägst.

## IV. ANWEISUNGEN

A. Laß den Neubekehrten fortfahren, den Notizblock über sein Leben in der Stillen Zeit zu führen.
B. Vergewissere Dich, daß der Neubekehrte diese Woche die Gemeinde besucht. Biete ihm, falls nötig, eine Mitfahrgelegenheit.
C. Beginne ihn wenn möglich in einen Hausbibelkreis einzubeziehen. Dies wird die Zahl der Beziehungen zu anderen Gläubigen vergrößern.
D. Gib dem Neubekehrten einige Bücher, die seine Glaubenserkenntnis erweitern. Dazu einige Vorschläge:
   1. E. M. Blaiklock: Warum hat mir das keiner gesagt?, TELOS-Paperback 1975
   2. Th. Haarbeck: Die Bibel sagt . . . , Brunnen-Verlag 1977
   3. Paul J. Little: Weißt du Bescheid?, Bundes-Verlag 1979
   4. J. R. W. Stott: Einführung ins Christentum, Brockhaus-Verlag 1973

## V. VORSCHLAG ZUR DARBIETUNG

**. . . die Gemeinde besuchen . . .**

**A. Was ist die Gemeinde?**

1. **Leib Christi**
   1. Korinther 12, 1–27
2. 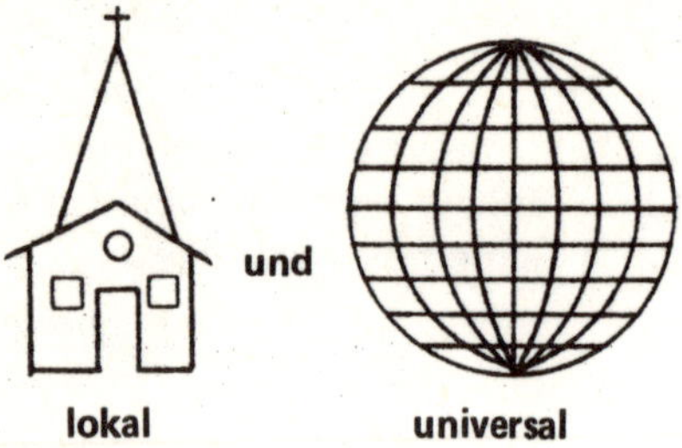


**B. Warum ist sie notwendig?**

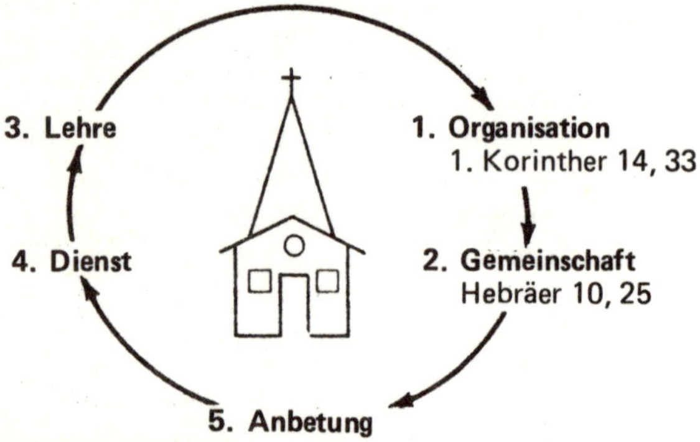


**C. Warum soll ich sie besuchen?**

1. **Aus genannten Gründen**
2. **Gott fordert mich dazu auf**
   (Hebräer 10, 25)
3. **Bewahrt vor Extremen**
4. **Rat gereifter Gläubiger steht zur Verfügung**

**D. Welcher Gemeinde schließe ich mich an?**

**Prüfliste**

1. **Predigt das Evangelium**
2. **Warme, freundliche Atmosphäre**
3. **Mitglieder leben in der Fülle Jesu**
4. **Betonung der Mission**
5. **Evangelikal ausgerichtet in der Lehre**

**Treffen 4 im Rahmen der Nacharbeit**

*KRAFT FÜR DAS LEBEN ALS CHRIST*

I. GEGENSTÄNDE

A. Die Verheißungen Gottes hinsichtlich überfließenden christlichen Lebens aufzeigen.
B. Die Rolle des Heiligen Geistes im Leben des Christen aufzeigen.
C. Die Bedeutung der Erfüllung mit dem Heiligen Geist erklären.
D. Die Bedingungen für ein Leben in Kraft aufzeigen.

II. ÜBERBLICK

A. Untersuche das Notizbuch über die persönliche Andacht und prüfe die Beständigkeit des Jungbekehrten.
B. Wiederhole die Lehre von der Gemeinde, die beim letzten Treffen durchgearbeitet wurde. Finde heraus, welche Entscheidung er hinsichtlich der Gemeindezugehörigkeit gemacht hat. Betone noch einmal, warum es wichtig für ihn ist, in das Gemeindeleben mit einbezogen zu sein.
C. Beantworte jede andere Frage, die er zu diesem Punkt haben könnte.

III. LEKTION: KRAFT FÜR DAS LEBEN ALS CHRIST

Es ist für den Jungbekehrten wichtig, die Quelle der Kraft zu erkennen, die ihm für sein Leben als Christ zur Verfügung steht. Die Wahrheiten des geisterfüllten Lebens bilden die Grundlage christlicher Existenz. Ein Erfassen dieser Wahrheiten zu einem frühen Zeitpunkt im Leben als Christ wird mancher Niederlage und Frustration vorbeugen. Die vorliegende Lektion behandelt drei Punkte, die dem Neubekehrten helfen sollen, diese Wahrheit zu erfassen.

*Verheißung und Quelle der Kraft*

Lernen, mit dem Heiligen Geist erfüllt zu sein, ist der Schlüssel zum Sieg im Leben des Gläubigen. Nur wenn dieser Zustand die Erfahrung des Christen bildet, geschieht es, daß ihm viele der Verheißungen Gottes real werden. Christus hat all denen, die ihm nachfolgen, ein überfließendes und sinnvolles Leben versprochen: „Ich bin gekommen, damit sie Leben haben und Überfluß haben" (Joh. 10,10b).

Diese Art überfließenden Lebens soll durch Effektivität im Dienst und durch persönliche Lebenserfüllung charakterisiert sein. Persönliche Erfüllung wird durch die Frucht des Geistes umschrieben, was folgende Verse veranschaulichen:

> Ihr habt nicht mich erwählt, sondern ich habe euch erwählt und euch gesetzt, daß ihr hingeht und Frucht bringt und eure Frucht bleibe (Joh. 15,16a).
>
> Die Frucht des Geistes aber ist: Liebe, Freude, Friede, Langmut, Freundlichkeit, Güte, Treue, Sanftmut, Keuschheit (Gal. 5,22).

Der Heilige Geist ist die Kraftquelle für ein so geartetes christliches Leben.

Nur dann, wenn jemand mit dem Heiligen Geist erfüllt ist, wird dieses Leben für ihn möglich.

> Aber ihr werdet Kraft empfangen, wenn der Heilige Geist auf euch gekommen ist (Apg. 1,8a).

### *Was bedeutet es, mit dem Heiligen Geist erfüllt zu sein?*

Jesus Christus lebt sein Leben in und durch uns in der Kraft des Heiligen Geistes. Mit dem Heiligen Geist erfüllt zu sein, bedeutet im wahren Sinn des Wortes mit Christus erfüllt zu sein und in ihm zu bleiben. Dies versuchte Paulus in Galater 2, 20 deutlich zu machen: „Ich bin mit Christus gekreuzigt, und nicht mehr lebe ich, sondern Christus lebt in mir."

Die Erfüllung mit dem Heiligen Geist wird uns in Epheser 5, 18 beschrieben. Diese Schriftstelle verleiht uns manche Einsicht in diese überaus bedeutende Wahrheit. „Und berauscht euch nicht mit Wein, worin Ausschweifung ist, sondern werdet voll Geist."

Hier vergleicht Paulus das Erfülltsein mit dem Geist Gottes mit der Betrunkenheit. Dies macht deutlich, daß das Erfülltsein grundsätzlich eine Angelegenheit des Kontrolliertseins ist. Die Frage ist folgende: Wer oder was kontrolliert Dich? Ein Betrunkener wird von dem Alkohol, der sich in seinen Blutbahnen befindet, kontrolliert und verhält sich normalerweise nicht mehr wie jemand, der Selbstbeherrschung besitzt. Die

Person, die vom Heiligen Geist erfüllt ist, wird von Christus beherrscht und verhält sich auch nicht länger „normal“. In beiden Fällen führt die Person nicht länger ein Leben, das vom eigenen Selbst regiert wird.

Vom Heiligen Geist erfüllt zu sein ist weniger eine Frage der Reife als eine Frage der Kontrolle. Ein reifer Christ wird mit dem Heiligen Geist erfüllt sein, doch gibt es andere Faktoren, die zu seiner Reife beitragen. Ein geistlicher Christ erlaubt Jesus, die Kontrolle über sein Leben in die Hand zu nehmen. Er mag sich auf einer von verschiedenen Reifestufen befinden, doch immer sollte er erfüllt sein mit dem Geist.

Reife in Christus ist das Ergebnis aus Zeit und einem von Christus kontrollierten Leben. Auf diese Weise steht die Erfüllung mit dem Heiligen Geist zu unserem geistlichen Wachstum und unserer Reife in Beziehung.

*Wie kann ich beständig mit dem Geist Gottes erfüllt sein?*

Es gibt bestimmte Bedingungen, die erfüllt sein müssen, bevor es in unserem Leben zu der Erfüllung durch den Geist Gottes kommen kann. Hierbei handelt es sich um Bedingungen, die beständig erfüllt sein müssen, nicht nur einmal, denn die Erfüllung mit dem Heiligen Geist ist ja auch nicht etwas, das einmal geschieht, sondern ein beständiger Prozeß. Es wird wichtig sein, dies dem Neubekehrten gegenüber nachdrücklich zu betonen. So gesehen gehört zum Erfülltwerden nicht nur ein Bitten um diese Notwendigkeit, sondern auch ein Erfüllen der Bedingungen.

*Bedingung 1: Das Verlangen.* Eine Person muß den echten Wunsch haben, daß Gott ihr Leben regiert. Sie muß ein aufrichtiges Verlangen nach dieser Kraft für ein siegreiches Leben haben. Der gesamte Mensch – Verstand, Wille und Gefühl – müssen der Herrschaft Christi übergeben sein.

> Glückselig, die nach der Gerechtigkeit hungern und dürsten, denn sie werden gesättigt werden (Matth. 5,6).

*Bedingung 2: Die Übergabe des Steuers.* Eine Person, die mit dem Heiligen Geist erfüllt werden möchte, muß diese Grundentscheidung treffen und Christus ihr Leben kontrollieren lassen. Kein noch so großes Verlangen und Streben nach Fülle im Geist wird etwas erreichen, wenn diese Entscheidung nicht geschehen ist. Wir müssen Christus unser Leben regieren lassen und uns ihm zur Verfügung stellen, bevor wir erfüllt werden können mit seinem Geist. Erinnern wir uns an die Haltung des Paulus, die sich in Galater 2,20 ausgedrückt findet:

> Ich bin mit Christus gekreuzigt, und nicht mehr lebe ich, sondern Christus in mir.

Dies ist eine Wahrheit, die sich auch in Römer 12,1 findet:

> Ich ermahne euch nun, Brüder, durch die Erbarmungen Gottes, eure Leiber darzustellen als ein lebendiges . . . Opfer . . .

*Bedingung 3: Das gehorsame Leben.* Es ist so entscheidend, daß wir im Gehorsam gegenüber der Leitung Gottes wandeln. Ein Christ hat keine andere Wahl als den Geboten Gottes, wie sie in seinem Wort niedergelegt sind, zu folgen. Unsere Hingabe an die Herrschaft Jesu Christi schließt eine Hingabe unseres Willens mit ein. Es gilt, ihm gegenüber Gehorsam in allen Dingen zu beweisen. Unser Gehorsam ist gewissermaßen der Prüfstein für unsere Liebe und Errettung. Folgende Verse legen dies klar dar:

> Und hieran erkennen wir, daß wir ihn erkannt haben: wenn wir seine Gebote halten (1. Joh. 2,3).
>
> Ihr seid meine Freunde, wenn ihr tut, was ich euch gebiete (Joh. 15,14).

*Bedingung 4: Die Reinigung.* Gott wird niemals ein unsauberes Gefäß füllen. Wenn jemand als Christ sündigt, muß er lernen, seine Sünde Gott zu bekennen. Diesen Weg hat Gott vorgeschrieben, um die Sünde in unserem Leben zu bewältigen. Dies zeigt uns 1. Johannes 1,9:

> Wenn wir unsere Sünden bekennen, ist er treu und gerecht, daß er uns die Sünden vergibt und uns reinigt von jeder Ungerechtigkeit.

Bekennen unserer Sünde bedeutet nicht nur, daß wir Gott sagen, wie leid es uns tut, daß wir gesündigt haben, sondern es bedeutet ebenso, daß wir uns von der Sünde abwenden und auf die Vergebung Gottes vertrauen.

Das Wort *bekennen* bedeutet, hinsichtlich der Sünde mit Gott übereinstimmen. Wenn Du diese Bedingungen erfüllt hast, dann liefere Dein Leben Jesus Christus als einen Akt Deines Willens aus, bitte ihn, Dein Leben unter seine Führung und Kontrolle zu nehmen und vertraue darauf, daß er es getan hat und weiterhin tun wird. Beständiger Wandel im Geist ist das Ergebnis, das aus einem beständigen Erfüllen der Bedingungen herrührt.

Andere Faktoren, die zu unserer geistlichen Reife beitragen, werden in nachfolgenden Treffen behandelt. Was an dieser hauptsächlich zu betonen war, war die Wichtigkeit einer Übergabe der Kontrolle des Lebens an Christus.

## IV. ANWEISUNGEN

A. Veranlasse den Neubekehrten, auch weiterhin sein Notizbuch über die persönliche Andacht zu führen.
B. Beurteile den Stand seiner Mitarbeit in der Gemeinde.
C. Laß ihn die folgenden Bücher lesen:
   1. van Dooren: Das Leben, das ich jetzt lebe, TELOS-Taschenbuch 1979
   2. P. St. John: Ungehorsam ist das Hindernis, Hermann Schulte Verlag 1977
   3. F. A. Schaeffer: Geistliches Leben -- was ist das?, Brockhaus Verlag 1975
   4. Chr. von Viebahn: Vom Leben im Geist, Diakonissenmutterhaus Aidlingen

## V. VORSCHLAG ZUR DARBIETUNG

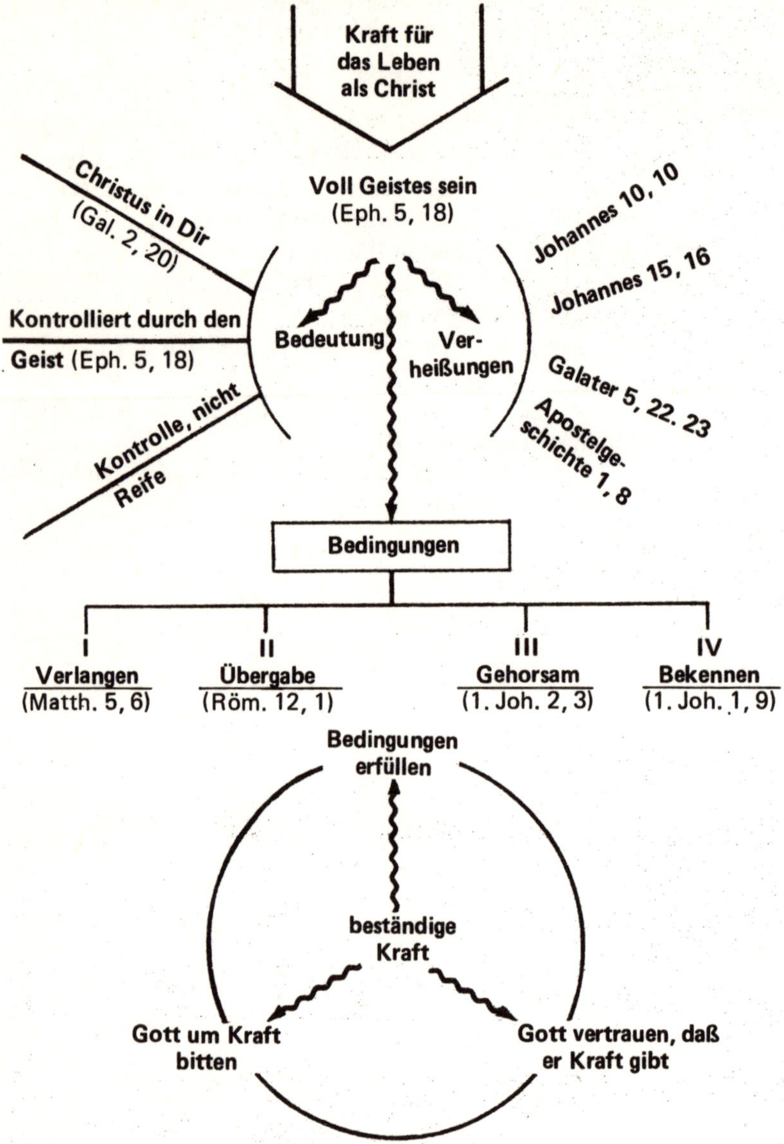

## Treffen 5 im Rahmen der Nacharbeit

*GEBET*

### I. GEGENSTÄNDE

A. Dem Neubekehrten die Wichtigkeit eines Gebetslebens nahezubringen.
B. Den Zweck des Gebets aufzeigen.
C. Zeigen, wie ein Gebetsleben ganz praktisch entwickelt werden kann.
D. Auf mögliche Gebetshindernisse hinweisen.

### II. ÜBERBLICK

A. Untersuche das Notizbuch, das der Jungbekehrte über seine persönliche Andacht führt. Gehe mit ihm gemeinsam all das durch, was er in seiner Stillen Zeit gelernt hat. Beurteile seine Beständigkeit.
B. Wiederhole den Inhalt des vorangegangenen Treffens. Es ist wichtig, daß der Neubekehrte ein klares Verständnis dessen erlangt, was siegreiches Leben beinhaltet. Stelle folgende Fragen:
   1. Wo ist die Kraftquelle für ein effektives Leben als Christ?
   2. Was bedeutet es, „erfüllt" mit dem Geist Gottes zu sein?
   3. Was sind die Bedingungen für eine solche Erfüllung?
   4. Was bedeutet das Bekennen und warum ist es wichtig?
C. Beantworte jede Frage, die ihn bewegen könnte, bevor Du zu der neuen Lektion übergehst.

### III. LEKTION: GEBET

Gebet ist ein Grundbestandteil eines überfließenden christlichen Lebens. Wenn dieses entscheidende Element fehlt, wird der Jungbekehrte nicht wesentlich in seiner Beziehung zu Christus wachsen. Obwohl wir das Aufstellen einer Gebetsliste schon erwähnt haben, ist doch noch weitaus mehr über das Thema Gebet zu sagen.

Betone dem Neubekehrten gegenüber, daß Gebet Reden mit Gott ist. Gebet ist der Weg, auf dem wir mit Gott kommunizieren. Gebet ist der Weg, den Gott eingesetzt hat, daß wir die Möglichkeit haben können, mit ihm zu sprechen. In gewisser Hinsicht ist das Gebet der zweite Teil des göttlichen Kommunikationsvorgangs. Der erste Teil ist der, daß Gott zu uns durch sein Wort und seinen Geist redet. Der zweite Teil ist dann unsere Antwort darauf im Gebet.

Gebet wird oft vom Neubekehrten mißverstanden. Normalerweise hat er eine Vorstellung vom Gebet als von etwas, dessen Effektivität von der rechten Liturgie, Terminologie oder den richtigen Ritualen abhängt. Es ist wichtig, ihm zu sagen, daß es keiner phantasievollen und hochkomplizierten Redeweise bedarf. Gott möchte ganz einfach nur, daß wir zu ihm sprechen. Und doch ist Gebet nur eine Angelegenheit von Worten. Unsere Worte müssen Ausdruck unseres Herzens sein. Wir sollen nicht nur mit Gott sprechen, wir sollen auch das meinen, was wir sagen. Gebet, das nicht durch die rechte Herzenseinstellung getragen wird, ist eine nutzlose Prozedur.

### *Zweck des Gebets*

Gottes Wort nennt uns mehrere Gründe für das Gebet. Es ist notwendig, den Jungbekehrten über diese zu unterrichten, damit er die rechte Motivation für ein aktives Gebetsleben erhält. Wir wollen einige der Hauptgründe für Gebet nennen.

1. *Gebet befriedigt die tiefsten Bedürfnisse des menschlichen Herzens.* Gott hat uns so geschaffen, daß wir die Gemeinschaft mit ihm benötigen, welche nur im Gebet geschieht und durch dasselbe möglich wird. Gebet allein begegnet der tiefen inneren Unruhe des menschlichen Herzens. Dies wird klar in folgenden Schriftstellen gelehrt: Psalm 42, 2.3; 63,2.6–9.

2. *Gebet ist ein Weg, um Gottes Führung zu erkennen.* Gott hat bestimmt, daß das Gebet einer der Wege ist, auf dem wir seinen Willen für unser Leben erkennen. Der Friede und die Weisung, die Gott uns in unserem Gebetsleben gibt, kann auf keinem anderen Weg erlangt werden. Teile dem Neubekehrten folgende Bibelstellen mit: Matthäus 7,7; Jakobus 1,5.

3. *Gebet ist der uns von Gott verordnete Weg, auf dem wir unsere Probleme bewältigen.* Sorge und Angst sollten dem Christen eine fremde Erfahrung sein. Freiheit von diesen Pro-

blemen ist das Kennzeichen der übernatürlichen Veränderung, die im Leben eines Christen geschehen ist. Der natürliche Mensch weiß keinen Rat, diese Schwierigkeiten zu bewältigen. Die folgenden Verse verdeutlichen dies: Philipper 4, 6.7; 1. Petrus 5,7.

4. *Gebet ist der Weg, auf dem wir Gott unsere Nöte und Besorgnisse mitteilen.* Wir brauchen nicht nur zu hoffen, daß Gott unsere Nöte kennt. Durch das Gebet hat Gott uns einen rechtmäßigen Weg geöffnet, um ihm unsere Nöte mitzuteilen. So ist Gebet auch ein Vehikel dafür, daß wir etwas Konstruktives unternehmen hinsichtlich der Dinge, die uns betreffen, was u. a. Menschen, Projektvorhaben, Mission etc. sein können. Die nachfolgend genannten Bibelstellen unterstreichen diese Wahrheit: Johannes 16,23–27; Hebräer 4,16; 1. Johannes 5,14.

5. *Gebet hilft uns in unserem Kampf gegen Sünde und Versuchung.* Einen wirksamen Weg, mit der Sünde und der Anfechtung fertig zu werden, bietet das Gebet. Gebet um Stärke und Weisheit, der Versuchung widerstehen und Sieg über die Sünde erlangen zu können wird uns in der Schrift deutlich als ein wichtiger Zweck des Gebets gelehrt. Die folgenden Verse können hierzu betrachtet werden: Matthäus 6,13; 26,41; 2. Thessalonicher 3,1–3.

### *Durchschlagskraft im Gebet entwickeln*

Es ist nicht nur wichtig, zu wissen, „warum" wir beten sollen. Der Jungbekehrte muß auch einige praktikable Hinweise darüber erhalten, „wie" er beten soll. Der Zweck dieses Abschnittes ist, einige praktische Einsichten darüber zu vermitteln, wie ein wirksames Gebetsleben entwickelt werden kann.

Es folgt eine knappe Darlegung von fünf Schritten, die zu einem effektiven Gebetsleben führen. Es ist wichtig, daß der Jungbekehrte über jeden der angesprochenen Punkte Klarheit erhält.

1. *Sei ausgewogen.* Ein allgemeines Problem der Jungbekehrten ist, daß sie leicht in einer Art des Gebets extrem werden. So könnte es geschehen, daß sie fortwährend nur persönliche Nöte vor Gott ausbreiten oder vielleicht nur noch für die Mission beten oder sich ganz auf die Fürbitte für andere konzentrieren und die eigenen Schwierigkeiten völlig auslassen. Es sollte zu einer Ausgewogenheit im Gebetsleben kom-

men. Philipper 4, 6.7 verweist uns auf drei wesentliche Elemente effektiven Betens. Diese sind:

a) Persönliche Anliegen – die Nöte und Wünsche, die unser eigenes Leben betreffen und die wir Gott gegenüber zum Ausdruck bringen.
b) Fürbitte – die Bitten, die wir für andere Menschen oder Projekte vor Gott kundmachen.
c) Danksagung – wir erinnern uns an die Gebetserhörungen, die Gott geschenkt hat, und danken ihm für seine Fürsorge für unser Leben.

Hilf dem jungen Gläubigen, in seinem Gebetsleben eine rechte Balance dieser Elemente zu halten.

2. *Sei systematisch.* Ein weiteres allgemeines Problem der Christen ist, daß sie sich vornehmen, für etwas Bestimmtes zu beten, und es dann doch vergessen. Die Antwort auf dieses Problem liegt in der Ausbildung eines systematischen Gebetslebens. Den besten Weg, um systematisch im Gebet zu werden, bietet das Erstellen einer Gebetsliste. Wiederhole, was über die Gebetsliste in dem entsprechenden Abschnitt des Treffens drei im Rahmen der Nacharbeit ausgeführt worden ist. Folgende Verse stützen die Notwendigkeit eines systematischen Vorgehens im Gebet: Epheser 1,16; Kolosser 1,9; 1. Thessalonicher 1,2.

3. *Sei beständig.* Es ist nicht nur wichtig, systematisch im Gebet zu sein, ebenso notwendig ist Beständigkeit. Nur wenn der Jungbekehrte sich selbst zu einem beständigen Gebetsleben diszipliniert, wird er die Wohltaten des Gebets erfahren.

Gebet muß sich zu einer lebendigen und beständigen Gemeinschaft mit Gott entwickeln. Hilfreich dazu ist die Gewohnheit des Satzgebets. Das heißt wir sprechen während des ganzen Tages kurze Gebete, sobald uns Anliegen in Erinnerung gerufen werden. Dies wird tatsächlich unsere Beständigkeit beim Beten fördern (Röm. 12,12; 1.Thess. 5,16).

4. *Sei spezifisch.* Ein allgemeinhin vorkommender Fehler vieler junger Christen ist der, daß ihre Gebete viel zu allgemein sind. Sie sollten darauf hingewiesen werden, daß sie spezifisch beten müssen. Nur ein spezifisches Gebet wird erkennen lassen, daß Gott es auch tatsächlich beantwortet hat. Mach dem Jungbekehrten Vorschläge, für welche Anliegen er ganz speziell beten sollte.

5. *Sei beharrlich.* Viele Christen beten einmal für eine bestimmte Sache und dann nicht wieder. Andere gar werden ent-

mutigt und stellen das Gebet nach einer kurzen Zeit wieder ein. Obwohl das Problem unerhörten Gebets mitunter damit verbunden ist, daß wir einfach so für Dinge gebetet haben, so ist doch von der Schrift her klar, daß die Gebetserhörung zuzeiten verzögert wird. Dafür gibt es viele Gründe, von denen einer der ist, daß Gott wünscht, daß wir geduldig und ausdauernd in unserem Beten werden.

Beharrlichkeit zeigt unseren Willen, Gott zu vertrauen und ihm den Zeitpunkt zu überlassen. Hilf dem Jungbekehrten, diese Wahrheit zu verstehen, indem Du ihn auf folgende Schriftstellen verweist: Lukas 11,5; 18,1; Römer 1,9.10.

### *Mögliche Hindernisse für wirkungsvolles Gebet*

Ein letzter Punkt, der dem Jungbekehrten hinsichtlich des Gebets mitgeteilt werden muß, betrifft mögliche Gebetshindernisse. Die Bibel nennt deren einige und warnt eindringlich vor ihnen. Wenig Kommentar ist hierzu nötig.

1. Er betet nicht im Glauben oder in völligem Vertrauen (Jak. 1,5–8).
2. Er betet nicht hinreichend genug oder bittet gar nicht wirklich um etwas Bestimmtes (Matth. 21,22; Jak. 4,3).
3. Er bittet aus falschem, das heißt aus selbstsüchtigem Motiv heraus (Jak. 4,3).
4. Es gibt Sünde in seinem Leben, die noch nicht bekannt worden ist (Ps. 66,18).
5. Es bestehen unbewältigte Schwierigkeiten in der Ehe (1. Petr. 3,7).
6. Er lebt außerhalb des Willens Gottes (1. Joh. 5,14.15).

## *IV. ANWEISUNGEN*

A. Veranlasse den Neubekehrten dazu, auch weiterhin seine Aufzeichnungen über seine Stille Zeit zu machen.

B. Versuche eine Zeit des gemeinsamen Gebets mit dem Jungbekehrten festzusetzen oder versuche, ihn in Kontakt mit einer Gebetsgruppe zu bringen.

C. Laß ihn eins der folgenden Bücher lesen:
   1. van Dooren: Gebet – das lebensnotwendige Atmen des Christen, TELOS-Taschenbuch 1975
   2. O. Hallesby: Vom Beten, Brockhaus-Verlag 1978
   3. F. Vogel: Mut zum Gebet, Christliches Verlagshaus 1978

## V. VORSCHLAG ZUR DARBIETUNG

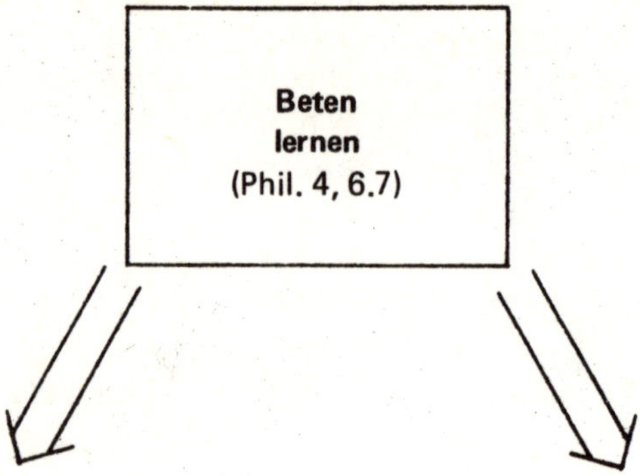


**Zweck des Gebetes**

1. **Befriedigung innersten Wünschens und Sehnens**
2. **Führung**
3. **Sorgen begegnen**
4. **Gemeinschaft mit Gott**
5. **Sünde überwinden**

**Durchschlagskraft erlangen**

1. **Sei ausgewogen**
2. **Sei systematisch**
3. **Sei beständig**
4. **Sei spezifisch**
5. **Sei beharrlich**

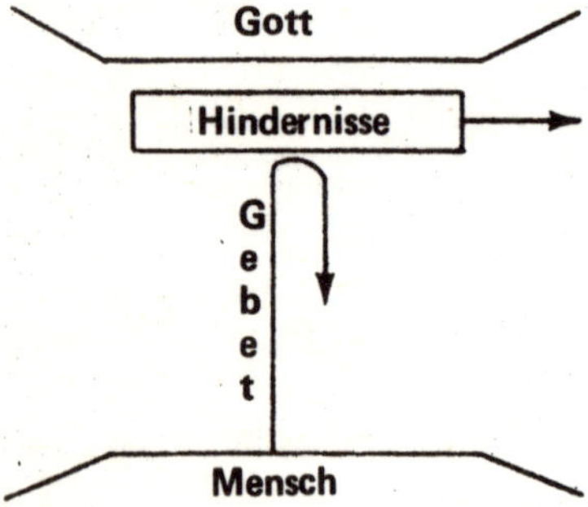


1. **betet nicht im Glauben** (Jak. 1, 5–8)
2. **bittet nicht** (Matth. 21, 22)
3. **bittet aus falschem Motiv** (Jak. 4, 3)
4. **eheliche Probleme** (1. Petr. 3, 7)
5. **nicht bekannte Sünde** (Ps. 66, 18)
6. **bittet nicht nach Gottes Willen** (1. Joh. 5, 14.15)

## Treffen 6 im Rahmen der Nacharbeit

### *LEBEN IM GEHORSAM*

I. GEGENSTÄNDE

A. Die Bedeutung wahren Gehorsams erklären.
B. Zum Gehorsam motivieren.
C. Praktische Hilfen zum Gehorsam geben.
D. Bereiche im Leben des Jungbekehrten, die Gehorsam erfordern, ansprechen.

II. ÜBERBLICK

A. Die Notizen der persönlichen Andacht durchsehen und auf Beständigkeit hin untersuchen.
B. Die vorhergegangene Lektion durch das Stellen von folgenden Fragen wiederholen:
1. Was ist Gebet?
2. Warum ist Gebet nötig?
3. Wie kann unser Gebet durchschlagend werden?
4. Welche Gebetshindernisse könnten in unserem Leben auftreten?
C. Versuche jede mögliche Frage des Jungbekehrten zu beantworten.

III. LEKTION: LEBEN IM GEHORSAM

„Und hieran erkennen wir, daß wir ihn erkannt haben; wenn wir seine Gebote halten. Wer sagt: Ich habe ihn erkannt, und hält seine Gebote nicht, ist ein Lügner, und in dem ist nicht die Wahrheit“ (1. Joh. 2,3.4).

Gehorsam ist ein Schlüsselelement sieghaften Christenlebens. Das Wort Gottes betont diesen Ausdruck unserer Hingabe nachdrücklich. In obigem Schriftvers verleiht Johannes dem Gehorsam den Status eines Zeichens, das erkennen läßt, ob eine Person wahrhaft gerettet worden ist oder nicht.

Es ist wichtig, daß wir dem Jungbekehrten dabei helfen, einen Lebensstil des Gehorsams zu entwickeln. Das wird zwar nicht über Nacht geschehen, doch können wir den Prozeß in Gang setzen, dadurch, daß wir Notwendigkeit und Methode des Gehorsams praktisch und klar darlegen.

*Was bedeutet Gehorsam?*

Webster definiert Gehorsam als „Zustand oder Handlung eines Seins, das dem Willen eines anderen unterliegt". Diese Definition besitzt einige praktische Implikationen für den Gläubigen. Als erstes beinhaltet sie, daß zum Gehorsam eine außerhalb der eigenen Person gesetzte Autorität als Objekt unseres Gehorsams erforderlich ist. In diesem Fall ist Gott diese Autorität, der wir gehorsam sind. Zum zweiten beinhaltet die Definition, daß wahrer Gehorsam nicht nur ein Handeln, sondern auch eine innere Einstellung ist. Das bedeutet, daß wahrer Gehorsam das Ergebnis der Entscheidung ist, sich unterzuordnen und nicht gegen den Willen unterwürfig zu sein.

Dies scheint deutlich zu machen, daß wahrer Gehorsam im geistlichen Bereich darin sichtbar wird, daß wir Gottes Willen für unser Leben in jeglicher Hinsicht als einen Wunsch unseres Herzens befolgen. Wahrer Gehorsam Gott gegenüber läßt sich ebenso negativ definieren als das, was er nicht ist.

1. Wahrer Gehorsam bedeutet nicht, daß wir Gott nach unseren eigenen Vorstellungen dienen. Zu oft geschieht es, daß wir Gott auf solche Weise dienen wollen.

2. Wahrer Gehorsam wird weder durch Askese bewirkt, noch bewirkt Asketentum echten Gehorsam. Wir haben es nicht nötig, uns selbst zu entwürdigen, wenn wir Gott gehorsam werden wollen. Gehorsam bedeutet nicht das Aufgeben von Freude und Besitztümern.

3. Wahrer Gehorsam ist nicht nur äußerliche Konformität mit Gottes Geboten. Ein Charakteristikum des Gehorsams ist, daß er aus dem Herzen entspringt. Wenn kein Herzenswunsch nach Gehorsam besteht, wird unser äußerliches Befolgen der Gebote Gottes nichts anderes sein als Legalismus.

*Warum sollen wir gehorsam sein?*

Es ist gut und nützlich, das „warum" des Gehorsams zu beantworten, wenn wir den Jungbekehrten in rechter Weise motivieren wollen, in seinem Alltagsleben gehorsam zu werden. Es folgt eine Aufzählung von drei Gründen für den Gehorsam, die hinreichend Informationen gibt, um zu einem Leben in Gehorsam anzuregen.

*1. Wir sollten Gott gehorchen, weil er uns liebt und unsere Liebe und unseres Gehorsams würdig ist.* Man braucht nicht viel nachzusinnen über das, was Gott für uns getan hat, um von seiner unbedingten Liebe überwältigt zu sein. Es fällt nicht schwer, jemanden zu lieben, der uns wirklich liebt. Betrachte folgende Bibelstellen: 1. Johannes 4,16; 5,2; Offenbarung 4,11.

*2. Wir sollten Gott gehorchen, weil Gehorsam ein Weg ist, auf dem wir Gott unsere Liebe zu ihm praktisch beweisen.* Im Gehorsam wird unsere Liebe aus einem Lippenbekenntnis zu einer echten Demonstration. Dieser Beweis unserer Liebe zu Gott sollte in jedem Aspekt unseres Lebens offensichtlich und gegenwärtig sein. Folgende Schriftstellen verdeutlichen dies: Johannes 14,21; 1. Johannes 5,3.

*3. Wir sollten Gott gehorchen, weil er es klar von uns verlangt.* Wenn Gott etwas befiehlt, dann haben wir keine andere Möglichkeit, als seiner Forderung Folge zu leisten. Folgende Schriftstellen machen Gottes Willen in dieser Angelegenheit deutlich: 5. Mose 10,12.13; 1. Timotheus 6,14; Jakobus 1,22; 1. Johannes 5,2.3.

*Wie lernen wir Gehorsam?*

Gib dem Jungbekehrten praktische Ratschläge, wie er ein Leben im Gehorsam führen kann. Vier Schritte können dazu beitragen, einen Lebensstil des Gehorsams zu entwickeln.

*Schritt 1: Lerne Gottes Gebote kennen.* Es wird für einen Menschen schwierig werden, gehorsam zu sein, wenn er nicht weiß, wem oder was er gehorchen soll. Es ist wichtig, daß der Neubekehrte über ein ständig wachsendes Wissen über Gott verfügt. Dies ist notwendig, um zu erkennen, was Gott wünscht, daß wir es tun sollen. Gott hat uns viel über seinen Willen kundgetan: Psalm 119,11.105.130; 2. Timotheus 3, 16.17.

*Schritt 2: Erwarte Kraft und Hilfe von Gott.* Schaue nach ihm aus im Blick auf die notwendige Kraft. Es ist unmöglich, Gott aus eigener Kraft in allen Dingen gehorsam zu werden. Wir müssen uns nach ihm ausstrecken, um die Stärke zu erhalten, die wir benötigen, um seinen Willen tun zu können. Gott stärkt uns durch seinen Heiligen Geist. Die Lektion des 4. Treffens im Rahmen der Nacharbeit hat gezeigt, wie wir Gottes Kraft dadurch empfangen, daß wir mit dem Heiligen Geist erfüllt werden. Wiederhole diese Wahrheiten und verweise auf die Schrift: Apostelgeschichte 1,8; Galater 2,20; Epheser 5,18; Philipper 4,13.

*Schritt 3: Entwickle die rechte innere Einstellung.* Unsere innere Haltung dem Gehorsam und dem Dienen Gott gegenüber wird uns beim Ausbilden eines Lebens im Gehorsam entweder helfen oder hindern. Das Wort Gottes beschreibt verschiedene Einstellungen, die wir annehmen können und die einen direkten Einfluß auf die Entwicklung des Gehorsams in unserem Leben nehmen.

1. *Gottes Willen mit Freuden tun.* Ist dies die Haltung Deines inneren Menschen. Gott kann sie in Dir bewirken, wenn Du es ihm erlaubst. Der nachfolgende Bibelvers beschreibt diese Einstellung genauer: „Deinen Willen, mein Gott, tue ich gern, und dein Gesetz habe ich in meinem Herzen" (Ps. 40,9).
2. *Gottes Willen sorgfältig ausführen.* Wir dürfen niemals nachlässig in unserem Bestreben sein, Gottes Willen zu tun. Wieviel Sorgfalt wendest Du darauf, Gottes Willen in Deinem Leben zu verwirklichen? „An diesem heutigen Tag gebietet dir der Herr, dein Gott, daß du alle diese Satzungen und Rechte haltest, daß du sie beobachtest und tuest von ganzem Herzen und von ganzer Seele" (5. Mose 26,16).
3. *Meine es ernst mit Deinem Gehorsam.* Gott hat kein Interesse an bloßem Lippenbekenntnis, sondern wünscht unseren ernsten Gehorsam. Bemühe Dich, in Deinem Gehorsam Gottes Willen gegenüber aufrichtig zu sein. „Das in der guten Erde aber sind die, welche in einem redlichen und guten Herzen das Wort, nachdem sie es gehört haben, bewahren und Frucht bringen mit Ausharren" (Luk. 8,15).

*Schritt 4: Lerne, mit Anfechtungen fertigzuwerden.* Um ein erfolgreiches Leben des Gehorsams zu führen, muß der Jungbekehrte lernen, mit den Anfechtungen in der rechten Weise zu verfahren. Treffen 7 im Rahmen der Nacharbeit enthält eine Lektion, die die richtige Reaktion auf die Versuchung beschreibt, so daß wir hier nicht näher darauf eingehen müssen. Sage dem Jungbekehrten, daß Du beim nächsten Treffen Näheres über dieses Thema mitteilen wirst.

> Keine Versuchung hat euch ergriffen als nur eine menschliche; Gott aber ist treu, der nicht zulassen wird, daß ihr über euer Vermögen versucht werdet, sondern mit der Versuchung auch den Ausgang schaffen wird, so daß ihr sie ertragen könnt (1. Kor. 10,13).

Es wird für den Neubekehrten hilfreich sein, wenn wir dieses Treffen damit beenden, daß wir ihm einige praktische Tips hinsichtlich der Lebensbereiche, die Gehorsam vermissen lassen, geben. Nachstehende Liste könnte eine Vorstellung davon vermitteln, wie diese Bereiche angesprochen werden können:

1. Zeugnisgeben
2. Gemeindezugehörigkeit und -mitarbeit
3. Gebet
4. Bibelstudium und persönliche Andacht
5. Arbeit
6. Lebenspartner
7. Zeiteinteilung
8. Prioritäten
9. usw.

## IV. ANWEISUNGEN

A. Laß ihn weiterhin Aufzeichnungen über seine persönliche Andacht machen.
B. Überprüfe und beurteile sein Gemeindeengagement.
C. Empfehle ihm weiterhin, die genannten Bücher zu lesen.

# V. VORSCHLAG ZUR DARBIETUNG

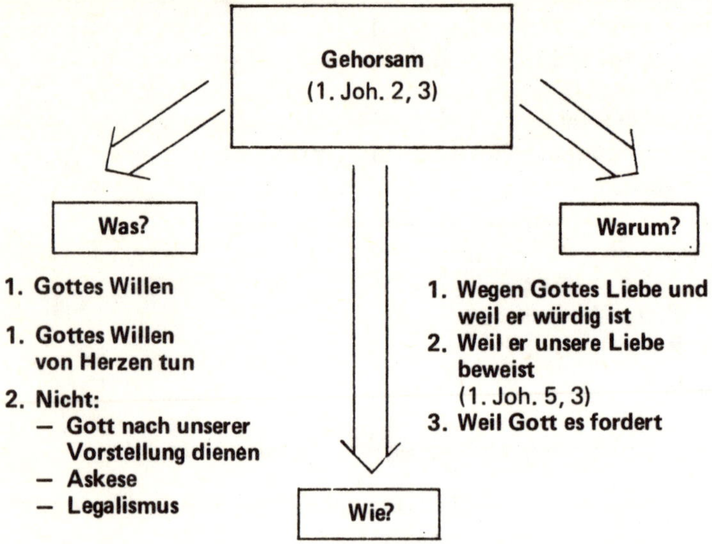


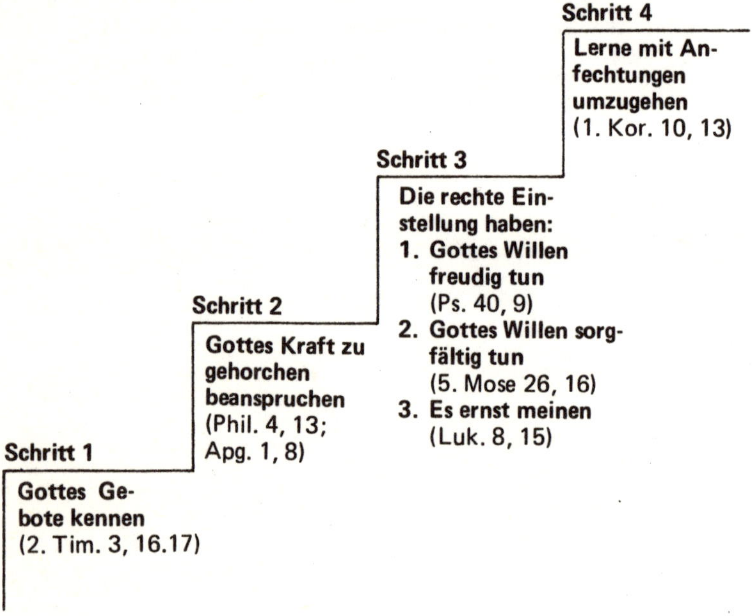

**Treffen 7 im Rahmen der Nacharbeit**

## *BEWÄLTIGUNG VON ANFECHTUNGEN*

### I. GEGENSTÄNDE

A. Dem Neubekehrten zu einem rechten Verständnis dessen, was Anfechtungen sind, verhelfen.
B. Die Quellen der Anfechtung identifizieren.
C. Die Bedingungen für bleibenden Sieg über Anfechtungen darlegen.

### II. ÜBERBLICK

A. Betrachte das Notizbuch, das der Jungbekehrte über seine persönliche Andacht führt. Bitte ihn, Dich über das zu unterrichten, was Gott ihn an neuen Erkenntnissen gelehrt hat.
B. Wiederhole die vorangegangene Lektion, indem Du folgende Fragen stellst:
   1. Was bedeutet es, gehorsam zu sein?
   2. Warum sollten wir Gott gehorchen?
   3. Welche Schritte führen zu ständigem Gehorsam?
   4. Welche Bereiche in Deinem Leben erfordern Gehorsam?
C. Beantworte jede Frage, die er stellen könnte.

### III. LEKTION: BEWÄLTIGEN VON ANFECHTUNGEN

> Keine Versuchung hat euch ergriffen als nur eine menschliche; Gott aber ist treu, der nicht zulassen wird, daß ihr über euer Vermögen versucht werdet, sondern mit der Versuchung auch den Ausgang schaffen wird, so daß ihr sie ertragen könnt (1. Kor. 10,13).

Der Neubekehrte muß verstehen lernen, wie er sich der Anfechtung gegenüber zu verhalten hat, will er jemals ein reifer Gläubiger werden. Anfechtung ist das anfängliche Drängen zu einer Sünde, das ein Mensch verspürt. Anfechtung an sich ist noch nicht Sünde. Sie kann jedoch schnell zur Sünde führen, wenn ihr nicht angemessen begegnet wird. Betone diese Punkte dem Neubekehrten gegenüber.

Oft glauben Jungbekehrte, daß Anfechtung gleich Sünde sei und daß es schon Sünde ist, wenn sie angefochten werden. Ihnen muß klar gesagt werden, daß dies nicht wahr ist.

Ebenso kann es geschehen, daß jemand eine gleichgültige Haltung der Anfechtung gegenüber einnimmt, was zur Sünde führen wird. Sei Dir sicher, daß der Jungbekehrte diese Lektion voll und ganz begreift.

*Quellen der Anfechtung*

Die Bibel lehrt, daß Versuchung zur Sünde aus drei Quellen herrührt. Diese werden in den folgenden Absätzen angesprochen.

*1. Satan.* Satan wird in der Bibel klar als eine Quelle der Versuchung zur Sünde gezeigt. Vom ersten Buch der Bibel bis zum letzten Buch der Bibel, von 1. Mose bis Offenbarung, sehen wir ihn am Werk, wie er sich bemüht, Menschen zu verführen und zur Sünde zu verleiten.

Ein Jungbekehrter ist seinen Angriffen und Drohungen gegenüber nicht immun. Darum muß er es lernen, seine Schliche zu durchschauen, und sich bewußt werden lassen, daß er angefochten werden wird auf diese Weise. Unser Verständnis wird durch folgende Bibelstellen vertieft werden: 1. Mose 3, 1–5; 1. Petrus 5,8; Offenbarung 20,1–3.

*2. Das Fleisch.* Diese Quelle betrifft die alte, sündige Natur. Dieses alte Wesen kämpft einen lebenslangen Kampf mit dem neuen Wesen eines Christen und sucht ihn immer und immer wieder dahin zu bringen, in die alten Lebensgewohnheiten zurückzufallen und selbstsüchtig zu werden.

Der Neubekehrte muß lernen, mit Anfechtungen aus dieser Quelle zu rechnen und ihnen zu begegnen. Nachfolgende Schriftstellen identifizieren diese Quelle der Anfechtung: Römer 8,5–13; Galater 5,16–26.

*3. Die Welt.* Diese Quelle der Versuchung meint jene feinen Versuche, denen ein Gläubiger ausgesetzt ist, die ihn dahin bringen wollen, Einstellungen und Atmosphäre seiner Umgebung anzunehmen. Dazu gehören die Anfechtungen, Sicherheit und Grundlage des Lebens in materiellem Besitz oder einer guten Ausbildung zu suchen, das Leben als lebenswert anzusehen, auch wenn keine lebendige Beziehung zu Gott besteht, oder andere Ideen, die einer gottlosen und gefallenen Gesellschaft entspringen.

Der Neubekehrte muß diesen Anfechtungen gegenüber wachsam sein und ihnen wirkungsvoll begegnen. Folgende Verse beschreiben diese Quelle genauer: Johannes 16,33; Römer 12,2; 1. Timotheus 6,10; 1. Johannes 2,15.

*Bedingungen für Sieg*

Die Bibel nennt einige allgemeine Prinzipien, deren Anwendung uns zu einem Sieg über die Anfechtungen verhilft. Die wichtigsten sind hier aufgeführt. Erläutere sie dem Jungbekehrten gegenüber sorgfältig.

*Bedingung 1: Sei wachsam.* In vielen Fällen erfahren Gläubige eine Niederlage, weil sie die Möglichkeit, angefochten zu werden, überhaupt nicht in Betracht gezogen haben. Viele glauben entweder, daß sie immun gegenüber der Anfechtung sind, oder daß sie jeder Anfechtung, die ihnen begegnet, siegreich zu begegnen vermögen. Das sind verhängnisvolle Annahmen, die gar zu oft zur Niederlage führen.

Bringe den Neubekehrten dahin, daß er der Anfechtung gegenüber wachsam ist, und fordere ihn heraus, ihr gegenüber auf der Hut zu sein. Vergleiche 1. Korinther 16,13; 1. Petrus 5,8; Offenbarung 3,2.

*Bedingung 2: Sei erfüllt.* Ein Christ kann der Anfechtung niemals in seiner eigenen Stärke begegnen. Nur durch die Kraft des Heiligen Geistes wird Sieg möglich. Fordere den Jungbekehrten heraus, darin sicher zu gehen, daß er mit dem Heiligen Geist erfüllt ist. Dies kann er dadurch, daß er sich fragt, inwieweit er die Bedingungen dafür erfüllt. Nimm Bezug auf Apostelgeschichte 1,8; Epheser 5,18; Philipper 4,13.

*Bedingung 3: Sei schnell.* Der Anfechtung muß entgegnet werden, sobald sie in Erscheinung tritt. Schieb das nicht auf die lange Bank. In Jakobus 1,14.15 wird uns ein Prozeß beschrieben, der seinen Ausgang in der Anfechtung nimmt und in der Sünde resultiert: „Ein jeder aber wird versucht, wenn er von seiner eigenen Lust fortgezogen und gelockt wird. Danach, wenn die Lust empfangen hat, gebiert sie Sünde; die Sünde aber, wenn sie vollendet ist, gebiert den Tod."

Dadurch, daß wir der hier aufgezeichneten Weiterentwicklung wachsam gegenüberstehen, verhindern wir, daß die Anfechtung zur Sünde wird. Es ist. wichtig, daß wir aufzeigen, was das Ergebnis ist, wenn wir die Anfechtung zu lange Zeit unberücksichtigt lassen. Setze Dich mit dem Problem so bald wie möglich auseinander.

*Bedingung 4: Wisse um die biblischen Auswege.* Der erste Korintherbrief lehrt uns in Kapitel 10,13, daß Gott zu jeder Anfechtung auch einen Ausweg gegeben hat, durch den wir den Sieg erlangen können. Die Bibel ist gefüllt mit solchen „Auswegen“. Darum wird eine zunehmende Kenntnis des Wortes Gottes Einfluß darauf haben, inwieweit wir Sieg über die Anfechtungen erfahren oder nicht. Psalm 119,11 drückt dies klar aus: „In meinem Herzen habe ich dein Wort verwahrt, damit ich nicht gegen dich sündige.“

Zwei wichtige biblische Auswege sind:

1. Sexuelle Anfechtungen – fliehe sie, renne um Dein Leben, Du wirst ihnen nicht widerstehen können (2. Tim. 2,22).
2. Satanische Zweifel – widerstehe ihnen dadurch, daß Du Dich auf das Wort Gottes verläßt (Matth. 4,1–11; Jak. 4,7).

Hilf dem Jungbekehrten, weitere biblische Auswege aus der Anfechtung zu finden.

*Bedingung 5: Sei gehorsam durch Glauben.* Wenn wir uns mit Anfechtungen auseinandersetzen müssen, ist es entscheidend, daß wir den biblischen Ausweg einschlagen, ob wir uns danach fühlen oder nicht. Wenn wir darauf warten, daß wir gefühlsmäßig motiviert werden, der Anfechtung zu begegnen, haben wir den Kampf schon verloren. Wiederhole die wesentlichen Kernpunkte der vorangegangenen Lektion über das Leben im Gehorsam.

Im Glaubensgehorsam Gott gegenüber zu handeln ist nur dann möglich, wenn der Neubekehrte die Gewohnheit entwickelt, aus Glauben heraus zu leben. Er muß es einfach lernen, das zu tun, was Gott sagt, unabhängig von dem, wie er darüber fühlt (Kol. 2,6).

*Bedingung 6: Bete um Sieg.* Das Gebet spielt eine wesentliche Rolle, wenn es darum geht, Sieg im Kampf gegen die Anfechtung zu erringen, die uns unterlegen machen möchte. Die Bibel fordert auf, für den eigenen Sieg, aber auch für den Sieg anderer zu beten. Eine Wiederholung der Lektion des Treffens 5 im Rahmen der Nacharbeit mag an dieser Stelle hilfreich sein. Folgende Bibelstellen unterstützen das:

1. Bete für Deinen eigenen Sieg: Matthäus 26,41; Markus 14,38; Lukas 22,40.
2. Bete für den Sieg im Leben anderer: Das Beispiel des Paulus in seinen Briefen.

## IV. ANWEISUNGEN

A. Laß den Neubekehrten damit fortfahren, Aufzeichnungen über seine stille Zeit festzuhalten.

B. Laß ihn beginnen, ein Merkheft über biblische Auswegmöglichkeiten aus den verschiedenen Versuchungen anzulegen.

C. Laß ihn weiterhin die genannten Bücher lesen.

## V. VORSCHLAG ZUR DARBIETUNG

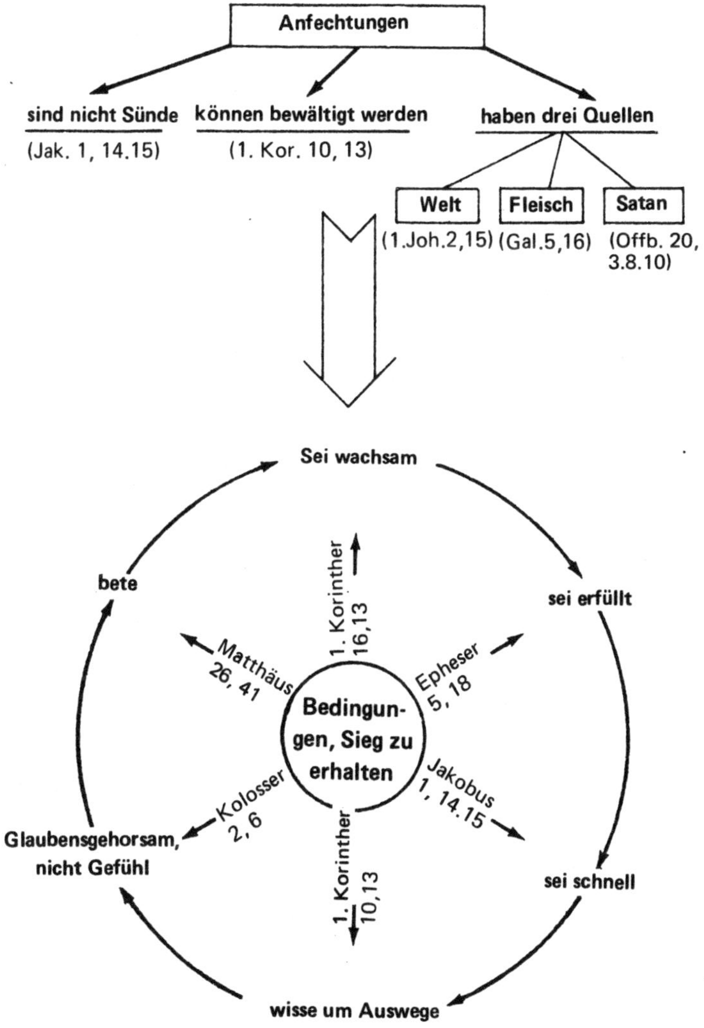

## Treffen 8 im Rahmen der Nacharbeit

### *GOTTES FÜHRUNG ERKENNEN*

I. GEGENSTÄNDE

A. Aufzeigen, daß Gott einen wunderbaren Plan für unser Leben hat.
B. Aufzeigen, welche Vorteile ein Leben im Zentrum von Gottes Willen mit sich bringt.
C. Aufzeigen, welche Verheißungen Gott für die Erkenntnis seines Willens gegeben hat.
D. Praktische Schritte mitteilen, wie Gottes Wille erkannt werden kann.

II. ÜBERBLICK

A. Betrachte die Notizen des Jungbekehrten über seine persönliche Andacht.
B. Betrachte seine Notizen über die Auseinandersetzung mit den verschiedenen Arten der Anfechtung.
C. Wiederhole die vorangegangene Lektion durch das Stellen folgender Fragen:
1. Was ist Anfechtung?
2. Ist Anfechtung Sünde?
3. Was sind die Quellen der Versuchung?
4. Welche Bedingungen gelten für den Sieg über die Anfechtung?
D. Beantworte jede auftauchende Frage.

III. LEKTION: GOTTES FÜHRUNG ERKENNEN

Eine der Segnungen der Erlösung ist die Verheißung göttlicher Führung für unser Leben. Wir sind nicht länger Opfer des blinden Zufalls oder abhängig von unseren beschränkten Resourcen, wenn wir für die Zukunft planen. Wir dürfen uns eines überfließenden, sinnvollen Lebens gewiß sein, solange wir im Willen Gottes stehen bleiben. Das Ziel, das mit dieser Lektion erreicht werden soll, ist, daß der Neubekehrte beginnt, im Willen Gottes zu leben.

## *Gottes umfassender Plan für unser Leben*

Denn ich weiß wohl, was für Gedanken ich gegen euch hege, so lautet der Ausspruch des Herrn, nämlich Gedanken des *Heils* und nicht des Leids, euch eine *Zukunft* und *Hoffnung* zu gewähren (Jer. 29,11; kursiv vom Autor).

*Und seid nicht gleichförmig dieser Welt, sondern werdet verwandelt durch die Erneuerung des Sinnes, daß ihr prüfen mögt, was der Wille Gottes ist; das Gute und Wohlgefällige und Vollkommene* (Röm. 12,2; kursiv vom Autor).

Diese Verse zeichnen ein wunderbares Bild von dem Willen Gottes für das Leben eines jeden Christen. Gottes Plan für unser Leben beinhaltet niemals das Übel, sondern unser Heil, unser Wohlergehen. Als Gotteskinder besitzen wir die Hoffnung auf eine herrliche Zukunft, jetzt und für ewig.

Der Wille, den Gott für unser Leben hat, wird in Römer 12, 2 beschrieben als einer, der drei Elemente aufweist.

Zum ersten ist es ein guter Plan. Das bezieht sich auf Jeremia 29,11 und bestätigt diese Aussage.

Zum zweiten ist es ein Plan, der uns in allen seinen Aspekten *wohlgefällig* ist und sein wird.

Zum dritten ist es ein perfekter Plan. Gottes Plan für unser Leben ist ein vollkommen perfekter Plan, der ein Maximum an Produktivität und Erfüllung im Leben garantiert. Jeder andere Plan ist nur der zweitbeste.

Gottes Plan betrifft nicht nur unsere Karriere, sondern alle Lebensbereiche. Welche Befriedigung wird es für den Neubekehrten bedeuten, wenn er schon zu einem frühen Zeitpunkt in seinem Glaubensleben den Plan Gottes für sein Leben entdeckt.

## *Verheißungen hinsichtlich der Erkenntnis Seines Willens*

Die Bibel enthält eine Reihe von Verheißungen hinsichtlich der Erkenntnis des Willens Gottes, die der Neubekehrte kennenlernen sollte, um zu einem gesunden Verständnis von Gottes Plan für sein Leben zu gelangen.

*1. Gott hat verheißen, uns definitive Führung und Leitung zu geben.* Nie brauchen wir uns mit vagen Allgemeinheiten zufrieden zu geben, wenn wir Gottes Willen in einer bestimmten Angelegenheit zu erkennen suchen. Folgende Schriftstellen weisen darauf hin: Psalm 119,105; Jesaja 30,20.21.

*2. Gott hat verheißen, uns Weisheit und Einsicht zur Erkenntnis seines Willens zu schenken.* Gott versucht nicht, seinen Willen vor uns zu verbergen, er will ihn uns vielmehr mitteilen. Gott ist mehr bereit, uns seinen Willen zu offenbaren, als wir bereit sind, seinen Willen zu erfahren.

Obwohl gewisse Bedingungen erfüllt sein müssen, damit wir Gottes Willen erkennen können, wissen wir doch, daß er ihn uns kundtun wird, wenn wir treu darin sind, ihn zu suchen. Nachstehende Schriftstellen weisen darauf hin: Kolosser 1,9; Jakobus 1,5.

*3. Gott hat verheißen, daß er dahingehend in unserem Leben wirken wird, daß wir seinen Willen zu tun wünschen.* Wenn immer es zu einem bestimmten Zeitpunkt in unserem Leben dazu kommt, Gottes Willen in einer gewissen Angelegenheit zu tun, wird er auch schon die Bereitschaft dazu in uns gewirkt haben. Das wird in Philipper 2,13 gelehrt: „Denn Gott ist es, der in euch wirkt sowohl das Wollen als auch das Wirken über euren guten Willen hinaus.“

*4. Gott hat verheißen, uns zu warnen, wenn wir uns aus seinem Willen entfernen.* Er hat uns eine grundlegende Warnung gegeben, die als Wächter über unser Leben fungiert. Dieses Warnsignal ist der Friede Christi in unseren Herzen. Wenn wir unseren Frieden verlieren, müssen wir einhalten und uns fragen, wo wir Gottes Willen verlassen haben. Diese Wahrheit wird uns in Kolosser 3, 15 vermittelt: „Und der Friede des Christus regiere in euren Herzen . . .“

Das Wort „regieren“ leitet sich ab von einem griechischen Wort, das sich auf die Entscheidung eines Schiedsrichters bei einer Sportveranstaltung bezieht. Es ist der letzte Entscheidungsgrund, anhand dessen wir bestimmen, ob wir uns im Willen Gottes befinden oder nicht.

### *Schritte zur Erkenntnis des Willens Gottes*

Eine Reihe von Schritten können wir unternehmen, um Gottes Wegweisung in einer speziellen Not zu finden. Fünf Hauptpunkte wollen wir hier an dieser Stelle anführen:

*Schritt 1: Bringe deinen Leib als ein lebendiges Opfer dar* (Röm. 12, 1). Es ist wichtig, daß der Neubekehrte sich darüber gewiß ist, mit dem Heiligen Geist erfüllt zu sein. Dies wird ihn empfänglich und offen sein lassen für den Willen Gottes. Eine weltliche Einstellung im Leben des Neubekehrten wird Gott hindern, seinen Willen kundzutun. Wiederhole noch einmal kurz die Bedingungen für das Erfülltsein mit dem Heiligen Geist, wie sie in der Lektion des Treffens 4 dargelegt wurden: das Verlangen, die Hingabe, der Gehorsam, das Bekennen (Apg. 1,8; Eph. 5,18).

*Schritt 2: Studiere Gottes Wort.* Ein großer Teil des Willens Gottes über bestimmte Handlungen und Motive für diese Handlungen ist schon offenbart in der Bibel. Es ist notwendig, die Grundwahrheiten aus Gottes Wort kennenzulernen, denn Gott wird uns auch persönlich nie entgegen dem führen, was er in seinem Wort gesagt hat. Die Wichtigkeit der Bibel für das Erkennen von Gottes Willen wird betont in: Josua 1,8; Psalm 119,105.

*Schritt 3: Sei gehorsam dem gegenüber, was Dir gezeigt wird.* Es ist wichtig, daß der Jungbekehrte dem gesamten Willen Gottes gegenüber gehorsam wird, wie er ihm in einer bestimmten Situation klar geworden ist. Dies ist aus zwei Gründen von Bedeutung. Einerseits bildet unser Gehorsam einen Prüfstein und Test für die Aufrichtigkeit unseres Wunsches, dem Willen Gottes insgesamt gehorsam zu sein.

Wir müssen zufrieden und geduldig das ausführen, was uns offenbart worden ist.

Andererseits zeigt Gott uns selten das Ende vor dem Anfang. Gott offenbart uns nur soviel, wie wir verantwortungsbewußt aufnehmen und verarbeiten können. Mehr Erkenntnis über Gottes Willen hängt ab von unserem Gehorsam. Es mag zu diesem Punkt geeignet sein, die im Treffen 6 angesprochenen Punkte noch einmal zu streifen. Darüber hinaus lies: 1. Johannes 3,22.

*Schritt 4: Der Rat reifer Christen.* Auf der Suche nach Gottes Willen in einer bestimmten Angelegenheit ist es angebracht, gereiftere Gläubige, die uns kennen, zu Rate zu ziehen. Ihr Rat kann für uns von großer Hilfe sein wegen ihrer Schrifterkenntnis und Offenheit dem Heiligen Geist gegenüber. Wir dürfen zwar nicht erwarten, daß sie uns unsere Entscheidung abnehmen, doch kann ihr Rat für uns äußerst nutzbringend sein. Folgende Bibelverse beinhalten diese Wahrheit: Sprüche 11,14; Apostelgeschichte 13,2.

*Schritt 5: Sei beständig im Gebet.* Es ist durch das Gebet, durch das wir ein Gefühl innigster Verbundenheit mit Gott erlangen und seinen Wegweisungen gegenüber empfindsam sind. Gebet ist der Weg, auf dem wir die Last von unseren

Schultern wälzen und in die Hände Gottes legen. Während wir beten, wird uns vieles gezeigt werden. So müssen wir Geduld haben und es Gott gestatten, uns seinen Willen zu seiner Zeit zu zeigen. Wiederholen wir an dieser Stelle noch einmal die Ausführungen, die im Rahmen des 5. Treffens gemacht wurden. Vergleichen wir dazu Matthäus 7, 7.8; Philipper 4, 6.7; Jakobus 1,5.

So wie der Jungbekehrte treu die Wahrheiten und Prinzipien dieser Lektion anwendet, wird er in wachsendem Maß die Leitung Gottes in seinem Leben erfahren. Ermutige ihn, Schritte im Glauben zu unternehmen und das zu tun, wovon er glaubt, daß Gott es von ihm verlangt. Ermutige ihn nicht, auf eine völlige Gewißheit oder einen völligen Frieden zu warten, bevor er beginnt. Indem wir im Glauben Schritte unternehmen, kommt dieser Friede.

Stellt sich dieser Friede nicht ein, nachdem er einen ersten Schritt im Glauben unternommen hat, oder verschließt sich eine Tür, die eine Gelegenheit geboten hätte, kann er einen Schritt zurückgehen und die Weisung Gottes aufs neue suchen.

Denke daran, daß es leichter ist, ein fahrendes Auto zu steuern als eines, das stillsteht. Genau so verhält es sich mit dem Christenleben.

## IV. ANWEISUNGEN

A. Laß ihn fortfahren, Notizen über seine Stille Zeit festzuhalten.

B. Teile ihm eins der folgenden Bücher zur Lektüre zu:

1. D. L. Carlson: So erkenne ich den Willen Gottes für mein Leben, TELOS-Paperback 1978
2. J. G. Howard: Wie erkenne ich den Willen Gottes? Hermann Schulte Verlag 1977
3. T. B. Maston: Gottes Wille und Du, Bundes-Verlag 1979

# V. VORSCHLAG ZUR DARBIETUNG

**Gottes Willen erkennen**

**Schlüsselverse**
Jeremia 29, 11;
Römer 12, 2

1. **er ist gut**
2. **er ist wohlgefällig**
3. **er dient unserem Wohlergehen**
4. **er ist vollkommen für uns**

1. **Spezifische Führung** (Jes. 30, 20.21)
2. **Gott gibt Weisheit** (Jak. 1, 5)
3. **Gott schenkt das Wollen** (Phil. 2, 13)
4. **Eingebaute Warnung: „Friede Christi"** (Kol. 3, 15)

**Praktische Schritte zur Erkenntnis des Willens Gottes**

**Schritt V**
**Bete oft**
(Matth.7, 7–8)

**Schritt IV**
**Berate mit erfahrenen Christen**
(Spr. 11,14)

**Schritt III**
**Sei gehorsam**
(1. Joh. 3, 22)

**Schritt II**
**Lies die Bibel**
(Ps. 119, 105)

**Schritt I**
**Sei erfüllt**
(Eph. 5, 18)

**Treffen 9 im Rahmen der Nacharbeit**

*EIN EVANGELISTISCHES ZEUGNIS VERFASSEN*

I. GEGENSTÄNDE

A. Erklären, was ein evangelistisches Zeugnis ist.
B. Erklären, warum ein evangelistisches Zeugnis benötigt wird.
C. Aufzeigen, wie ein evangelistisches Zeugnis verfaßt wird.
D. Einige Beispiele solcher Zeugnisse geben.

II. ÜBERBLICK

A. Betrachte die Notizen über die persönliche Andacht. Teilt einander mit, was Gott euch aus seinem Wort gelehrt hat.
B. Wiederhole die vorangegangene Lektion, indem Du folgende Fragen an den Neubekehrten richtest:
   1. Was wissen wir über Gottes allumfassenden Plan für unser Leben?
   2. Welche Verheißungen finden sich in der Bibel hinsichtlich des Willens Gottes?
   3. Welche Schritte führen dazu, daß wir Gottes Willen erkennen?
C. Beantworte jede Frage, die auftauchen könnte.

III. LEKTION: EIN EVANGELISTISCHES ZEUGNIS VERFASSEN

Ein persönliches Zeugnis ist eine mündliche Darlegung der Tatsachen, die mit einem bestimmten Ereignis in Zusammenhang stehen. Das Wort Zeugnis wird oft mit dem Gerichtshof in Verbindung gesehen. In einer Gerichtsverhandlung soll ein Zeugnis weder ein cleveres Argument noch ein erdachtes Geschehen sein, sondern eine klare Darlegung von Tatsachen.

Genau dasselbe gilt, wenn wir von einem Zeugnis im geistlichen Bereich sprechen. Dein persönliches Zeugnis setzt sich zusammen aus den Tatsachen, die Deine Bekehrung umgeben haben, sowie aus den nachfolgenden Ereignissen. Dein Zeugnis wird ein starkes Werkzeug in der Evangelisation sein, wenn diese Tatsachen darin klar zum Ausdruck gebracht werden.

Diese Lektion soll den Jungbekehrten darauf vorbereiten, seinen Glauben mitzuteilen. Ein gut vorbereitetes persönliches Zeugnis ist ein Grundwerkzeug zum effektiven Weitersagen. Obwohl dieses Thema im Rahmen eines einzelnen Treffens abgehandelt wird, ist es doch gut möglich, daß es mehrere Wochen in Anspruch nimmt, bis das Zeugnis klar durchdacht und ausgeführt worden ist.

*Warum wird dieses Zeugnis gebraucht?*

Viele Gläubige haben sich nie die Zeit genommen, sich hinzusetzen und über die spezifischen Ereignisse nachzudenken, die ihre Bekehrung umgeben haben. Wenn sie mit der Frage konfrontiert werden, was es bedeutet, Christus angenommen zu haben, so wird der Neubekehrte nicht in der Lage sein, darauf eine spezifische Antwort zu geben. Dies schränkt seine Glaubwürdigkeit beim Zeugnisgeben ein. Wenn jemand hingegen Zeit damit zugebracht hat, sich auf diese Frage vorzubereiten, so verspürt er gewöhnlich auch mehr Frieden und Vertrauen, wenn er Zeugnis gibt.

Ein auswendig gelerntes, vorher geplantes, evangelistisches Zeugnis gibt dem Neubekehrten eine gute Hilfe in seiner evangelistischen Tätigkeit an die Hand. Es gibt sehr viele offene Türen zum Zeugnisgeben in den Gesprächen, die man mit anderen führt. Ein weiterer Vorteil in der Verwendung eines persönlichen Zeugnisses bildet das persönliche Element, welches es dem Evangelium verleiht.

Wie positiv wirkt es sich oft auf eine evangelistische Veranstaltung aus, wenn mehrere Personen ihr Zeugnis mitteilen. Ein persönliches Zeugnis hilft die verändernde Kraft des Evangeliums aufzuzeigen.

*Wie entwerfe ich ein Zeugnis?*

Es folgt eine Liste von spezifischen Punkten, die bei der Vorbereitung eines Zeugnisses beachtet werden müssen. Hast Du selbst noch kein Zeugnis aufgesetzt, dann mach' Dich an die Arbeit, bevor Du versuchst, dem Neubekehrten dabei zu helfen.

1. Bete und bitte Gott um Weisheit und Führung bei der Niederschrift. Gott hat verheißen, daß er Dir diese Weisheit

gibt, darum kannst Du ihn bitten (wiederhole die Lektion von Treffen 8).

2. Baue Dein Zeugnis anhand folgender drei Orientierungspunkte auf, um einen klaren und logischen Eindruck zu vermitteln. Fasse Dein Zeugnis relativ kurz (drei bis fünf Minuten lang).

1. Einstellungen und Handlungen, bevor ich Christ wurde.
2. Umstände, die zu meiner Bekehrung führten.
3. Veränderungen, die in meinen Handlungen und meinen Motiven vor sich gegangen sind, nachdem ich gläubig wurde.

3. Wenn Du während Deiner Kindheit gläubig wurdest, dann betone diesen Punkt.

4. Sei spezifisch. Nenne mindestens fünf spezielle Beispiele hinsichtlich der drei oben genannten Kategorien. Das mag Zeit in Anspruch nehmen, jedoch auch die Effektivität Deines Zeugnisses vergrößern.

5. Gehe genügend auf die Details ein, um Interesse zu erwecken.

6. Baue einige, aber nicht zu viele Bibelstellen ein. Denke daran, daß Du ein Zeugnis gibst, nicht aber predigst.

7. Schreibe und überarbeite Dein Zeugnis, bis es logisch und verständlich erscheint.

8. Definiere die christlichen Ausdrücke so, daß ein Nichtchrist sie verstehen kann.

9. Lies ausgewählte Zeugnisse und höre anderen beim Zeugnisgeben aufmerksam zu, um Wege zu finden, Dein eigenes zu verbessern.

10. Präge es Dir gut ein.

*Zusammenfassung*

Hilf dem Neubekehrten, mit dem Ausarbeiten eines persönlichen Zeugnisses zu beginnen. Bringe den Neubekehrten in Situationen, in denen er dieses Werkzeug der Evangelisation einsetzen kann. Es macht einige Anstrengungen nötig, wenn man ein durchschlagendes Zeugnis verfassen will, und der Jungbekehrte braucht unsere Ermutigung und Hilfe. Betrachte zusammen mit dem Jungbekehrten die hier angefügten Beispielzeugnisse. Sei darauf eingestellt, daß sich diese Ausarbeitung eines Zeugnisses über mehrere Wochen hin erstreckt.

Beispiel I
(Eine Frau)

Ich kann mich daran erinnern, daß ich während der Jahre, als ich heranwuchs, jeden Sonntag zusammen mit der Familie die Sonntagsschule und den Gottesdienst besuchte. Zu jener Zeit war meine Beziehung zu Gott eine unpersönliche; die einzigen Stunden, die ich über ihn nachdachte, waren am Sonntag. Als Teenager gehörte ich zu einem dieser „netten Mädchen", so daß dies zwar auch gute Jahre, doch auch ziemlich ereignislose waren.

Ich heiratete einen Marinesoldaten und es war einige Jahre später, nachdem wir auch einige Kinder hatten, daß wir uns fest an einem Ort niederließen. Als wir dies taten, hatten mein Ehemann, der einen ähnlichen christlich gefärbten Hintergrund hatte, und ich den ernsthaften Wunsch, uns einer Gemeinde anzuschließen. Dies taten wir schließlich auch und wurden in derselben ziemlich aktiv.

Etwa sechs Jahre darauf war es eine Reihe von Ereignissen, die mein Leben stark beeinflußten. Das Entscheidende war wohl die Tatsache, daß mein Mann Jesus Christus in sein Leben aufgenommen hatte und an einer evangelistischen Ausbildung teilnahm. Zuerst erregte mich das ziemlich und ich machte mir Gedanken, daß die Menschen denken könnten, er sei einer von jenen religiösen Fanatikern geworden. Im Lauf der Zeit aber machte seine Begeisterung im Weitersagen von Christus und sein geistliches Wachstum einen tiefen Eindruck auf mich. Ich konnte eine Veränderung in seinem Leben feststellen und wünschte mir diese für mein eigenes Leben.

Eines Morgens, als ich allein im Haus war, bat ich Jesus Christus, als Herr und Erlöser in mein Leben zu kommen. Zwar läuteten keine Glocken, zwar hatte ich kein starkes emotionales Erlebnis, doch ich weiß, daß ich damals die wichtigste Entscheidung meines gesamten bisherigen Lebens traf.

Seit jenem Vormittag ist Christus in meinem Leben geduldig am Werk gewesen. Ich preise ihn und ich danke ihm für all die Veränderungen, die er in mir bewirkt hat. Er hat mir ein echtes Verlangen geschenkt, in seinem Wort zu studieren und Gemeinschaft mit ihm im Gebet zu suchen. Er hat mir Mut gegeben, an der Haustür von Fremden zu läuten und diesen von Jesus zu erzählen. Er hat mir die Angst vor der Zukunft genommen. „Der Herr ist für mich, ich werde mich nicht fürchten" (Ps. 118,6).

Er hat mir klar gezeigt, daß nichts von dem, was die Welt bietet, auch nur annähernd so aufregend ist, wie das Erlebnis einer Gebetserhörung oder das Erkennen der Wege, die er in den Menschenleben wirkt, um sie in Einklang mit seinem vollkommenen Willen zu bringen. Der Gott, an den ich nur einmal pro Woche dachte, ist nun das Wichtigste in meinem Leben geworden.

Beispiel II
(Ein Mädchen)

Als Schülerin war ich sehr schüchtern und relativ unglücklich über das, was ich für ein langweiliges Leben lebte. Ich hegte einen geheimen Groll in meinem Innern, da ich glaubte, eine Menge der Freuden und Erfahrungen zu vermissen, die andere hatten. Meine Art von Christentum machten mein Leben überhaupt um nichts lebenswerter als das anderer Menschen. In der Tat war alles, was es bewirkte, der Glaube, daß ich ein ordentlicher Kirchgänger sei. Dies wiederum, so dachte ich, würde meine soziale Fähigkeit einschränken. Ich war in der Kirche aufgewachsen und wahrhaft überredet worden, daß ich aufgrund der Gottesdienstbesuche und darum, daß ich einiges über Gott und Jesus Christus glaubte, ein Christ sei.

Zweifel begannen in mir wach zu werden, ob dieses Wissen mich überhaupt zu einem Christen macht. Diese Zweifel tauchten auf, als ich in Kontakt mit Menschen kam, die von ihrer persönlichen Beziehung zu Jesus Christus sprachen, und davon, wie er ihr Leben verändert hatte. Darüber hinaus konnte ich in ihrem Leben etwas sehen, was meins vermissen ließ.

Ich war überrascht, als sie mir sagten, sie wüßten, daß sie ewiges Leben hätten. Ich hatte immer gedacht, daß dies etwas sei, worauf wir lediglich hoffen können.

Zur gleichen Zeit begannen einige meiner Familienangehörigen auf der gleichen Wellenlänge zu reden, und ich begann, mich beunruhigt zu fühlen über das, was sie sagten.

Nach mehreren Konfrontationen mit dem Wort Gottes durch sie und andere in Evangelisationsveranstaltungen gelangte ich zu der Erkenntnis, daß all mein Kopfwissen über Christus nicht ausreichend genug war. Ich mußte ihn in einer persönlichen Weise kennenlernen. Ich mußte eine bestimmte Entscheidung treffen – ihn bitten, mir meine Sünden zu vergeben, mein Erlöser zu sein und ihm die Herrschaft über mein Leben ausliefern.

Im Alter von fünfzehn Jahren traf ich diese Entscheidung, mit der eine Gewißheit über das ewige Leben kam, die ich mir nie hätte vorstellen können.

Nun wurde mir bewußt, daß ich ein Kind Gottes geworden war und begann ein neuartiges Verlangen in mir zu verspüren, ein ernsthaftes Verlangen danach, Gott näher kennenzulernen. Danach strebte ich nun. Gott wirkte auf wunderbare Weise in meinem Leben und versorgte mich mit der Gemeinschaft und der Unterweisung, die ich zum geistlichen Wachstum benötigte.

Zwei Jahre sind vergangen, seit ich jene Entscheidung für ein Leben mit Christus getroffen habe. Ich kann wahrhaftig sagen, daß dies die beiden besten Jahre meines gesamten bisherigen Lebens gewesen sind. Im Lauf der Zeit wird mir Jesus mehr und mehr real; und je mehr ich ihn erkenne, desto mehr liebe ich ihn und wünsche, ihm noch mehr zu dienen.

Manchmal muß ich durch Zeiten echter Probleme und Kämpfe hindurch, doch den Sieg, den ich erfahre, wenn ich ihm vertraue, kann nur er bereitstellen.

Nachdem ich ihm mein Leben zur Verfügung gestellt habe, durfte ich erleben, wie er in einigen Lebensbereichen Veränderungen geschafft hat.

Heute schaue ich in die Zukunft – voll Spannung und Erwartung – und lasse mir den Plan offenbaren, den er für mein Leben hat. Jesus hat mir die Wahrheit dieses göttlichen Versprechens gezeigt: „Ich bin gekommen, damit sie Leben haben und Überfluß haben" (Joh. 10,10).

*Beispiel III*
*(Ein junger Mann)*

Soweit ich mich zurückerinnern kann, habe ich jeden Sonntag den Gottesdienst besucht. Ich hörte immer, wie über Gott gesprochen wurde, und erkannte, daß ich mein Leben Jesus übergeben und auf ihn als meinen Erretter vertrauen muß, wenn ich Christ werden will. Während ich älter wurde, erkannte ich, daß die anderen Kinder in der Schule keine Christen waren und daß, falls ich einer werden würde, ich mich von ihnen unterscheiden würde. Ich entschied mich dafür, doch lieber Freunde zu haben. Ich versuchte, so zu sein wie jeder andere auch und dieselben Dinge zu tun wie sie.

Auf der anderen Seite wollte ich gern, daß meine Eltern dächten, ich sei ein Christ. So erfuhren sie nie etwas von meinem Doppelleben, das sich abspielte, wenn ich in der Schule und unter Freunden war. In der Kirche nahm ich ein „christliches Verhalten" an, doch wußte ich die ganze Zeit über, daß ich Gott selbst ja nichts vormachen konnte. Ein schmerzhaftes Ringen begann in mir. Etwas in mir sagte, ich solle mein Leben voll und ganz Jesus Christus hingeben, ich würde zur Hölle gehen, wenn ich das nicht täte; die andere Stimme rief aus: „Nein, das kann ich nicht! Ich werde meine Freunde verlieren und mich einsam und verlassen fühlen."

Dieser Konflikt in meinem Innern und mein Kämpfen mit Gott wurden zu einer rechten Qual für mich. Eines Nachts spitzte sich die Situation dermaßen zu, daß ich nicht länger all die Unruhe und Furcht ertragen konnte. Ich gab Jesus mein Leben. Ich bat ihn um Vergebung, daß ich ihm so lange Zeit widerstanden hatte und bat ihn, in mein Leben zu kommen als mein persönlicher Erlöser. Ich war bereit, mein Leben für ihn zu leben – und, welchen Unterschied hat dieses Gebet bewirkt!

Nun muß ich nicht länger konform gehen, um akzeptiert zu werden. Übrigens habe ich auch nicht alle meine Freunde verloren, wie ich früher dachte. Heute kann ich für sie Sorge tragen, anstatt immer nur über mich nachzudenken. Nicht länger muß ich mir überlegen, wie ich meiner Familie, der Gemeinde oder Gott am besten etwas vormachen kann. Da ist nicht länger ein Zwiespalt und ein Kämpfen in mir, denn jetzt lebe ich für Jesus allein und mein Leben hat einen Sinn bekommen. Nicht länger muß ich mich fürchten, in die Hölle zu kommen, denn als Gotteskind werde ich bei ihm sein, wenn ich sterbe.

Wenn ich so von einem Tag zu dem anderen lebe, dann denke ich darüber nach, was das Wertvollste in meinem Leben ist: Selbst wenn ich durch meine Bekehrung alle meine Freunde verloren hätte, er wäre es wert gewesen! Das kann ich aufrichtigen Herzens sagen. Jesus ist mir so nah und real geworden, daß ich sprechen möchte: „Christus ist mein Leben."

## IV. ANWEISUNGEN

A. Notizen über persönliche Andacht fortführen.
B. In der Lektüre vorher genannter Literatur fortfahren.
C. Ein evangelistisches persönliches Zeugnis ausarbeiten.

## V. VORSCHLAG ZUR DARBIETUNG

... ein Zeugnis aufsetzen ...

I. Handlungen und Motive vor dem Zeitpunkt des Christwerdens
1.
2.
3.
4.
5.
6.
7.

II. Umstände, die zur Bekehrung führten
1.
2.
3.
4.
5.
6.
7.

III. Veränderungen in Handlungen und Motiven nach Übergabe des Lebens an Christus
1.
2.
3.
4.
5.
6.
7.

**Treffen 10 im Rahmen der Nacharbeit**

*SIEGHAFTES LEBEN*

I. GEGENSTÄNDE

A. Vorher behandelte Wahrheiten wiederholen.
B. Die Elemente sieghaften Lebens systematisch zusammenfassen.

II. ÜBERBLICK

A. Betrachte die Notizen des Jungbekehrten, die er über seine persönliche Andacht führt. Tauscht Euch miteinander aus über das, was Gott einem jeden von euch aus seinem Wort gelehrt hat.
B. Betrachte den Fortschritt, den er im Ausarbeiten eines evangelistischen Zeugnisses macht. Biete ihm Deine Hilfe bei der Weiterarbeit an.
C. Beantworte jede Frage, die auftaucht.

III. LEKTION: SIEGHAFTES LEBEN

Diese vorerst letzte Lektion der strukturierten Treffen im Rahmen der Nacharbeit behandelt eigentlich nichts völlig Neues. Diese Lektion will die Wahrheiten der vorausgegangenen zusammenfassen und verstärken. Es ist für den Jungbekehrten wichtig, daß er verstehen lernt, wie alle diese verschiedenen Wahrheiten in einer Beziehung zueinander stehen. Tatsächlich stellt diese Lektion eine Prüfliste für ein fruchtbares Leben als Christ auf. Hinsichtlich der Wiederholung dessen, was Du schon einmal gelernt hast, solltest Du Dir die Einstellung des Paulus zu eigen werden lassen: „Übrigens, meine Brüder, freut euch im Herrn! Euch öfter dasselbe zu schreiben, ist mir nicht verdrießlich, für euch aber bedeutet es, daß ihr fest werdet“ (Phil. 3,1).

*Prüfliste für Sieg im Leben als Christ*

*1. Sei Dir Deines Standes in Christus gewiß.* Jeder Neubekehrte sollte Gewißheit über seinen Stand in Christus besitzen. Es wird sich als unmöglich erweisen, etwas in sein Leben zu übertragen, wenn er keine Heilsgewißheit erfahren hat. Diese gesegnete Zuversicht auf das ewige Leben und die Vergebung der Sünde bildet die Grundlage für ein überfließendes Leben als Christ. Falls es sich als notwendig erweist, gehe noch einmal die diesbezüglichen Ausführungen des Treffens 1 durch. Lege Nachdruck auf folgende Verse:

> Prüft euch, ob ihr im Glauben seid, untersucht euch! Oder erkennt ihr euch selbst nicht, daß Jesus Christus in euch ist? (2. Kor. 13,5).

*2. Bleibe beständig in der persönlichen Andacht und im Gebet.* Wie vorher erklärt wurde, sind andächtiges Studium des Wortes Gottes und Gebet die Grundpfeiler einer wachsenden Gemeinschaft mit Gott. Es ist notwendig, daß sie zu einer täglichen Gewohnheit im Leben des Jungbekehrten werden. Der Gebrauch eines Notizbuchs und einer Gebetsliste wird die Entwicklung auf diesem Lebensbereich fördern. Wiederhole, falls nötig, die Treffen 2 und 4 im Rahmen der Nacharbeit. Betone diese Bibelverse:

> Und seid wie neugeborene Kinder begierig nach der geistigen, unverfälschten Milch, damit ihr durch sie wachset zur Errettung (1. Petr. 2,2).
>
> Seid um nichts besorgt, sondern laßt in allem durch Gebet und Flehen mit Danksagung eure Anliegen vor Gott kundwerden; und der Friede Gottes, der allen Verstand übersteigt, wird eure Herzen und Gedanken bewahren in Christus Jesus (Phil. 4,6.7).

*3. Sei beständig in der Gemeinschaft.* Der Neubekehrte muß zu einem gesunden Verständnis von Gemeinschaft und Gemeindezugehörigkeit gelangen. Ein isolierter Gläubiger wird gewöhnlich kalt und niedergeschlagen. In der Gemeinschaft der Christen liegt eine Dynamik für das geistliche Wachstum. Wiederhole unter Umständen die Funktion der Gemeinde, wie sie im Treffen 3 beschrieben wurde. Lege ihm ans Herz:

> Und laßt uns aufeinander achthaben, um uns zur Liebe und zu guten Werken anzureizen, indem wir unser Zusammenkommen nicht versäumen, wie es bei einigen Sitte ist, sondern einander ermuntern, und das um so mehr, je mehr ihr den Tag herannahen seht (Hebr. 10,24.25).

*4. Sei Dir sicher, daß Du erfüllt bist.* Der Jungbekehrte muß sich ferner gewiß sein, daß er mit dem Heiligen Geist erfüllt ist, denn der Heilige Geist ist die Quelle aller Kraft, die wir für unser Leben und die nötigen Umwandlungen brauchen.

Epheser 5,18 zeigt uns deutlich, daß das Erfülltsein mit dem Geist Gottes ein Prozeß ist. Das Verb, das übersetzt wird mit „werdet voll“, bedeutet wörtlich „werdet beständig voll“, „zeigt also einen fortlaufenden Prozeß des Erfülltwerdens an“. Wiederhole die Bedingungen für das Erfülltwerden und betone, daß wir diese erfüllen müssen, um erhörlich um diese Erfahrung beten zu können. Die drei Bedingungen sind:

a) Das Verlangen: Wir müssen wirklich wollen, daß Gott unser Leben kontrolliert.

b) Die Hingabe: Wir müssen dieses Verlangen dadurch beweisen, daß wir ihm die Kontrolle unseres Lebens auch tatsächlich überlassen.

c) Die Reinigung: Wir müssen uns mit jeder noch nicht bekannten Sünde auseinandersetzen, um erfüllt werden zu können, denn Gott kann kein unreines Gefäß durchfluten.

Wiederhole den Inhalt des Treffens 4 und betone folgenden Bibelvers:

> Und berauscht euch nicht mit Wein, worin Ausschweifung ist, sondern werdet voll Geist (Eph. 5,18).

5. *Lerne Sünde und Anfechtung zu bewältigen.* Es ist entscheidend, daß der Jungbekehrte den Unterschied zwischen Sünde und Anfechtung versteht, nämlich daß Versuchung nicht gleich schon Sünde ist, sondern das anfängliche Drängen, Sünde zu begehen. Ihm sollte klar sein, daß Gott ihm den Sieg über jede Sünde verheißen hat, wenn er sich an ihn um Stärke und Befreiung wendet.

Dem Jungbekehrten sollte klar sein, daß Versuchungen kommen werden und er sich dementsprechend wappnen muß. Die Quellen der Anfechtung sind die Welt, das Fleisch und Satan.

Gott hat viel offenbart, wie Anfechtungen begegnet werden kann und der Jungbekehrte sollte in dieser Erkenntnis wachsen. Sollte er der Versuchung unterliegen, so muß er wissen, was das Bekennen von Sünde beinhaltet und sich sofort mit der begangenen Sünde auseinandersetzen. Wiederhole die Lektionen der Treffen 4 und 6 zur Vertiefung. Lege Nachdruck auf die Worte:

> Keine Versuchung hat euch ergriffen als nur eine menschliche; Gott aber ist treu, der nicht zulassen wird, daß ihr über euer Vermögen versucht werdet, sondern mit der Versuchung auch den Ausgang schaffen wird, so daß ihr sie ertragen könnt (1. Kor. 10,13).

Wenn wir unsere Sünden bekennen, ist er treu und gerecht, daß er uns die Sünden vergibt und reinigt uns von aller Ungerechtigkeit (1. Joh. 1,9).

6. *Entwickle eine Haltung des Gehorsams.* Wie im Treffen 6 besonders betont worden ist, besteht eine große Wichtigkeit für die Ausbildung von Gehorsam in unserem Leben. Der Jungbekehrte muß die Einstellung entwickeln, alles tun zu wollen, was Gott fordert oder ihn zu tun leitet. Dadurch, daß er beständig und diszipliniert wird, geschieht es, daß der Jungbekehrte Gottes Willen erfolgreich ausführt – als eine Art Lebensgewohnheit.

Es ist gut, darauf hinzuweisen, daß solch ein Lebensstil des Gehorsams nur dann erreicht wird, wenn wir Gottes Geboten Folge leisten, unabhängig von unserem Fühlen. Betone diese Schriftstelle:

Und was irgend wir bitten, empfangen wir von ihm, weil wir seine Gebote halten und das vor ihm Wohlgefällige tun (1. Joh. 3,22).

7. *Bleibe im Zentrum von Gottes Willen.* Nur wenn ein Christ bewußt im Brennpunkt des Willens Gottes für sein Leben bleibt, erfährt er das erfüllte, überfließende Leben, das Gott seinen Jüngern versprochen hat.

Gottes Plan für unser Leben ist in jeglicher Hinsicht perfekt. Wiederhole die Bedingungen der Erkenntnis des Willens Gottes aus dem Treffen 8. Sei Dir sicher, daß der Jungbekehrte entschlossen ist, Gottes Plan für alle Bereiche seines Lebens ausfindig zu machen.

Betone die Wichtigkeit des inneren Friedens bei der Entscheidung und Bestimmung des Willens Gottes, und verweise auf folgenden Vers:

Und der Friede des Christus regiere in euren Herzen . . . . (Kol. 3,15a).

8. *Werde ein wirksamer Zeuge.* Für einen jeden, der wahrhaft in Christus wachsen will, ist es wichtig, ins Zeugnisgeben einbezogen zu sein. Eine gute Möglichkeit des Zeugnisses für den Glauben an Jesus Christus ist das Ausarbeiten eines persönlichen Zeugnisses und dessen Anwendung. Gehe sicher, daß der Jungbekehrte daran arbeitet, ein solches zu verfassen. Ebenso können die Teilnahme an Tagungen über Evangelisation oder das Lesen ausgewählter Bücher zu dieser Thematik von Nutzen sein. Bilde den Jungbekehrten auf diesem Gebiet persönlich aus. Verweise auf den Schriftvers:

Aber ihr werdet Kraft empfangen, wenn der Heilige Geist auf euch gekommen ist; und ihr werdet seine Zeugen sein, sowohl in Jerusalem als auch in ganz Judäa und Samaria und bis an das Ende der Erde (Apg. 1,8).

*9. Wachse in Deiner Schrifterkenntnis.* Kenntnis von Gottes Wort ist eng verknüpft mit dem Wachsen in Christus. Obwohl Erkenntnis allein noch kein Wachstum bewirkt, werden doch all die anderen Elemente, die mit eine Rolle spielen, ohne Erkenntnis keine echte Reife bewirken können. Es muß eine ausgewogene Balance im Leben des Gläubigen bestehen.

Der Neubekehrte braucht gute biblische Unterweisung und einen breiten Hintergrund an guter christlicher Literatur. Laß ihn Psalm 119 studieren, um einen besseren Blick für die Wichtigkeit des Wortes Gottes zu erhalten. Lege Deinen Nachdruck auf den Vers:

Alle Schrift ist von Gott eingegeben und nütze zur Lehre, zur Überführung, zur Zurechtweisung, zur Unterweisung in der Gerechtigkeit, damit der Mensch Gottes vollkommen sei, zu jedem guten Werk völlig zugerüstet (2. Tim. 3, 16.17).

*10. Lebe aus Glauben.* Das vielleicht Bedeutsamste, das Du für den Neubekehrten tun kannst, ist, ihn aus der Orientierung an den Gefühlen herauszuführen in eine Orientierung nach den Fakten. Er muß lernen, seinen Glauben auf das zu gründen, was Gott sagt, nicht auf das, was er fühlt. Dies ist der alleinige Weg, um zu beständigem Gehorsam, beständigem Bibellesen und Beten zu gelangen, sowie zur Beständigkeit in all den anderen erwähnten Bereichen christlicher Existenz. Er muß auf Gottes Wort vertrauen lernen als auf das, was ihm Antwort auf seine Probleme gibt. Er muß lernen, den Wegweisungen aus Gottes Wort zu gehorchen, ob er ebenso fühlt oder nicht. Nur so wird sein Glaube Zeiten schwerer Anfechtungen überstehen, Zeiten, während denen die äußeren Gefühle negativ sind. Dies muß immer wieder betont werden während der Zeit, die wir im Rahmen unserer Nacharbeit einem Neubekehrten widmen. Verweise auf folgende Schriftstelle:

Wie ihr nun den Christus Jesus, den Herrn, empfangen habt durch Glauben, so wandelt in ihm durch Glauben (Kol. 2,6).

## IV. ANWEISUNGEN

A. Laß ihn weiterhin sein Notizbuch der persönlichen Andacht führen.
B. Laß ihn fortfahren, ein evangelistisches Zeugnis auszuarbeiten.
C. Laß ihn an einer Ausbildung auf evangelistischem Gebiet teilnehmen oder bilde ihn selbst aus.
D. Empfehle ihm die Lektüre nachfolgender Bücher:
   1. Handbuch für persönliche Evangelisation, Campus für Christus
   2. H. G. Hendrichs/T. Miller: Sag es mit Liebe – Zeugnis gegen aber wie:?, Hermann Schulte Verlag 1978
   3. J. Kennedy: Dynamische Evangelisation, TELOS-Paperback 1978
   4. F. Vogel: Mut zum Zeugnis, Christliches Verlagshaus 1977

## V. VORSCHLAG ZUR DARBIETUNG

. . . Prüfliste für ein siegreiches Leben . . .
(Phil. 3,1)

1. Sei gewiß, daß Du gerettet bist (2. Kor. 13,5).
2. Sei beständig in Andacht und Gebet (1. Petr. 2,2; Phil. 4,6.7).
3. Sei beständig in der Gemeinschaft (Hebr. 10, 24.25).
4. Sei gewiß, erfüllt zu sein (Eph. 5,18).
5. Lerne, Sünde und Anfechtung zu begegnen (1. Joh. 1,9; 1. Kor. 10,13).
6. Sei gehorsam (1. Joh. 3,22).
7. Bleibe in Gottes Willen (Kol. 3,15; Röm. 12,2).
8. Werde ein wirksamer Zeuge (Apg. 1,8).
9. Lerne mehr aus Gottes Wort (Psalm 119; 2. Tim. 3,16.17).
10. Lebe aus dem Glauben, nicht aus dem Gefühl (Kol. 2,6).

*Anhang 2*

# Empfohlene Literaturliste

Zweck dieses Anhangs ist es, all den an persönlicher Nacharbeit beteiligten Personen beim Aufbau ihrer Bibliothek zu helfen. Die hier genannten Bücher eignen sich nicht nur für das persönliche Studium, sondern auch in besonderer Weise für den Jungbekehrten. Ihre Lektüre sollte ihm empfohlen werden; sie wird ihm helfen, die Probleme zu bewältigen und sein geistliches Wachstum fördern. Die nachfolgende Liste erhebt nicht den Anspruch auf Vollständigkeit.

A. Bücher über Evangelisation

B. Bücher über Nacharbeit und Jüngerschaftsschulung

C. Bücher über sieghaftes Christenleben

D. Bücher über Apologetik

E. Bücher über Glaubenslehre und Theologie

F. Bücher über Religionsgemeinschaften

G. Bücher über Seelsorge

H. Preiswerte Schriften zum Weitergeben an den Jungbekehrten

A:
U. A. Bender: Persönlich abgeben, Evangelisation ohne Methode, Brunnen Verlag 1978
R. E. Coleman: Des Meisters Plan, Hänssler Verlag 1978
J. Kennedy: Dynamische Evangelisation, TELOS-Paperback 1977
G. W. Peters: Evangelisation, total, durchdringend, TELOS-Paperback 1977
A. Schulte: Evangelisation – praktisch, TELOS-Paperback 1979
J. R. W. Stott: Gesandt wie Christus, Brockhaus Verlag 1979

B:
J. Busch: Stille Gespräche, Seelsorge für Mitarbeiter, Aussaat Verlag 1977
M. Griffith: Es gibt Größeres, Brunnen Verlag 1976
Handbuch für persönliche Evangelisation, Campus für Christus, Hänssler Verlag 1975
H. G. Hendrich/Miller: Sag es mit Liebe, Hermann Schulte Verlag 1978
Th. Sorg: Ermutigung zum Dienst, Brockhaus Verlag 1979
G. Verwer: Konfrontiere Menschen mit Christus, TELOS-Taschenbuch 1972
F. Vogel: Mut zum Zeugnis, Christliches Verlagshaus 1977
G. Wieske/Ken Chafin: Wer euch hört, der hört mich, Oncken Verlag 1979

C:
B. Rebsch: Mit Jesus leben, Hermann Schulte Verlag 1979
E. Modersohn: Die geistliche Waffenrüstung, TELOS-Taschenbuch 1979
P. St. John: Ungehorsam ist das Hindernis, Hermann Schulte Verlag 1977
J. O. Sanders: Aus dem Vollen schöpfen, Brockhaus Verlag 1975
F. A. Schaeffer: Geistliches Leben – was ist das?, Brockhaus Verlag 1977
Chr. v. Viebahn: Vom Leben im Geist, Diakonissenmutterhaus Aidlingen
H. Zentgraf: So kann es anders werden, Verlag der Francke Buchhandlung 1978

D:
G. Bergmann: Christentum und Sozialismus – unvereinbar?, TELOS-Paperback 1979
P. Beyerhaus (Hrsg.): Ideologien – Herausforderung an den Glauben, TELOS-Dokumentation 1979
J. W. Montgomery: Weltgeschichte wohin?, TELOS-Paperback 1977
F. Ridenour: An der Wahrheit vorbei, Aussaat Verlag 1979
G. Siedenschur: Kleiner Sekten-Katechismus, Verlag „Kirche und Mann“ 1975

E:
Th. Haarbeck: Die Bibel sagt . . . , Brunnen Verlag 1977
R. W. DeHaan: Die Wahrheit über Gott, TELOS-Paperback 1977
P. E. Little: Weißt du Bescheid?, Bundes Verlag 1979
J. R. W. Stott: Einführung ins Christentum, Brockhaus Verlag 1973

F:
F. W. Haack: Jugendreligionen, Claudius Verlag 1979
K. Hoppenworth: Islam contra Christentum, TELOS-Dokumentation 1976
K. Hoppenworth: Neue Heilswege aus Fernost, TELOS-Dokumentation 1978
K. Hoppenworth: Der Buddhismus, Wort im Bild Design 1977
K. Hutten: Seher, Grübler, Enthusiasten, Quell Verlag 1978
H. J. Twisselmann: Vom Zeugen Jehovas zum Zeugen Jesu Christi, Brunnen Verlag 1961

G:
J. E. Adams: Befreiende Seelsorge, Brunnen Verlag 1977
J. E. Adams: Handbuch für Seelsorge, Brunnen Verlag 1977
J. Hitz: Seelsorge an sich selbst, TELOS-Taschenbuch 1974
P. Lenz: . . . und führte ihn zu Jesus, Bundes Verlag 1977
A. Mader: Hören, Schweigen, Helfen, TELOS-Taschenbuch 1974
A. E. Wilder-Smith: Der Mensch im Streß, Hänssler Verlag 1977

**H:**

E. Aebi: Winke für das neue Leben, Bibellesebund
K. Anderson: Ich möchte es weitersagen, Christliches Verlagshaus 1977
K. Bockmühl: Bücher – wozu?, Brunnen Verlag 1976
W. Busch: Der Glaube wächst, Schriftenmissionsverlag 1977
V. R. Edman: Fürchte dich nicht – ich helfe dir, Hermann Schulte Verlag 1978
M. Goldsmith: Was ist eigentlich Kommunismus, Brunnen Verlag 1978
B. Graham: Meine Antwort, Brockhaus Verlag 1976
R. Kriese: Konkret gefragt – konkret geantwortet, Brockhaus Verlag 1974
T. B. Maston: Gottes Wille und Du, Bundes Verlag 1979
K. Miller: So fingen wir als Christen an, Brockhaus Verlag 1977
U. Parzany: Wie führe ich ein engagiertes Gespräch, ohne intolerant zu sein, Frohe Botschaft 1977
E. Price: Fragen erlaubt, Brockhaus Verlag 1977
H. Taylor: Das ausgetauschte Leben, TELOS-Wege zum Leben 1979
A. E. Wilder-Smith: Greift der Christ zur Waffe?, Hermann Schulte Verlag 1978

Bill Bright: Mitteilbare Konzepte
Nr. 3 Erfüllt vom Heiligen Geist – Wie erfährt man das?
Nr. 4 Beständiges Leben im Heiligen Geist – Wie lernt man das?
Nr. 5 Wirksames Zeugnis – Wie macht man das?
Nr. 6 Andere zu Jesus führen – Wie macht man das?
Nr. 7 Mitarbeit am Missionsauftrag – Wie macht man das?
Nr. 8 Andere durch Glauben lieben – Wie lernt man das?
Nr. 9 Wirksames Gebet – Wie lernt man das?
Hänssler Verlag 1971

*Weitere Bücher aus dem Verlag der Liebenzeller Mission (Auswahl):*

Vergil Gerber
**Handbuch für Evangelisation und Gemeindeaufbau**
TELOS-Skript 1701, 72 Seiten, Paperback
Dieses Handbuch erfüllt einen dringenden Bedarf, indem es hilft, die Prinzipien des Gemeindebaus im NT zu erkennen und eigene evangelistische Programme zu bewerten. Die Thesen dieses Buches mögen in mancher Hinsicht provozieren, doch es will vor allem dazu beitragen, zielbewußter arbeiten und offene Türen erkennen zu können.

George W. Peters
**Evangelisation: total – durchdringend – umfassend**
TELOS-Paperback 1122, 252 Seiten
Eine wertvolle Studie, die unseren Blick auf weltweite Evangelisationsmodelle lenkt. Letztere werden auch im NT aufgespürt und erweisen sich als wichtiger denn je für die heutige Zeit.

George W. Peters
**Missionarisches Handeln und biblischer Auftrag**
Eine Theologie der Mission
TELOS-Evangelikale Theologie 1800, 392 Seiten
Die Begründung der Mission in der Lehre von der Trinität, dem AT und NT. Die biblischen Grundlagen der praktischen Missionstätigkeit.

B. Volkmann / I. Woyke
**Der Anruf des Evangeliums an den modernen Menschen**
TELOS-Paperback 1116, 72 Seiten
Die Autoren spüren den Möglichkeiten, wie man den „Mann von heute“ erreicht, nach.